21世紀の産業・労働社会学

●「働く人間」へのアプローチ

松永伸太朗
Shintaro Matsunaga
園田 薫
Kaoru Sonoda
中川宗人
Muneto Nakagawa
編著

Sociology of Work and Organization in the 21st Century

ナカニシヤ出版

目　次

第2部　労働者と労働現場

第 3 部　企業・労働市場と労働者をめぐる理論と学説

序　章

「働くこと」の社会学を再考する

産業・労働社会学の 21 世紀的展開と展望

松永 伸太朗・中川 宗人・園田 薫

1 「働くこと」をめぐる視点の複数性と社会学の立場

現代社会を生きていく私たちにとって,「働くこと」は多かれ少なかれ身近な現象である。本書を手に取ったのが学生なのであれば，すでに学生生活の傍らでアルバイトを経験しているかもしれない。すでに社会人の読者であれば，自身の勤労体験に引きつけながら，本書の諸論を読んでいくことになるだろう。現在労働に従事していない読者も，就労することへの選択には迫られたことはあるだろうし，今後働くことを展望することもあるだろう。

ここで重要なのは,「働くこと」は個々人が体験したことのレベルではきわめて多様なはずなのに，社会生活を行ううえで皆が否応なく関心をもたざるをえない現象だということである。本書は「産業・労働社会学」の論文集であるが,「学」と名乗る立場にとってこの多様性はいささか厄介なものでもある。「学」というからには何らかの統一的・体系的な研究視点が求められるものだが，働くことにまつわる体験の多様性からすれば，それは容易なことではない。

たとえば，2020 年 11 月 5 日の朝日新聞経済面に掲載された,「三菱ケミが希望退職募集　管理職 2900 人対象」という記事の一部を見てみよう。読者によって様々な受け止め方があるはずだ。

> 三菱ケミカルは 4 日，50 歳以上の管理職を対象に希望退職を募ると発表した。10 月に，年功序列ではなく職務に適性がある人を充てる「ジョブ型」の人事制度を管理職で始めたことに伴うもの，としている。親会社の三菱ケミカルホールディングス（HD）の伊達英文・最高財務責任者（CFO）は同日の記者会見

で「50歳過ぎの方が年功序列でつけると思っていたのに（ポストを）若手にとられていく。じくじたる思いをする人をサポートする」と説明した。

まず上記の抜粋は，経営者の発言が取り上げられているから，素朴には「企業」としての視点で労働という現象を理解することに資する記事だといえるだろう。企業は，そのときどきの経営状況や社会状況その他の事情によって，従業員を処遇する人事制度を改定していく。この場合は，従来の年功序列的な制度を改定したことによって，その不利益を被る50歳以上の社員のさらなるキャリアを支援するという目的で希望退職が提案されている。

他の読み方をした人もいるはずだ。「希望退職」という文言から，あまりポジティブな印象を受けなかった人もいるだろう。というのも，これは企業が自社の社員の雇用を守ることを手放すことで2900人もの従業員の生活を脅かすものとしても受け止められるからだ。このような読み方をした人は，企業よりは当の希望退職の対象になっている「労働者」としての視点からこの現象を理解している。企業がどういう意図をもっているとしても，労働者にとってこれは喜ばしいニュースではない可能性があるとも読めるというわけだ。

企業と労働者という当該のニュースの当事者以外の視点から読み解くこともできる。一つは「理論」的な把握である。たとえば労働分野の研究や実務を学んだことのある人であれば，「ジョブ型」という語をみて，これが「メンバーシップ型」と対比される概念であり，長年にわたって続く日本的な人事制度の改革の潮流にある現象だと理解できるだろう。もう一つは，「社会状況」による理解である。何より，2020年の社会を実際に生きた読者であれば，新型コロナウイルス感染症（COVID-19）による企業の業績悪化が背景にあるのではないかと疑うだろう。逆に，幸運にも本書が数十年後にCOVID-19の体験をもたない読者に手に取られたのであれば，その読者が生きる時代の状況に即して理解する仕方が生じているかもしれない。

上記のように，たった一つのニュースに対してでも，「企業」「労働者」「理論・社会状況」による把握がそれぞれに可能である。これを学問的に論じるにあたって，特定の一つの立場を重視することもできる。しかし，一般に社会学という分野は，人々が有する「意味世界」の多様性を重視して研究を積み重ねてきた。そういう立場からすれば，上記の三つの把握のうち，どれが重視されるべきかという点を，前もって定めることはできない。

さらにいえば，そもそも企業・労働者・理論の三者自体も多様であることが重要である。同じ社会状況でも全ての企業が経営不振に陥るわけではないし，企業の人事施策に抵抗する労働者もいれば，逆にそれを歓迎するような労働者もいる。研究者もこうした多様性に即して理論構築を行うから，当然提出される理論も時代や対象によって多様性を増してくる。

それでは社会学は労働という複数の視点から論じることのできる現象にどう取り組むのか。本書では，どれかの視点を重視するのではなく，複数の視点が常に存在することを受け止め，その複数の視点同士がもつ関係性それ自体を分析対象として捉える。つまり，上記の例でいけば，「希望退職」という現象を「企業」「労働者」「理論・社会状況」のいずれかのみとして論じるのではなく，管理職のキャリア支援（企業），生活への脅威（労働者），人事制度改革の動向（理論），COVID-19による業績悪化（社会状況）のそれぞれが折り重なることによって私たちの前に現れている固有の現象として把握する。この「視点の複数性」の重視が，社会学として労働を捉えることの特徴である。

ここで述べた視点は，学としての産業・労働社会学の位置づけにも関わっている。図0-1は，産業・労働社会学の学問的位置づけを示したものだ。産業・労働社会学は文字通り社会学における一つの領域社会学であり，かつ労働研究という労働をめぐる諸社会科学の一つとしても位置づけられる。

ここでは後者との関係に言及しておきたい。労働研究では経済学や経営学をはじめとして，関連する社会科学がそれぞれの立場から労働現象を取り扱っている。これらの中には社会学としての産業・労働社会学が参照するべき知見も多く含まれて

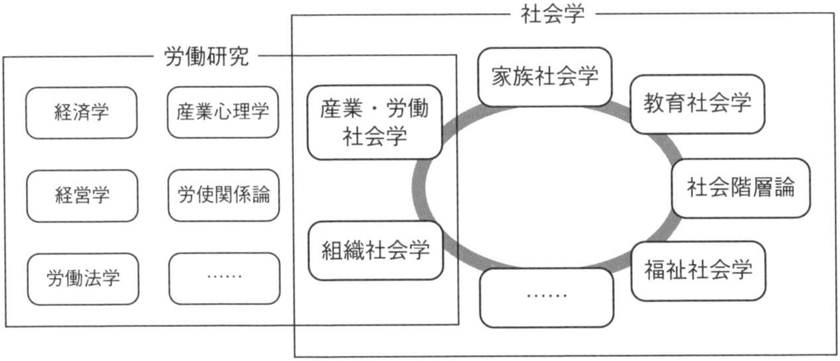

図0-1　産業・労働社会学を取り巻く学問領域の関係図

いる。しかし，他分野の労働研究の多くは，企業・労働者・理論のどの立場から労働現象を取り扱うかがあらかじめ定まっている傾向がある。これに対して社会学は，取り扱う現象に即して様々な視点を往還しながら分析を行う。同じ人材マネジメントを分析するにあたっても，労働者からの受け止め方に関心を払うこともあるし，そもそも特定の人材マネジメントのトレンドを生じさせている理論的背景などを捉えようとすることもある。

ここまで，社会学として労働現象を扱うことの視点を概略的に示してきた。ここで述べた方針はシンプルなものにすぎないが，あえてそれを強調しているのは，産業・労働社会学をめぐる学問的状況に問題意識を筆者一同が有しているからである。それを理解していただくために，次節以降では産業・労働社会学をめぐる学問的状況と，本書の方針について説明しておくこととしたい。

2 労働をめぐる社会学の拡散状況

上述のように産業・労働社会学は，労働に対して多様な視点からアプローチすることで労働研究における意義を発揮してきた。ところで産業・労働社会学は，図0-1に示されているように，まさに社会学であることで社会学一般の下位分野としての側面も同時にもっている。この面での産業・労働社会学の意義は，社会学のなかでも労働をめぐる社会学という役割を主題的・直接的に引き受けてきた点にあるといえるだろう。つまり産業・労働社会学は労働研究における社会学的アプローチと，社会学における労働への関心という二重性をもって研究を行ってきたのである。

しかし今日，こうした産業・労働社会学のアイデンティティは（1）労働研究に対しては社会学としての固有性がみえづらくなり，また（2）社会学のなかでは労働のあり方の多様性を十分に把握しきれていないことで，拡散しつつある。それぞれの状況について簡単に整理してみよう。

まず（1）の問題は，教科書（テキスト）のあり方に着目するとわかりやすいだろう。たとえば産業・労働社会学の教科書は近年においても小川ほか（2015），上林編（2012），佐藤・佐藤編（2012）のような優れたものが複数刊行されている。しかし働くことや労働に関心をもつ初学者がそれらを手にとったとき，それらは必ずしも社会学ならではの知見やアプローチが十分に見出せる内容にはなっていないのである。もちろん執筆しているのは第一線の社会学者である。しかしそこで取り上げられているトピックは，人的資源管理論や経営学，社会政策学，労働経済学の教科書のトピックと重なるものが多く，(労働) 社会学の独自性は必ずしも強くないのである (中川 2020)。

次に (2) の問題は，産業・労働社会学以外の領域社会学のなかで，現代社会における労働のあり方を捉えている研究がこれまで以上に蓄積されてきているということが背景にある。言い換えれば，間接的な形での労働をめぐる社会学が，産業・労働社会学とは無関係に社会学全体で様々に実践されてきているのである。

たとえば家族は，ワーク・ライフ・バランスという言葉にみられるように，一見職業生活とは異なる，私的で労働から解放された領域のように考えられている。しかし家族を対象とする家族社会学やジェンダー論は，家事労働という概念によって家庭のなかにも労働が存在していること，それが性別役割分業規範によって市場から不可視化・無償化されていることを明らかにしてきた。つまり家族社会学においても，家族の中で夫婦がどのように分業しているのか，誰の労働が無償化されているのかといったことが明らかにされてきたのである。

学校教育もまた，そこからの卒業が「社会に出る」と表現されるように，仕事の世界とは隔絶した領域として産業・労働社会学の射程からは除外されてきた。けれども，たとえば高校生や大学生が学校を卒業して就職していくプロセス (「教育から仕事への移行」と呼ばれる) は，学校と企業がどのように結びついているのか，仕事に必要な能力と学校教育がどの程度関連しているのかといった，働くことに関わる要因によって大きく左右されることを教育社会学は明らかにしてきた。また昨今社会問題化している教師の働きすぎも，まさに仕事の場としての学校と教師の労働の問題として教育社会学によって取り組まれている。

その他，社会のなかで人々が望ましいものと考える社会的資源がどのように配分されているのかという格差・不平等に関わるテーマに取り組んでいる社会階層論においても，働くことについての様々な知見が明らかにされてきている。なぜなら現代社会で人々の社会的資源の配分 (格差) に大きな影響を与えているのは，その人の働き方を枠付けている職業だからである。それゆえ社会階層論でも，社会のなかで職業がどのように階層化されているのか，人々はどのようにそれぞれの職業を得たりあるいは排除されているのか，どのように働き報酬を得ているのかが研究されている。

このように労働をめぐって他の領域社会学においても産業・労働社会学と比肩する探求がなされてきている。かかるリストは領域社会学の数だけ挙げ続けることができるだろう。しかし産業・労働社会学の側では，こうした状況をふまえて社会学のなかで労働を直接テーマとするという自己の意義を改めて定式化することができていないのである。

以上，(1) 労働研究と (2) 社会学の両面において産業・労働社会学が抱える問題についてみてきた。それでは，こうした状況を引き起こしている要因はいかなるものだろうか。一ついえるのは産業・労働社会学に携わる研究者の不足だろう。しかしこれはおそらく産業・労働社会学だけに限ったことではないし，すぐに解決できるような問題でもない。本書にとってより重要なのは，上述してきたような拡散状況を克服するための，新しい展望をもった産業・労働社会学像を構想することである。すなわち，労働研究のなかでの／労働をめぐる社会学としての輪郭を新たに浮かび上がらせる作業が求められるのである。

3 「働く人間へのアプローチ」という起源

労働をめぐる社会学が多様化し，拡散していく傾向がみられる昨今の状況において，どのように労働現象を社会学として体系的に学びうるのだろうか。本書では，(1) 労働現象を扱うそれぞれの領域社会学の視点と蓄積を理解したうえで，(2) それらを再度「21 世紀の産業・労働社会学」として整理し，学際的な労働研究における社会学全体としての独自性を明確にすることが，その一番の近道になることを主張する。

少なくとも現時点で労働現象を社会学的に分析したいと考えるものは，自身の興味にあうような領域社会学を独力で探し，その領域における労働研究の蓄積を主体的に吸収しなければならない。とくに労働研究の初学者，そして社会学の初学者にとって，この作業は鬼門となる。なぜならば，どの領域社会学が労働というトピックを扱っているのかを網羅的に知る手立てがないことに加え，それぞれの領域がもつ研究対象や分析視座の相違点がわかりにくいためである。まずは人間生活と労働のあり方の多様化によって変動する，昨今の労働をめぐる社会学の見取り図を得る必要がある。本書では，「21 世紀の産業・労働社会学」としてそれぞれの領域内部で発展してきた研究をできるだけ多く紹介しながら，労働を扱う各領域社会学のもつ学問的視座と研究上の特徴を明らかにしたい。

この作業は，労働現象を扱う「社会学」としての特徴に目を配ることにもつながる。労働現象は経済学や経営学，心理学や法学など，様々な人文・社会科学の領域においても研究されている。労働研究の学際性をふまえると，領域社会学間の差異を理解するだけではなく，それぞれの研究がもつ社会学としての共通性と独自性を検討することが必要になる。しかし領域社会学の分化が進む昨今，労働をめぐる社会学として何が共通の課題であるのかという点は，ますます見えにくくなっている。そこで労働を扱う様々な領域社会学の研究を俯瞰するなかで，社会学が共通して抱えるテーマとその独自性を明らかにし，「21 世紀の産業・労働社会学」としての特徴と輪郭を浮かび上がらせることを目指す。

では，「21 世紀の産業・労働社会学」が共通して抱える独自性とはなんだろうか。本書では，日本社会学における労働研究の起源に遡り，かつての産業・労働社会学の中核であった「人間溯及的視点」にそのヒントがあると考える。人間溯及的視点とは，経済学や経営学，産業心理学などの隣接領域と差別化を図るために社会学の学問的特質に沿って考察された，労働現象を分析するための視座である。以下に，人間溯及的視点についての尾高（1963）の記述を引用しよう。

> 機構や仕組や，またその外側にある自然的・文化的な環境，歴史・社会的な情勢なども，それの研究対象の範囲にはいるが，しかし社会学にとっては，これらのものが集団を構成する人々にとってどのような意味をもつか，いかに彼らの行動や態度を制約し，また逆に彼らの意欲や行動によっていかに改変されていくかが問題なのであって，これらのものそれ自体の内容や性格が問題なのではない。いいかえれば，社会学にとっては，集団を構成している人間の日常の生活実相や生活感情が興味の中心なのである。このような社会学的視点の特質を，われわれは〈人間溯及的〉あるいは〈生活溯及的〉と呼ぶことができる。（尾高 1963: 6）

つまり人間溯及的視点とは，労働にかかわる行為や現象の背後にある人間の社会的な営みに考察を及ばせる態度のことを指す。産業・労働社会学の祖である尾高邦雄は，この視点をもって異なる理論枠組みをもっていた職業社会学・労働社会学・産業社会学を結びつけ，産業・労働社会学としての新たなアイデンティティを形成し，その協働を生み出していた（第 12 章参照）。

人間溯及的視点にこだわった尾高に端を発する産業・労働社会学は，そこで働く人間を通して労働現象を把握しようと試みてきた。これまで産業・労働社会学は，「企業」「労働者」「理論・社会状況」というあらゆる角度から，様々な研究対象を様々な分析方法で扱ってきたものの，つねに働く人々の意識や行為を記述し，理解することに注力してきたといえる。働く人間の存在なくして，労働現象の社会学的な分析は成り立たない。いわばその学問的な姿勢こそが，社会学であることにこだわる人間遡及的アプローチの本質だといえるだろう。

近年改めて注目される機会もなくなった人間遡及的視点という概念にあえてスポットライトを当てるのは，この労働現象を扱う社会学として最も基礎的な分析概念に立ち返ることで，多様化する労働現象を扱う領域社会学を再び一つの視点から解釈することが可能になるためである。背負った理論や学問的独自性の異なる領域社会学の知見を，いわば人間遡及的という視点を共有することで，一つの「学」として整理する。この作業を通して，それぞれの領域社会学の視点を労働研究の現代的文脈における社会学の独自性としてまとめなおし，対象と方法論の多様性という社会学の強みを生かした形で再展開する。本書は，対象・方法論・アプローチが多様化した労働をめぐる昨今の社会学的研究を，人間遡及的視点という概念から整理し，21 世紀の産業・労働社会学としてその独自性の再構築を試みるものである。以下では，それぞれの部・章でどのようなテーマを，どの視点から論じているのかを簡単に整理する。ぜひ本書の道標として参照してほしい。

4 企業と労働市場

第 1 部では，現代社会の多くの人々にとっての働く場となっている企業組織に焦点を合わせ，従来の産業・労働社会学において見落とされていた点，あるいはまだ十分に実態が明らかにされていない点について，実証的・理論的に新たな議論を示すことを試みている。

第 1 章（吉田論文）では，女性雇用というテーマの中でもワーク・ライフ・バランス（WLB）施策を実施している企業について，新卒採用の動向にジェンダーの不平等が見られるかを，独自に構築されたデータセットから計量的に分析している。そこからは，一見ジェンダー不平等是正に効果的な企業の WLB 施策の効果について，企業が置かれた環境（経済状況）の影響を考慮したうえで検証する必要性があることが示される。第 2 章（園田論文）では近年社会的にも重要なテーマとして話題である外国人労働者のなかでも，高等教育学歴を有する外国人の採用を積極的に行っている日系大企業に着目し，人事担当者へのインタビュー調査から，日本企業が外国人人材に対してもつ「まなざし」を析出している。そこからは，企業それ自体のまなざしだけでなく，企業が合わせ鏡ともなっている日本社会自体の外国人労働者への「まなざし」もまた浮き彫りにされている。第３章（中川論文）では，日本的雇用の文化的側面へのアプローチの一環として，第二次大戦後に日本に紹介された経営管理論の一つである人間関係論に着目し，その導入過程を検討している。そこでは，日本の企業社会におけるイデオロギーが，これまで見落とされていた形で影響を与えていたことが示される。第４章（長谷部論文）では，日本企業を特徴づける概念として産業・労働社会学が考案してきた企業コミュニティの意義の再考から出発し，日立製作所の消防団を事例として概念の再活性化を試みている。そこからは企業コミュニティ研究と地域コミュニティ研究の両方から見落とされてきた企業消防団が，企業内における労働者の独自の関係性を形成する苗床となっていたことが明らかにされる。第５章（樋口論文）では，ニクラス・ルーマンの理論の検討を通じて，「組織の境界」という，組織にとって実践的にも重要な問題への新しい像の提出が目指される。そこからは従来の組織論においても，ルーマンに依拠する組織論においても，誰が組織のメンバーなのか／そうではないのかという組織境界についての議論が，境界の単一性自体を前提にしていたことが指摘される。

5　労働者と労働現場

第２部では，広い意味での労働者の視点から，労働現象にどれも関わりつつ，狭義の産業・労働社会学には収まらない知見を有する論考を収録している。一連の議論によって，労働者であるということを分析するためには多様な領域社会学にまたがった考察が必要であることが示唆されている。

第６章（小川論文）では，学校教育と労働市場の結びつきが社会階層研究の立場から分析されている。日本の雇用システムは以前から労働者のスキル形成を企業内教育に頼る仕組みとなっていることが指摘されてきたが，教育と労働市場の結びつきを職業ごとに捉えていくことによって異なる教育システムの特徴づけが可能であることが示されている。第７章（妹尾論文）では，就職活動を進める大学生への追跡的なインタビュー調査によって，その都度の「状況の定義」の内実が検討されている。そのなかで，大学生がサラリーマンになることへの自由／不自由をどのように見出して，引き受けていくのかが議論されている。第８章（寺澤論文）では，近年政策的にも推進されつつある不妊治療を主題として，不妊治療を受けながら仕事を両立させている女性へのアンケート調査の計量テキスト分析が試みられている。こうした分析によって，働き方や職種ごとにみられる葛藤のあり方が明らかにされ，不妊治療という対象がもつ仕事との両立に関わる独自の論点についても考察されている。第9章（井草論文）では，年次有給休暇（年休）の取得に着目して，とくに新型コロナウイルス感染症の感染拡大以降に年休取得行動にどのような変化がみられたのかを，計量テキスト分析で検討している。年休取得日数が増加した層と減少した層が存在しており，その背景が考察されている。第10章（朴論文）では，外国人労働者のなかでもとくに留学生アルバイトに着目し，その労働形態を描くために必要となる理論的・政策的考察を行うとともに，新型コロナウイルス感染症拡大前後において実施された調査から留学生の労働実態の変化が描かれている。第11章（松永論文）では，労働時間の分析を主題として，時計時間によらず労働時間の組織のあり方を労働者が発揮する「リズムの専門性」として記述するという方針が示される。この考え方に基づいてフリーランスのアニメーターの無収入リスクへの対処のあり方が分析されている。

6 企業・労働市場と労働者をめぐる理論と学説

第3部では，主に理論と学説というアプローチから，社会学における労働現象の分析枠組みそれ自体を検討していく。それぞれの章は，これまでの社会学がもつ視座と労働研究に対する知見を相対化し，より現代的かつ大きな枠組みから労働現象をまなざすことを試みている。

第12章（園田論文）では，経済現象を扱う領域社会学との関係性に着目しながら，これまでの産業・労働社会学を学説史的に検討し，人間遡及的視点というアプローチによって特徴づけられた1960–70年前後の産業・労働社会学が，異なる関心を有した研究者の協働の場（プラットフォーム）として機能していたことを示唆する。第13章（松永論文）では，労働社会学において重視されてきた「当事者の論理」を記述するというアプローチの妥当性と方法論について，同様の観点から資本家に対する労働者の「同意」を質的に描いたブラウォイの研究を参照しつつ，エスノメソドロジーをはじめとした社会学における様々な分析方法によってそれが可能であることを提示している。第14章（西田論文）では，経済社会の近代化を目指して西洋的な「近代的労働者像」を取り込もうとするなかで，半ば意図的に日本社会で失業カテゴリーが社会的に構築されたことを，永井亨と大河内一男という日本を代表する2人の社会政策思想のなかから見出している。この指摘は，雇用や労働者にかかわる政策や制度的現実が所与のものではなく，社会との相互作用のなかで育まれるものであるということを歴史社会学的に示している。第 15 章（中根論文）では，「労働」運動に関心のある労働社会学と社会「運動」に重きを置く社会運動論が分化してきた歴史を示し，現代における労働運動の特質を掴むためには，後者の文脈で培われてきた「新しい社会運動論」のフレームを労働社会学に取り込む必要があることを論じている。

【引用・参考文献】

小川慎一・山田信行・金野美奈子・山下充，2015，『産業・労働社会学』有斐閣.

尾高邦雄，1963，『改訂 産業社会学』ダイヤモンド社.

上林千恵子編，2012，『よくわかる産業社会学』ミネルヴァ書房.

佐藤博樹・佐藤厚編，2012，『仕事の社会学［改訂版］――変貌する働き方』有斐閣.

中川宗人，2020，「戦後日本の産業・労働社会学における問題構成の一側面――教科書の分析を通して」『年報社会学論集』33: 192–203.

第1部

企業と労働市場

第1部　イントロダクション
働く場の境界，構造，変容に迫る

中川宗人

1　働く場への着目

第１部「企業と労働市場」では，働く人間への社会学的アプローチとして，人々が置かれている「場」のあり方に着目していく。ここで場とは，日常的な意味での職場から，それぞれの職場が組み込まれている企業（組織），さらに企業と人とが働くこと（労働）をめぐって取引する（労働）市場までを含んだ言葉である。こうした概念の階層・系列のなかで一つの軸になっているのは企業／組織である。組織は労働研究全体にとっても重要な研究対象であるが，それが経済社会のなかで果たす役割や，そこで働く人々に与える影響の強さという性質から，産業・労働社会学にとっても重要な対象となってきたからである。

ところで，このように企業組織を軸とした観点から日本社会において働く人間が置かれている場のあり方に着目するとき，無視できない問題が存在している。いわゆる「日本的雇用システム」というテーマである。

2　日本的雇用システムの概要

日本的雇用システムとは，日本の大企業を中心に成立している雇用労働に関する特徴を定式化した概念である。市場原理という言葉に表されるように，私達はふだん経済のメカニズムは国や社会を超えた普遍性をもっているとなんとなく考えている。少なくとも資本主義経済が成立している社会ならば，人々はできるだけ合理的に経済行動を行うはずだ。であれば，生産や労働が行われる場である企業や，その成果が取引される市場も，技術的に可能な範囲で同じようなやり方に収斂するはずだと。

しかし実際には，とくに欧米と比較した場合に，日本の企業や労働市場はいくつかの特徴，すなわち日本的雇用システムとも呼べるものがみられることが，これまでの労働研究のなかで指摘されてきた。それゆえ第１部の研究がアプローチしようとしている働く場がどのような歴史・文脈に置かれてきたのかを理解するためにも，日本的雇用システムの概要をふまえておく必要がある。ただし日本的雇用システムについては多くの研究蓄積があり，その知見のすべてを集約することはここでは困難である。代わりに国内外の議論をふまえた簡潔な整理であるウェストニー（Westney 2001）を手がかりに，日本的雇用システムについて概観しよう。

ウェストニーによれば日本的雇用システムの特徴は以下のようにまとめられる。

1. 経営層候補，ホワイトカラー，ブルーカラー労働者を慎重な選抜を通じて学校卒業直後に採用し，3者すべてに対して暗黙の雇用保障を与える。
2. ブルーカラーとホワイトカラー労働者間の格差の最小化，年功に基づく報酬構造，手厚いOn／Off-JT，無期雇用者への企業業績に伴うボーナスの給付。
3. 企業別組合と春闘方式による賃金交渉によって特徴づけられる協力的で密接な労使関係。
4. 会社をコミュニティとして定義し，労働者を会社の利害関係者としてみなす経営イデオロギー。雇用の維持に対するコミットメントと（建前だとしても）企業の社会的責任を認める姿勢。

（Westney 2001: 109）

これらの特徴は伝統的には「長期雇用」「年功賃金」「企業別組合」「企業コミュニティ」といった諸制度に定式化されてきたものでもある。以下それぞれの点について補足していく。

2-1　長期雇用

一つ目はいわゆる「長期雇用」「終身雇用」と呼ばれる特徴に関わるものである。具体的には日本の大企業では，主に男性の正規従業員を対象として，ホワイトカラーやブルーカラーといった職種の違いにかかわらず定年までの雇用を保障する規範が成立しているとされてきた。こうした特徴は1950年代には指摘されており，なかでもアメリカの文化人類学者J・アベグレンによるものは社会的にも注目を浴びた。アベグレンは当時の53の工場・企業を調査したうえで，同時代の欧米と比べてホワイトカラーだけでなくブルーカラーの雇用保障も重視されていることについて，日本では会社と労働者の間に「終身関係（a lifetime commitment）」（Abegglen 1958=1958: 17）が存在していると述べた。

こうした雇用関係の結果として，平均勤続年数が年齢とともに上昇する傾向が統計にも現れてくる。またこうした長期の雇用を想定した労働者は，他の職業や企業を経験することなく学校卒業後すぐに採用される点も日本的雇用システムの特徴である。これは「新規学卒一括採用」制度と呼ばれている。

2-2　年功賃金と企業内訓練

二つ目は「年功賃金」として現れてくる特徴である。年功賃金とは，賃金に関する統計をみたとき，労働者の年齢あるいは勤続年数に対応して平均賃金が右肩上がりのカーブを描くことを意味する。年功的な賃金カーブ自体は，第二次大戦後の欧米諸国においても観察されてきた。日本的雇用システムの特徴とされるのは，それがホワイトカラーだけでなくブルーカラー労働者についてもみられる点である。

こうした職種間の格差の緩和と年功的な処遇の背景にあるとされるのが，職能資格制度と呼ばれる人事管理制度である。これは特定の職務と賃金を対応させる職務給制度とは異なり，労働者の能力を資格という仕組みによって評価し，それに賃金を対応させる制度である。具体的な職務や仕事の成果ではなく，労働者に内在しているとされる職務遂行能力という観点から，ホワイトカラーもブルーカラーも同様に評価・処遇される。

このような職務遂行能力は，仕事の経験を通じて向上するとされる。2-1 項でふれたように日本の労働者は学校卒業後すぐに採用されるため，職務に関する能力開発・教育訓練は主として企業内の OJT と Off-JT を通じて行われることになる。このように企業が仕事に関する教育訓練を担っているという点も，日本的雇用システムの特徴とされてきた。

2-3　企業別組合

三つ目は「企業別組合」と呼ばれる労働組合形態とそれに基づいた労使関係のあり方である。労働組合とは労働者の権利保護や労働条件向上のために組織される団体であり，通常は利害の共通している点，たとえば同じ職業であるとか同じ産業で働いているといった条件で組織される。欧米の労働組合は主に産業別組合が典型とされるのに対して，職業や産業ではなく，同じ企業内の正規従業員からなる企業別組合が典型となっている点が長らく日本の労働組合の特徴とされてきた。

労働組合は労働条件，とくに賃金や労働時間といった重要事項について団体交渉をするが，合意に至らない場合にはいわゆるストライキを行うことも工業先進国では法律で認められている。日本においてもストライキは実施されてきたが，現在主に行われているのは労使協議制による交渉である。これは経営に関する情報の共有や雇用に関する制度の改変の事前通知，日常的な労働条件の調整に関することが協議される制度である（佐口 2018）。こうした労使関係のあり方は技術革新や合理化を容易にしており，それが日本企業の生産性を支えていると考えられてきた。

労使関係のもう一つの重要な特徴である春闘方式とは「国際競争に曝されている金属産業（自動車，電機，鉄鋼，造船重機）セクターをパターン・セッターとする，毎年春に短期同時化された，公共部門・中小企業セクターに大きな賃上げ波及力をもつ，社会的に調整された，企業内交渉にもとづく現代日本の包括的な賃金決定システム」（花見・高梨監 2000：78）である。

春闘方式での賃金交渉が始まったのは1955年頃であったが，これも企業の成長の成果を労働者に分配するだけでなく，賃金の上げ幅を生産性向上の範囲に収める形で合意することを通じて，協調的労使関係という日本的雇用システムの特徴の重要な一部を構成する制度とされた。

2-4　コミュニティとしての企業

最後の特徴は，これまで見てきたような日本企業と労働者との関係性を正統化あるいは統合するイデオロギーと，組織・集団としての特質に関するものである。日本の企業は単なる労働供給とそれに対する賃金報酬の交換，合理的官僚制的な労働の分業と調整の場としてだけではなく，コミュニティとしての性質をもっていることが，日本的雇用システムの特徴として内外の研究者から長らく指摘されてきた。たとえば戦後から現在にいたるまで，労働者の意識については資本との原理的な対立や経営側への対抗といった階級意識よりも，同じ企業のメンバーという帰属意識が強い傾向があることが明らかにされてきた。また経営側も単なる労務費に還元される企業の外部者としてではなく，できるだけその雇用を守るべき組織の構成員として労働者を捉える意識を有していることが指摘されてきた。

もちろん欧米においても，主にノンユニオンの企業においては，それが経営的にも合理性を有するという観点からパターナリズムに基づく雇用制度をとっているものが存在している。しかし日本のように労働者や経営層の広い範囲でこうした意識が共有されているのは，日本的雇用システムの特徴といえる。

3 日本的雇用システムの研究史

以上確認してきた日本的雇用システムの特徴は，だいたい高度経済成長期から1970年代にかけて形成され，1980年代に全面的に確立したものをモデル化したものである。そして1990年代以降の経済不況や社会状況の変化のなかで，このシステムは変容しつつあるとされる。これに対して，これまでの社会学においてどのような議論がなされてきたのかも簡単に振り返っておこう。

日本的雇用システムは主に第二次大戦後の日本の社会科学において，その都度の問題関心や参照されるパラダイムとの関係のなかで様々な観点から記述され定式化されてきた。大きく整理すれば，1960年代までは，近代化にともなって社会のあり方は収斂していくといういわゆる近代化論や収斂理論を背景として，日本的雇用システムを近代化の遅れや封建遺制として評価するものである。これは松島静雄（1962）や間宏（1964）に代表される「経営家族主義」としての日本的雇用論である。

しかし60年代にはすでに生じていた高度経済成長が更に進展し，生活水準や進学率の上昇など日本社会全体が豊かになるなかで，こうした「遅れ」や「封建遺制」という観点は妥当性を失っていった。1980年代ごろまでに2節にみた日本的雇用システムの特徴が展開・確立していくなかで，これをより理論的な観点から社会学的に分析し定式化しようとする研究が主流となる。尾高邦雄（1984）や稲上毅（労働大臣官房政策調査部編 1987）に代表されるこうした議論においては，日本企業のコミュニティ，あるいは日本的雇用システムの特徴は集団主義にあるものとして定義された。

その後の90年代から現在にかけても，この尾高や稲上によってなされた規定は，その精緻化の程度や理論的な道具立ては異なりながらも大きく変わっていない。代表的な論者として富永健一（1997）や佐藤博樹（2012）は，日本的雇用システムの特徴やコミュニティとしての性質という事実認識はほぼ共有したうえで，それを近代産業社会のなかで一定の合理性をもったものとして位置づけている。そのうえで90年代以降の社会状況の変化のなかで，日本的雇用システムが変容を強いられているという議論を展開している。

4 働く場へのアプローチの焦点としての組織

以上，限られた範囲だが社会学における日本的雇用システムに関する研究の流れを確認してきた。第1部はこうした地点からアプローチしていくわけだが，最後にその問題意識や意義について述べておこう。それぞれの章の方法や分析は多岐にわたるが，一つ媒介項となっているのは，社会学の道具立てのなかでも組織／集団という概念である。その理由は以下のように説明できるだろう。

第一に，1節でも述べたように，近代産業社会において組織，とくに株式会社という形態をとった企業は，経済的にも社会的にも大きな影響力をもつアクターだからである。企業組織は自らの境界設定を通じて労働者を市場から採用・選別し，それを通じて労働とそれに対する報酬を構造化している。この意味で企業は人々のキャリアを規定し，社会全体の資源分配機構の重要な一翼を担っている（佐藤 2012）。組織一般を分析対象とする組織社会学と産業・労働社会学が密接に関わる形で発展してきたのも，企業組織が近代社会のなかで担う機能への問題意識があったからである。働く場への社会学的なアプローチには，この組織／集団というメゾレベルを考慮することが重要になるのである。

もちろんこうした組織・集団概念による把握は従来の研究においても重視されてきた。ただし3節までにみてきたように，その焦点は主に男性正規従業員によって構成されるコミュニティといった，組織／集団の同質性や境界の一元性の析出や定式化にあったといえる。しかし周知のように90年代以降の日本的雇用システムの変容のなかで，日本企業と労働者の関係性や働く場は，組織のあり方や人々の立場によって多様化（不平等化・格差化）している。

したがって第二に，働く場へのアプローチにおいて組織／集団を重視する際に，それを均一的な境界や構造を有するものとしてだけではない形で捉える視点をもたなければならない。日本的雇用システムにおける企業コミュニティは変容あるいは崩壊しているという議論もある。重要なのは従来の一枚岩な集団の維持か，さもなくば崩壊かという二値的な秩序観ではない形で，働く場のあり方にアプローチしていくことである。

このような観点を媒介項とする第1部は，いわば境界，構造，変容という形で人々が働く場にアプローチしていく。

【引用・参考文献】

尾高邦雄，1984，『日本的経営』中央公論社.
佐口和郎，2018，『雇用システム論』有斐閣.

佐藤博樹，2012，『人材活用進化論』日本経済新聞出版社.
富永健一，1997，『経済と組織の社会学理論』東京大学出版会.
間宏，1964，『日本労務管理史研究――経営家族主義の形成と展開』ダイヤモンド社.
花見忠・高梨昌監修，2000，『事典・労働の世界』日本労働研究機構.
松島静雄，1962，『労務管理の日本的特質と変遷』ダイヤモンド社.
労働大臣官房政策調査部編，1987，『日本的雇用慣行の変化と展望』大蔵省印刷局.
Abegglen, J., 1958, *The Japanese factory: aspects of its social organization*, Free Press.（= 1958, 占部都美監訳『日本の経営』ダイヤモンド社.）
Westney, D. Eleanor, 2001, "Japanese Enterprise Faces the Twenty-First Century," in Paul DiMaggio ed. *The Twenty-First-Century Firm*, Princeton University Press. pp. 105-145.

第1章

企業データの計量分析からみる新卒採用のジェンダー不平等

WLB 施策と企業の経営状況との関連から

吉田 航

1　問題設定：採用のジェンダー不平等を企業から捉える

1-1　雇用のジェンダー不平等と就職・採用

雇用をめぐるジェンダー不平等は，日本社会における主要な問題の一つである。男女間の賃金格差は2000年以降漸減傾向にあるものの，2018年時点でも女性の平均賃金は依然として男性の73.3%に留まっている（厚生労働省 2019a）。管理職への昇進機会にも男女差が残る。正社員・正職員に占める女性比率は2018年時点で26.0%である一方，課長相当職以上に占める女性比率は11.8%にすぎない（厚生労働省 2019b）。

上記の不平等について，従来の議論では「M 字型カーブ」，すなわち結婚や出産・育児を機に，女性の就業率が低下する傾向が注目されてきた（たとえば西村 2014）。近年のコーホートほど若年女性の就業率は上昇し，M 字の底は浅くなっているものの，これは非正規雇用者の増加を反映していると考えられ（平田 2011），正規雇用の就業継続率はさほど変わっていない（西村 2014: 第 2 章）。結婚や出産前後の就業継続可否は，依然として賃金や昇進格差の主な要因だと考えられる。

その一方，ジェンダー不平等の生成において，初職への就職・採用も重要な領域の一つである。日本企業に典型的な雇用慣行に，総合職・一般職のコース別採用と企業内トラッキングがあり，これらの慣行は実質的に「ジェンダー化」されている，すなわち女性を排除する契機を内包していることが多い（脇坂 1997; 山口 2014）[1]。そのため，コース別採用で形成される入社時点での格差が，企業内トラッキングによって維持され，キャリアを通じたジェンダー不平等の維持・増幅につながる。そもそも募集・採用の段階ですでに女性のチャンスが狭められていることをふまえると（中村 2004），就職・採用時点に焦点を当てることは，雇用の諸側面におけるジェンダー不平等の生成メカニズムを探るうえで重要な作業だといえる。

社会階層論・教育社会学分野の先行研究は，主に労働供給側（求職者側）の立場から，就職・採用時の不平等を検討してきた。「社会階層と社会移動に関する全国調査（SSM 調査）」など，個人を対象とする大規模社会調査データを用いた定量的研究がその典型であり，たとえば個人のジェンダーや学歴が大企業（Ishida 1998）や正規雇用（佐藤香 2011）への入職に与える影響が示されてきた。また，大学の専攻分野（豊永 2018）など同一学歴内の差異や，いわゆる「学校経由の就職」（小川 2021）などの就職経路についても，初職に与える効果の男女比較が行われている。

1-2　WLB 施策への着目

しかし近年，雇用の不平等を労働需要側（雇用者側）から検討する重要性が指摘されている（Rivera 2020）。採用決定を最終的に下すのは雇用者であるため，就職・採用プロセスにおいて，雇用者の果たす役割は決定的に重要である（Bills et al. 2017）。それゆえ，雇用者の意思決定や，それに関わる労働需要側要因を検討することは，求職者側からの分析では間接的にしか捉えられない不平等生成メカニズムを，より具体的な形で解明することにつながる（Reskin 2003）。

労働需要側要因のなかでも，企業組織の特徴，とくに企業内施策の効果が多くの先行研究で注目されてきた。本章では，雇用のジェンダー不平等に影響を及ぼしうる企業内施策として，仕事と生活の両立を支援するワークライフバランス（以下 WLB）施策に着目する。WLB 施策の整備によるジェンダー不平等の改善は，各種法制度によって推進されている。女性活躍推進法において，仕事と家庭の両立を可能にする環境の整備は，基本原則の一つに定められている（水町 2019: 337）。次世代育成支援対策推進法（次世代法）でも，企業が策定する一般事業主行動計画に，出産・育児期の労働者に対する両立支援策を盛り込むことが期待されている（厚生労働省 2021）。こうした状況を背景に，現在多くの企業が WLB 施策の整備に取り組んでいる。WLB 施策は，ジェンダー不平等を改善するための主要な方策だとみなされている。

1）近年では，コース別管理制度よりもやや脱ジェンダー化された限定正社員制度が，大企業を中心に導入されつつある。しかし，この制度も依然として最上位の「標準的な」正社員から女性を排除する契機をはらむ（今井 2021: 第 8 章）。

それでは，WLB 施策の充実は，つねにジェンダー不平等の改善につながるのだろうか。実は，いくつかの先行研究は，必ずしも不平等の緩和をもたらさない可能性を示唆している。たとえば佐藤博樹（2011: 16）は，男女の雇用機会均等に向けた改善努力を伴わない WLB 施策の充実は，かえって性別役割分業の固定化をもたらす可能性を指摘する。実際に，企業の方針によっては，WLB 施策の充実が男女間の賃金格差を拡大させることさえある（山口 2017: 第 5 章）。

そこで本章では，組織がおかれた環境によって施策の効果がどう変化するかという観点から，WLB 施策がジェンダー不平等にもたらす効果を捉える。ここでは「環境」を，企業に外在し，企業行動に影響する社会状況一般を指す語として用いる。たとえば，景気や労働需給状況，雇用に関わる政策がその典型である。たとえ同じ企業であっても，こうした環境要因が変わることで，WLB 施策が不平等に与える効果も変化するかもしれない。環境との複合的な効果をふまえることで，WLB 施策の両義性が，より企業行動の実態に即した形で明らかになると期待できる。

本章では企業を取り巻く環境の経済的側面に着目し，WLB 施策と企業の経営状況との関連を，国内大企業の新卒採用を対象に検討する。本章の問いを換言すれば，「「ジェンダー平等的」とされる WLB 施策をもつ企業は，どのような経営状況においても，ジェンダー平等的な採用を行っているのか？」となる。この問いの検討を通じて，新卒採用のジェンダー不平等が生成・維持される複雑なメカニズムの一端を示すとともに，企業データの計量分析から雇用の不平等に迫るアプローチの有用性を提示することをも目指す。

2　先行研究と仮説：WLB 施策の効果は，企業業績によって変わるのか？

2-1　雇用の不平等生成に寄与する組織的要因

雇用の不平等生成に寄与する労働需要側要因は，その次元の違いに応じて，個人的・組織的・社会的要因の三つに分類できる（cf. Reskin 2003; Pager and Shepherd 2008）[2)]。個人的要因は，雇用者個人レベルの心理的・対人的要因，たとえば偏見やステレオタイプを指す。組織的要因は，雇用者個人の行動が埋め込まれている組織の諸特性を指し，組織の施策・規則や慣習などが含まれる。社会的要因は，組織

2）Reskin（2003）は心理的要因と対人的要因を区別しているが，ここでは個人的要因としてまとめている。

を取り巻く社会状況に関連する要因であり，国家の法制度・政策や社会規範などを含む。雇用の不平等生成に関わる要因は多様であるが，分析者が定位する次元に着目すれば，以上のように整理できる。

この3要因のうち，組織的要因から雇用の不平等を説明する重要性が，近年の先行研究によって指摘されている。組織は雇用をめぐる決定の主体であるため，これに着目することは不平等生成メカニズムの解明に大きく貢献する（Reskin 2000）。さらに，組織を分析対象とすることで，不平等の生成プロセスを抽象的に想定することなく，不平等に関わる社会関係の多様性――本章ではジェンダー不平等につながる採用行動の企業間差異――を具体的な形で観察・検討することも可能になる（Tomaskovic-Devey and Avent-Holt 2017）。

雇用の不平等に影響する組織的要因として，先行研究で着目されてきたのが企業内施策である。不平等の改善を目的とする企業内施策であっても，その効果は施策によって異なる。管理職の多様性を促進するために導入された施策であっても，男女や人種間の不平等に与える影響の強さは，施策の種類に応じて大きく異なることがある（Kalev et al. 2006）。同様に，人事施策の官僚主義的改革の中には，不平等の軽減につながるものもある一方で，人事判断における定量的なテスト・評価の導入など，一部の施策は不平等をむしろ悪化させる（Dobbin et al. 2015）。

2-2　企業内施策の効果と，企業の経営状況の関連

一方で，こうした施策のはたらきはつねに一定ではなく，組織がおかれた環境に応じて，その効果も変化していると予想される。

組織に影響する環境要因のなかで，社会学分野の組織研究がこれまで着目してきたのは制度的環境（institutional environment）である（DiMaggio and Powell 1983; Meyer and Rowan 1977）。制度的環境は，さらに規制的，規範的，文化－認知的な要素に分解できる（Scott 2014）。本章が着目する雇用の不平等についても，たとえば規制的要素として，雇用政策の導入・変更や雇用差別に対する司法判断が，企業における不平等の程度を変化させることがある（e.g. Skaggs 2009; Mun and Jung 2018）。さらに，こうした制度的環境の効果は組織間で一様ではなく，組織の特徴に応じてその向きや強さが変わることもある（Mun 2016; Mun and Jung 2018）。

これに対し，本章では市場環境（market environment），なかでも景気に着目する。景気の変化も，雇用の不平等に影響を与える重要な環境要因である。たとえば，景気の悪化は，出身背景がもたらす雇用状態の不平等を拡大させることがあ

る（Zwysen 2016）。採用戦略や求職者への評価も，労働市場の経済状況に依存する（Russo et al. 2001）。企業内施策が新卒採用の不平等に与える効果も，採用時の景気によって変化している可能性が考えられる。

そこで本章では，企業の経営状況に応じて，企業内施策の効果がどのように変化しているかを検討する。景気変動が各企業に与えるインパクトは一様ではないため，ここでは企業の経営状況との関連に着目する。この問いを検討するうえで，日本の大企業における新卒採用は適切な分析対象である。長期雇用慣行が依然として頑健であり，正規雇用者の解雇に対する法的制約も強い国内大企業においては，経営状況の変化が新卒採用に反映されやすい（大湾・佐藤 2017; 水町 2019: 942–950）。実際，日本企業において，企業業績は新卒採用人数に影響し（原 2005），その影響はジェンダー間で異なっている（浦坂・大日 1996）。

2-3　仮説構築：WLB 施策と企業業績が新卒女性採用に与える効果

先述の問いを検討するため，以下の二つの仮説を構築する。

第一に，企業内施策が，新卒採用者に占める女性比率に与える影響を検討する。ジェンダー不平等に影響する施策として，1 節で論じたとおり WLB 施策を取り上げる。充実した WLB 施策をもつ国内企業は，正社員や管理職の女性比率が高く，雇用の男女格差が小さい（山口 2014; 山本 2014）。ただし，「性別にかかわりなく社員の能力発揮を推進する」方針をもたない企業では，WLB 施策が男女間賃金格差をかえって拡大させることがあり（山口 2017: 第 5 章），WLB 施策がジェンダー不平等をつねに軽減するかは明らかではない。そこでまず，WLB 施策の充実が新卒採用におけるジェンダー差の縮小につながるかどうかを，仮説 1 として検討する。

仮説 1：WLB 施策が充実している企業ほど，新卒採用者に占める女性比率が高い

第二に，企業の経営状況に応じて，WLB 施策の効果が変化しているかを検証する。企業の経営状況を反映する指標として，ここでは企業業績を用いる。WLB 施策の効果が経営状況に依存している可能性は，先行研究からも示唆されている。日本の大企業を対象に，育児休業法・次世代法の導入前後で新卒女性採用のトレンドを分析した E. Mun と J. Jung の分析結果から，2000 年代半ばの好況期には，WLB 施策の充実が女性採用を促進している一方で，1990 年代半ばの不況期には，施策の

充実度による女性採用人数の差が縮小していることが確認できる（Mun and Jung 2018: 520–524）。そこで，仮説 2 として，WLB 施策の効果と企業業績との関連を検討する。

仮説 2：WLB 施策の充実度が新卒採用者に占める女性比率に与える効果は，企業業績によって変化している

3 方法：企業データの計量分析

本章では，企業単位の調査データを定量的に分析することで，先述した検討課題に答える。企業規模や女性従業員比率などの基本的な企業特性を考慮したうえで，WLB 施策が採用の不平等に与える平均的な効果を捉えるには，企業調査データの計量分析が適している。なお，分析の詳細については，吉田（2020）を参照されたい。

分析対象は日本国内の大企業であり，そのなかでもさらに規模の大きい，従業員数 1,000 人以上の企業である。これらの企業について，国内の会社企業総数に占める割合は 2016 年時点で 0.23%とわずかであるが，国内従業者数ベースでは全体の 32.68%を占めており，日本の労働市場において一定のプレゼンスを示しているといえる（総務省統計局 2018）。

分析対象時期は，2009 ～ 2012 年卒の大学生を対象として採用活動が実施された 2008 ～ 2011 年である。この期間は，2008 年 9 月のリーマンショックに端を発する世界金融危機の直前からその後数年間を含んでおり，企業の経営状況との関連を検討するうえで適切な時期だといえる。

分析に用いたデータは，東洋経済新報社が調査・公表している複数の資料から作成した。各企業の採用実績や，従業員数などの基本情報は，『就職四季報』の掲載データを利用した。分析には，『就職四季報』2010 ～ 2013 年度版に掲載されている，2009 年 4 月～ 2012 年 4 月に入社した学生の採用実績データ，計 4 カ年分を用いた[3)]。次に，企業の WLB 施策は，『就職四季報（女子版）』の掲載データを利用した。企業業績は，有価証券報告書に基づく詳細な財務データを掲載している『会社財務カルテ』のデータを利用した[4)]。

3）正確には，2010 ～ 2013 年版の採用実績を，2011 ～ 2014 年版の値と照合し，両者に相違があれば，より新しい版の値を利用した。

表 1-1　分析に用いた変数の基礎統計量

	平均値	標準偏差	最小値	最大値
従属変数				
新卒女性採用比率	0.29	0.18	0	1
（採用人数合計）	82.13	93.16	2	990
（うち女性）	24.84	36.34	0	453
注目する独立変数				
WLB 施策充実度ダミー				
非充実	0.52		0	1
やや充実	0.38		0	1
充実	0.10		0	1
ROA	2.00	3.62	-23.65	20.60
統制変数				
製造業ダミー	0.49		0	1
三大都市圏ダミー	0.85		0	1
従業員数（対数値）	7.80	0.70	4.75	11.84
女性従業員比率	0.20	0.12	0.01	0.70
企業年齢	60.50	25.18	0	138
産業別大卒就職者女性比率	0.35	0.11	0.13	0.57
調査年ダミー				
2008 年	0.28		0	1
2009 年	0.24		0	1
2010 年	0.24		0	1
2011 年	0.24		0	1

N=1,690（n=547）

2010，2011 年版の『就職四季報』に掲載されている従業員数 1,000 人以上の企業を対象としてデータセットを作成した。分析単位は企業－年（firm-year）である。分析に用いる変数が欠損値を含まないようにリストワイズ処理を行った結果，有効サンプルサイズは 1,690（547 企業）となった[5)]。変数の基礎統計量は，表 1-1 に示している。

従属変数は，新卒採用者に占める女性比率である[6)]。注目する独立変数は，WLB

4）企業情報と企業業績は，東洋経済新報社の運営するウェブサイト「会社四季報オンライン」で公開されている『会社四季報』のアーカイブデータ，および企業データベースサービス「eol」も利用して，データセットを作成した。

5）女性従業員比率が 95%を超える 6 ケース（2 企業）は外れ値として有効サンプルから除外した。これを含めても，主要な結果は変わらないことを確認している。なお，吉田（2020）と有効サンプルを揃えるため，女性管理職比率に欠損値を含むケースも除外している。

6）『就職四季報』の「男女・文理別採用実績」欄に記載されている，大卒・修士卒の男女別採用実績データを利用した。

施策の充実度と企業業績である。企業のWLB施策については，Mun and Jung (2018) を参考に，育休・産休制度に着目した。当時の法定基準（産休：産前6・産後8週間，育休：子が1歳になるまで〔特別な事情があれば1歳半〕）に対して，産休・育休の両方で法定基準を上回る企業を「充実」，どちらか一方のみで上回る企業を「やや充実」，どちらも法定基準の企業を「非充実」として，3種類の値をとるダミー変数を作成している[7)]。企業業績には，企業の財務内容をみるうえでよく使われるROA（総資本利益率）を用いた（児玉ほか 2005: 7）[8)]。その他に，時点不変の統制変数として産業（製造業ダミー）と本社所在地（三大都市圏ダミー）を，時点可変の統制変数として従業員数（対数値），女性従業員比率，企業年齢，産業別大卒就職者女性比率，調査年ダミーを投入している[9)]。効果の向きの解釈を容易にするために，WLB施策の充実度とROA，さらに時点可変の企業情報は，採用活動から1期前の値を投入した。

分析モデルには，オフセット項を投入した負の二項回帰モデルを選択した。新卒女性採用比率は0から1の値をとる割算値であるが，これをそのまま用いると，分母・分子それぞれがもつ固有の情報が失われてしまう（久保 2012: 130–134）。そこで，モデル上の従属変数を新卒女性採用人数とし，採用人数の合計値をオフセット項として投入することで，割算値の分母・分子どちらの情報も利用できるモデルを構築した[10)]。サンプルには同一企業が複数ケース含まれるため，標準誤差は企業ごとにクラスター化して推定した。

4 分析結果：企業業績によって変化するWLB施策の効果

まず，WLB施策の充実度が新卒採用者に占める女性比率に与える効果を検討し

---

7) 法定期間より長く産休・育休を取得できる従業員が一部に限定されている場合は，法定基準であるとみなした。

8) 業績指標にはROE（自己資本利益率）やROI（投資利益率）もあるが，負債を含む総資産に対する利益率を表すROAは，企業全体の収益性をみるのに適した指標である（児玉ほか 2005: 7）。日本企業を対象とする先行研究でも，ROAが使われている（Mun and Jung 2018）。

9) 産業別大卒就職者女性比率は，文部科学省「学校基本調査」を基に，各年度の大卒・修士卒就職者に占める女性比率を産業別に算出している。

10) オフセット項については久保（2012: 130–134）やLong and Freese（2014: 504–506），負の二項回帰モデルについてはLong and Freese（2014: ch.9）を参照されたい。

表 1-2　WLB 施策の充実度が新卒女性採用比率に与える効果

	モデル 1	モデル 2
WLB 施策充実度ダミー（基準：非充実）		
やや充実	0.049	0.034
	(0.036)	(0.043)
充実	0.024	-0.031
	(0.061)	(0.065)
WLB 施策充実度ダミー×ROA		
やや充実×ROA		0.007
		(0.009)
充実×ROA		0.030 *
		(0.014)
alpha	0.123 ***	0.122 ***
N（企業－年）	1690	
n（企業）	547	
Wald $\chi 2$ (d.f.)	665.86 (12)	726.47 (14)
Log Likelihood	-5548.42	-5544.92

注：***: $p < .001$，**: $p < .01$，*: $p < .05$，†：$p < .10$（両側検定）。値は係数を，カッコ内はクラスターロバスト標準誤差を示す。統制変数の係数および標準誤差は吉田（2020）を参照。すべてのモデルについて，alpha ＝ 0 の帰無仮説が棄却されることを確認している。

た（表 1-2 モデル 1）。モデル 1 の推定結果から，企業の諸特徴や時点の影響を統制すると，施策の充実度と新卒女性採用比率の間に関連があるとはいえないことがわかる。他の独立変数を一定にすると，WLB 施策が非充実の企業と比べて，やや充実している企業は 1.05（$= e^{0.049}$）倍，充実している企業は 1.02（$= e^{0.024}$）倍，それぞれ平均的に女性を多く採用するが，いずれも統計的に有意な効果ではない（やや充実：$p = .18$，充実：$p = .70$）[11]。

次に，WLB 施策の効果が，企業業績によって変化しているかを検証した（表 1-2 モデル 2）。非線形モデルにおいて，交互作用項の係数は効果の向き・強さ・有意性について必ずしも正確な情報を示しているとはいえないため（Mize 2019），効果の解釈は従属変数の予測値に基づいて行った。統制変数を観測値に固定し，WLB 施策の充実度と ROA の値に対応する新卒女性採用人数の予測値を図 1-1 にプロットしている。

図 1-1 から，WLB 施策の充実度が新卒女性採用比率に与える効果は，企業業績によって異なっていることが読み取れる。ROA が 0 ～ 4 の範囲では，WLB 施策の充実度による予測値の違いはさほどみられないが，4 を超えたあたりから，「WLB 充

11）統計的検定の結果は，すべて両側検定による。

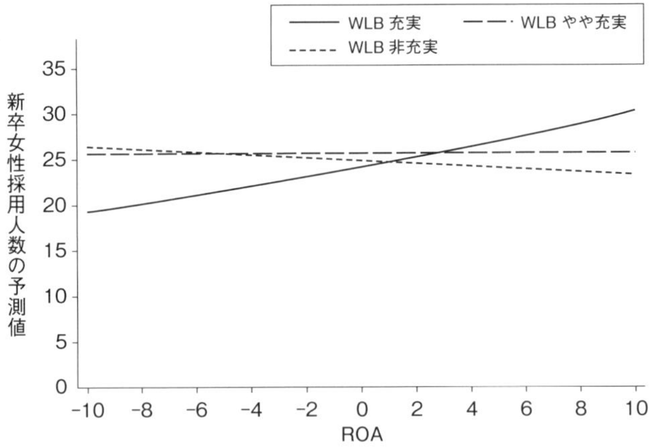

図 1-1　新卒女性採用人数の予測値（WLB 施策の充実度別）

注：「WLB 施策の充実度」「ROA」以外の変数は観測値に固定している。採用人数合計の観測値平均は 82.13 人である。

実」企業の予測値が最も高くなっている。一方，ROA が 0 を下回る赤字期には，他の 2 タイプと比較して，「WLB 充実」の予測値の方が低い。WLB 施策別の予測値を，ROA90%分位点（6.23）と ROA10%分位点（−1.03）で比較すると，90%分位点では，「WLB 充実」が「WLB 非充実」より女性を 4.00 人（p = .08）多く採用すると予測されるのに対し，10%分位点では，「WLB 充実」の方が 1.48 人少ない（ただし p = .39）。この予測値の差は，両分位点の間で有意に異なる（二階差分：4.00 − (−1.48) = 5.48，p = .04）。

5　解釈：WLB 施策をめぐる陥穽

WLB 施策の充実度は，新卒女性採用比率を高めているとはいえなかった（仮説 1 は不支持）。その一方で，WLB 施策の充実度が新卒女性採用比率に与える効果は，企業業績に応じて変化していた（仮説 2 を支持）。とくに，WLB 施策の充実度が高い企業で，赤字期に女性採用比率が低下する傾向にあった。

こうした結果の背景には，新卒採用において，女性に対する統計的差別が，WLB 施策と関連する形で働いている可能性が考えられる。新卒採用において，WLB 施策の利用可能性は，将来の雇用コストを高める要因として否定的に捉えられ，さらに，女性の方が平均的にそうした施策を利用しやすいと判断されている可能性がある（武石 2006: 第 4 章）。結果として，WLB 施策が充実している企業では，女性の平均的な雇用コストが高く見積もられることになり，女性採用の促進にはつながっていないのかもしれない。業績が悪い時期に，充実した WLB 施策をもつ企業で女性採用比率が低下することも，このメカニズムで整合的に解釈できる。赤字期の企業は，通常より雇用コストの抑制を重視すると考えられるため，WLB 施策が充実している企業では統計的差別の影響が強化され，結果として女性採用が抑制されている可能性がある。

この分析結果は，WLB 施策を「ジェンダー平等的」とみなす視線に内在する陥穽を浮き彫りにしている。WLB 施策は，本来，男女の従業員両方を対象に，仕事と生活の両立を支援するものである（金野 2012; 佐藤博樹 2011）。しかし，分析対象とした 2010 年前後には，既婚女性を念頭において WLB 施策を実施している企業も少なくなかったと考えられる（佐藤博樹 2011: 15）。この場合，本来結びつく必要はないにもかかわらず，WLB 施策と女性の雇用が関連づけられることになる。結果として，業績が悪化した際に，潜在的な雇用コストを念頭に置いた女性雇用の抑制が誘発されたと考えられる[12]。本章の結果は，WLB 施策が特定の状況において女性の雇用機会を縮小させる「両刃の剣」（山口 2017: 167）として機能しうることを示唆している。

本章の知見は，先行研究とは違った形で WLB 施策の両義性を示している。佐藤博樹（2011）や山口（2017）が指摘するのは，基本的に企業間差異としての両義性である。あえて単純化すれば，「真の」WLB 推進企業と「見せかけの」WLB 推進企業があるという指摘に近い。それに対し，本章が明らかにしたのは企業内変動としての両義性である。ジェンダー不平等に対する WLB 施策の効果は，たとえ同じ企業であっても，企業がおかれた状況に応じて異なる可能性がある。とはいえ，こうした結果が，企業の人事部による意図的な判断によるとは考えづらい。各企業の採用行動を集積することで，「意図せざる結果」として WLB 施策の両義性が観察されたと考えられる。

12）個々の労働者レベルで考えられる不利益を，集合的性と結びつけることに伴う問題は金野（2010）も参照。

6 結論：雇用の不平等生成メカニズムの解明に向けて

本章では，労働需要側から就職・採用という領域を捉えることで，新卒採用のジェンダー不平等を生み出すメカニズムの一端を描き出した。もちろん，ここで示したのは，業績悪化期という特定の状況下での事象であり，メカニズムの全体を解明したわけではない。また，5節で示した統計的差別に基づく解釈も，分析結果や関連する先行研究と整合する一つの解釈にすぎず，差別の存在自体を実証したわけでもない。しかし，求職者側からの研究では大部分がブラックボックスとなっていた不平等生成のメカニズムについて，たとえその一部であっても，調査データに即した形で具体的に取り出せたことに，雇用者の視点から不平等を捉える意義があると考える。

さらに，本章の知見は，組織における雇用の不平等について，企業データの計量分析からアプローチする有用性も示している。ジェンダーや人種など属性に基づく不平等は，組織において不可視化されやすく，組織の成員にも認識されないことが多い（Acker 2006; Ray 2019）。分析から示唆された，WLB 施策の背後にある統計的差別の可能性も，企業の担当者へのインタビュー調査から直接明らかにすることは困難だったと考えられる。このように，組織の成員が明確には認識していない不平等の構造やメカニズムを明らかにするうえで，企業の集計データを用いた計量分析は一定のアドバンテージをもつ。もちろん，本章の計量分析から示されたのは，統計的差別と整合する分析結果にすぎない。この妥当性を検証するには，関連する企業の実践や認識をより詳細に検討する必要があり，それには参与観察やインタビューなどの定性的な方法が適している[13)]。企業組織を対象とする研究では，定量・定性研究がとくに相補的な関係にあり，両者の知見を組み合わせることが，雇用の不平等の解明に大きく寄与すると考えられる。

【付　記】

本章は，拙稿「新卒採用のジェンダー不平等をもたらす企業の組織的要因――企業の経営状況との関連に着目して」（『社会学評論』71巻2号，2020年）を加筆・修正したものである。また，本研究はJSPS科研費特別推進研究事業（課題番号JP19J22898）の助成による

13）本章の知見は，国内大企業の人事部長を対象にインタビュー調査を行ったBrinton and Mun（2016: 272）で紹介されている，WLB 施策のコストと採用コストを対比する IT 企業人事部長の発言とも整合する。

成果の一部である。

【引用・参考文献】

今井順，2021，『雇用関係と社会的不平等――産業的シティズンシップ形成・展開としての構造変動』有斐閣.

浦坂純子・大日康史，1996，「新卒労働需要の弾力性分析――3時点間のパネル推定」『日本経済研究』32: 93–110.

大湾秀雄・佐藤香織，2017，「日本的人事の変容と内部労働市場」川口大司編『日本の労働市場――経済学者の視点』有斐閣，pp.20–49.

小川和孝，2021，「学校経由の就職の規模と効果の趨勢」中村高康・三輪哲・石田浩編『少子高齢社会の階層構造 1 人生初期の階層構造』東京大学出版会，pp.119–132.

久保拓弥，2012，『データ解析のための統計モデリング入門――一般化線形モデル・階層ベイズモデル・MCMC』岩波書店.

厚生労働省，2019a，「平成30年賃金構造基本統計調査の概況」〈https://www.mhlw.go.jp/toukei/itiran/roudou/chingin/kouzou/z2018/dl/13.pdf（2019年11月25日取得）〉

厚生労働省，2019b，「「平成30年度雇用均等基本調査」の結果概要」〈https://www.mhlw.go.jp/toukei/list/dl/71-30r/07.pdf（2019年11月25日取得）〉

厚生労働省，2021，「行動計画策定指針（抄）（平成26年11月告示，令和3年2月改正）」，〈https://www.mhlw.go.jp/content/000742420.pdf（2021年12月12日取得）〉

児玉直美・小滝一彦・高橋陽子，2005，「女性雇用と企業業績」『日本経済研究』52: 1–18.

金野美奈子，2010，「労働における自由とジェンダー――性秩序の新しい構想のために」佐藤俊樹編『自由への問い 6 労働――働くことの自由と制度』岩波書店，pp.134–149.

金野美奈子，2012，「性別職域分離――仕事の中の男性と女性」佐藤博樹・佐藤厚編『仕事の社会学〔改訂版〕』有斐閣，pp.55–72.

佐藤香，2011，「学校から職業への移行とライフチャンス」佐藤嘉倫・尾嶋史章編『現代の階層社会 1 格差と多様性』東京大学出版会，pp.65–79.

佐藤博樹，2011，「ワーク・ライフ・バランスと働き方改革」佐藤博樹・武石恵美子編著『ワーク・ライフ・バランスと働き方改革』勁草書房，pp.1–26.

総務省統計局，2018，「平成28年経済センサス 活動調査第1表 企業産業（中分類），企業常用雇用者規模（11区分），経営組織（5区分）別企業等数，事業所数，男女別従業者数及び常用雇用者数――全国」〈https://www.e-stat.go.jp/dbview?sid=0003218801（2019年10月22日取得）〉

武石恵美子，2006，『雇用システムと女性のキャリア』勁草書房.

豊永耕平，2018，「出身大学の学校歴と専攻分野が初職に与える影響の男女比較分析――学校歴効果の限定性と専攻間トラッキング」『社会学評論』69(2): 162–178.

中村艶子，2004，「募集・採用と男女の協働」渡辺峻・中村艶子『男女協働の職場づくり』ミネルヴァ書房，pp.131–148.

西村純子，2014，『子育てと仕事の社会学——女性の働きかたは変わったか』弘文堂.

原ひろみ，2005，「新規学卒労働市場の現状——企業の採用行動から」『日本労働研究雑誌』542: 4–17.

平田周一，2011，「女性のライフコースと就業——M 字型カーブの行方」石田浩・近藤博之・中尾啓子編『現代の階層社会 2 階層と移動の構造』東京大学出版会，pp.223–237.

水町勇一郎，2019，『詳解 労働法』東京大学出版会.

山口一男，2014，「ホワイトカラー正社員の管理職割合の男女格差の決定要因」『日本労働研究雑誌』648: 17–32.

山口一男，2017，『働き方の男女不平等——理論と実証分析』日本経済新聞出版社.

山本勲，2014，「企業における職場環境と女性活用の可能性——企業パネルデータを用いた検証」『RIETI Discussion Paper Series』14-J-017.

吉田航，2020，「新卒採用のジェンダー不平等をもたらす企業の組織的要因——企業の経営状況との関連に着目して」『社会学評論』71(2): 314–330.

脇坂明，1997，「コース別人事制度と女性労働」中馬宏之・駿河輝和編『雇用慣行の変化と女性労働』東京大学出版会，pp.243–278.

Acker, Joan, 2006, "Inequality Regimes: Gender, Class, and Race in Organizations," *Gender & Society*, 20(4): 441–464.

Bills, David B., Valentina Di Stasio, and Klarita Gërxhani, 2017, "The Demand Side of Hiring: Employers in the Labor Market," *Annual Review of Sociology*, 43: 291–310.

Brinton, Mary C. and Eunmi Mun, 2016, "Between State and Family: Managers' Implementation and Evaluation of Parental Leave Policies in Japan," *Socio-Economic Review*, 14(2): 257–281.

DiMaggio, Paul J. and Walter W. Powell, 1983, "The Iron Cage Revisited: Institutional Isomorphism and Collective Rationality in Organizational Fields," *American Sociological Review*, 48(2): 147–160.

Dobbin, Frank, Daniel Schrage, and Alexandra Kalev, 2015, "Rage against the Iron Cage: The Varied Effects of Bureaucratic Personnel Reforms on Diversity," *American Sociological Review*, 80(5): 1014–1044.

Ishida, Hiroshi, 1998, "Educational Credentials and Labour-Market Entry Outcomes in Japan," Yossi Shavit and Walter Müller eds., *From School to Work: A Comparative Study of Educational Qualifications and Occupational Destinations,* Oxford: Clarendon Press, pp.287–309.

Kalev, Alexandra, Frank Dobbin, and Erin Kelly, 2006, "Best Practices or Best Guesses? Assessing the Efficacy of Corporate Affirmative Action and Diversity Policies," *American Sociological Review*, 71(4): 589–617.

Long, J. Scott and Jeremy Freese, 2014, *Regression Models for Categorical Dependent Variables Using Stata, Third Edition*, College Station: Stata Press.

Meyer, John W. and Brian Rowan, 1977, "Institutionalized Organizations: Formal Structure as Myth and Ceremony," *American Journal of Sociology*, 83(2): 340–363.

Mize, Trenton D., 2019, "Best Practices for Estimating, Interpreting, and Presenting Nonlinear Interaction Effects," *Sociological Science*, 6: 81–117.

Mun, Eunmi, 2016, "Negative Compliance as an Organizational Response to Legal Pressures: The Case of Japanese Equal Employment Opportunity Law," *Social Forces*, 94(4): 1409–1437.

Mun, Eunmi and Jiwook Jung, 2018, "Policy Generosity, Employer Heterogeneity, and Women's Employment Opportunities: The Welfare State Paradox Reexamined," *American Sociological Review*, 83(3): 508–535.

Pager, Devah and Hana Shepherd, 2008, "The Sociology of Discrimination: Racial Discrimination in Employment, Housing, Credit, and Consumer Markets," *Annual Review of Sociology*, 34: 181–209.

Ray, Victor, 2019, "A Theory of Racialized Organizations," *American Sociological Review*, 84(1): 26–53.

Reskin, Barbara F., 2000, "The Proximate Causes of Employment Discrimination," *Contemporary Sociology*, 29(2): 319–328.

Reskin, Barbara F., 2003, "Including Mechanisms in Our Models of Ascriptive Inequality: 2002 Presidential Address," *American Sociological Review*, 68(1): 1–21.

Rivera, Lauren A., 2020, "Employer Decision Making," *Annual Review of Sociology*, 46: 215–232.

Russo, Giovanni, Cees Gorter, and Ronald Schettkat, 2001, "Searching, Hiring and Labour Market Conditions," *Labour Economics*, 8(5): 553–571.

Scott, W. Richard, 2014, *Institutions and Organizations: Ideas, Interests, and Identities, Fourth Edition*, Thousand Oaks: Sage.

Skaggs, Sheryl, 2009, "Legal-Political Pressures and African American Access to Managerial Jobs," *American Sociological Review*, 74(2): 225–244.

Tomaskovic-Devey, Donald and Dustin Avent-Holt, 2017, "Organizations and Stratification: Processes, Mechanisms, and Institutional Contexts," *Research in Social Stratification and Mobility*, 47: 1–5.

Zwysen, Wouter, 2016, "Crowding Out of Disadvantaged Young Adults in Germany: Background Matters Depending on Local Labour Market," *European Sociological Review*, 32(5): 662–674.

第2章

外国人を採用する日本企業の説明と認識

社会の論理と企業の論理の交差点

園田 薫

1 日本企業は外国人とどのように向き合ってきたのか

日本で働いている外国人は，2020 年時点で約 172 万人にのぼり，近年は単調増加の一途を辿っている。生産年齢人口の減少が見込まれる日本において，外国人労働者の存在が今後重要になるのは明白であり，日本社会における外国人労働者の活用については多角的に検討する必要がある。これまで外国人労働者は，ある社会的カテゴリーを有する人間として社会一般のまなざしと連動しながら，二極化された理念型のなかで企業に認識され，受け入れられてきた。日本企業が外国人をどのようにまなざしてきたのかという点を検討するにあたって，まずは日本社会がどのように外国人を受け入れてきたのかを整理する。

日本にいる外国人は，入管法にもとづく在留資格によって大きく二つに分類される。身分にもとづく在留資格とは，入管法によって永住許可を得た，活動に制限のない外国人や特別永住者などを指し，具体的には日系人やその配偶者等が含まれる。一方で活動にもとづく在留資格とは，政府に認められた特定の活動をするために入国を許可された外国人を指す。その在留資格のなかには国内で就労可能なものとそうでないものが含まれており，前者は専門的・技術的分野の外国人や技能実習生，後者は留学生などが該当する。

身分にもとづく在留資格で日本社会に定住する者のなかには，旧植民地出身者やその子孫など，いわゆるオールドカマーと呼ばれる歴史的なルーツをもつ外国人も多く，古くから一定数の受け入れがなされてきた（宮島・鈴木 2014）。それに対し，活動にもとづく在留資格を得る外国人には，特に 1980 年代後半から急激な増加傾向がみられる。その背景には，高度経済成長にともなって日本社会の国際的なプレゼンスが高まったこと，経済のグローバル化やバブル景気時における日本国内での働き手不足などが挙げられる。しかし現実の逼迫した人手不足から，工場や飲食店などが合法的な在留資格をもたない外国人を不当な労働条件・環境で働かせる，いわゆる外国人の不法就労が社会問題として取り沙汰されると（稲上ほか 1992），外国人労働者の増加が日本の治安悪化や失業増加などとあわせて議論されるようになった（永吉 2020）。これを機に外国人の受け入れに関する政策的な議論が活発に行われ，入管法の改正にともなって日本社会では日本人と競合しない高い技能を有した外国人は受け入れるが，単純労働者は受け入れないというスタンスが明確に示された。

こうして日本では，高い専門性や技術をもった外国人は積極的に誘致する一方，特殊な技能をもたない外国人は受け入れないという表向きのルールが作られた。しかし現実には，研修や技能実習，留学生のアルバイトなど，様々な形で外国人を安価な労働力として活用する抜け道が存在する[1)]。特に労働力不足が深刻な地方や中小企業，サービス産業などの領域では，こうした外国人を活用することがやむをえない選択肢としてみなされてきた。その結果，日本社会で求められる外国人像は，日本に革新をもたらす高い技能を備えた人材，そして労働力不足を補うような低熟練外国人というように，大きく二層に分化していった。

この外国人に対する社会のまなざしは，「人材」と「人手」という二つの視点から外国人の活用を考える日本企業の戦略と軌を一にする（明石 2017）。前者に該当する高水準の知識や技能を備えた高度外国人材は，主に企業の成長のための戦略に重宝され，その多くは大企業や都市部に供給されている。一方で後者に該当する相対的に低い賃金水準で雇うことができる低熟練外国人は，中小企業や地方の衰退を防ぐための対策として用いられることが多い。

このように外国人は，日本人の補完的／代替的存在という二極化されたイメージで理解され，それぞれの企業の戦略的意図のなかで雇用されてきた（梶田 1994）。外国人に対する認識は，社会の状況やまなざしのなかで培われてきたといえるだろう。この区分をふまえ，本章では主に「人材」へと焦点を当て，日本企業から外国人材への認識を検討していく。

1）この点について，詳しくは本書の第 10 章を参照。

2　企業の行動に潜む人間性を検討する意義

外国人材をいかに企業社会へ包摂すべきなのかという議論は，移民国家として成立したアメリカを中心に進められており，日本では企業における多様な人種・国籍の労働者への対応という点がほとんど検討されてこなかった。アメリカでは優秀な人的資源の獲得，創造性や問題解決能力の向上などを目的として，多様な人材の活用がいかに組織の生産性や協働に寄与するのかを考察するダイバーシティ・マネジメントが盛んに議論される。黒人・ヒスパニックなどの非白人や女性の地位向上が叫ばれると同時に，こうした議論はより活発になっている。社会学の立場からは，既存の雇用機会均等政策が政治的な意図のもと方針転換を迫られるなかでダイバーシティ・マネジメントという人事施策が普及したこと（Dobbin 2009），人種やジェンダーの多様性を高めることで顧客拡大や売り上げ増加などの効果が期待されること（Herring 2009），政府による企業への圧力がきっかけとなって職場における人種統合が進んでいく様子（Stainback et al. 2005）などが指摘されてきた。特にアメリカでは，社会の変化に応じて企業が意図的にジェンダーやエスニシティといった多様性を重要視し，そうした人材を企業へと取り込んでいく様子が実証的に検証されてきた。

これに対し，主に経営学や産業心理学の視点からは，ダイバーシティ人材の構成割合の変化が組織内の協働やパフォーマンスの向上につながるのかという点が考察されてきた。具体的には，ダイバーシティ・マネジメントがフレキシビリティや創造性を高めることで利益につながる一方，個々人の満足度や組織への愛着の低下，意思決定の膠着化などを引き起こす可能性が指摘されている（Cox and Blake 1991; Harrison et al. 1998; Brickson 2000; Pelled et al. 1999; Reich and Hershcovis 2011）。人材の多様性がもたらす負の側面には，社会的カテゴリーの異なる人間に対する心理的抵抗が作用していると示唆されており，その理論的中核には自分がどのカテゴリーに属すると考えるのかによってアイデンティティ形成がなされるとする社会的アイデンティティ論（Tajfel and Turner 1979）がある。

このように既存研究を俯瞰すると，国籍の違いを人材のもつ多様性の一側面として捉えた場合，日本社会において「外国人」というカテゴリー化がどのように行われているかがダイバーシティ・マネジメントの推進を検討するうえでも重要になるはずである。外国人／日本人という境界線は，組織内だけでなく社会全体のなかで決定されるのであり，日本国籍をもたない人は日本社会のなかではじめて「外国人」

たりうる。

しかし，これまで外国人材に対する企業の認識や立場は，ほとんど検討されてこなかった。近年日本でもダイバーシティ・マネジメントの重要性が指摘されはじめるが（谷口 2005; 佐藤・武石編 2017），そのほとんどが女性雇用というジェンダーの側面に焦点化した議論であり（Mun and Jung 2018 など），外国人への言及は少ない。くわえて経営学を中心とした先行研究では，企業の利益追及という目的に沿って考察が進められるため，外国人を雇用すべきかという点は企業のパフォーマンスを中心に論じられる傾向があった（尾崎 2017）。以上をふまえると，日本社会における外国人への認識とその問題性を研究してきた蓄積を意識しつつ，組織内部で外国人がいかに認識されているのかを検討することで，既存研究の穴を補いながら今日的価値を付与できると考えられる。

このとき有用になるのが，一般社会の論理と企業内部の論理がいかに混ざり合い，組織の認識や行為を決定しているのかに着目する組織社会学的な視座である。企業という組織体は，利益追及という目的性をもつだけでなく，一般社会の論理に影響を受けながら行為を決定している。たとえば新制度派の組織理論では，マクロな文化的・制度的環境がメゾレベルの組織フィールドを媒介し，個々の組織の慣行や戦略に影響を及ぼすことに着目する。これまでの研究では，組織が絶対的な合理性を行動基準とするのではなく，社会のなかで「善い」とされるものを認識し，それに誘引される傾向があることが指摘されてきた（Meyer and Rowan 1977; DiMaggio and Powell 1983 など）。つまり組織の認識や行動は，組織外部に位置する一般社会と無関係には存在しえないということである。

しかし同時に，組織は固有の論理をもっており，社会からの影響を受けつつもそれを維持しようとする反作用が働く。たとえば日本でも雇用機会均等法の制定・改正以降，男女平等に対する社会的な圧力が高まっているが，一方で多くの企業内にはこれまで壮年男性の基幹社員を中心として培ってきた様々な慣習や論理がある。Mun（2016）が明らかにしたのは，日本でこれだけ女性の立場向上といった社会的に「善い」とされるコンプライアンスが高まっても，コンプライアンスに従って女性比率の向上を図る日本企業だけでなく，組織内慣行を変えない企業や，むしろ女性比率を下げることで男性優位な組織内部の論理をより前景化させてしまう企業が存在することである。

つまり，「社会としてやるべきこと」（＝社会の論理）と「組織としてやるべきこと」（＝組織の論理）がときに異なるために，上記の状況が生じるのである。このような一般社会の論理と企業内部の論理のせめぎ合いは，組織内部の環境を維持するか社会の環境に合わせるかという綱引きゲームにたとえられ，考察の対象とされてきた。この問題設定が成り立つのは，組織が全体社会の一部でありながら，社会的存在である人間の集合体として一つの社会を成しているからである。組織とは全体社会と個人の間に位置し，社会と組織，組織と個人という二重の相互作用のなかで認識や行動が促される。だからこそ組織行動のなかに行為者たる人間の全人的側面が入り込む余地が存在する[2]のである。こうした視点からの考察は，人間溯及的視点という尾高（1963）の分析視角とも軌を一にし，個人と社会の相互行為に着目する社会学としての独自性をもつ。

そこで本章では，社会の論理と企業の論理がどのように交わるのかという観点から，組織の現象を読み解くことを試みる。とりわけ外国人の採用に関して，日本で採用の権限をもつ企業人事部がいかに外国人を認識しているのかを中心に検討する。

3　本章の扱うデータと対象

第１部のイントロで述べられたように，日本には大企業や製造業の企業を核とした日本的雇用システムが根強く存在する。日本的雇用システムの中心に位置する企業群は，主に日本人壮年男性の正社員を基幹労働者とし，これまで女性や若者などの人材を周辺的な労働力として扱ってきた。この慣習に則って捉えるならば，おそらく外国人も同様に基幹人材を支える周辺的労働力とみなされることだろう。実際，高度な技能を有する外国人は，これまで日本企業の外部から調達し，短期的に働く「助っ人外国人」としての側面が強かった（梶田 1994）。しかし日本の大企業にとって，グローバル化に対応することは焦眉の急であり，新たな市場と開発拠点を獲得するために海外へ進出する必要性も高まっている。そうした企業は，国家を問わず働ける「グローバル人材」を強く求めており，その一環として企業内部で外国人材を中長期的に雇用・確保することに意欲を示しつつある。日本的雇用慣行やダイバーシティ，そしてグローバル化をめぐる社会の変化にあわせてその対応が求めら

2）人間が行為主体だからこそ生じるような採用にかかわる組織現象を指摘した研究には，アメリカの起業家がチームを組む際に性別や民族の同類結合が生じやすい傾向を計量的に示した Ruef et al.（2003），採用担当者の心理的メカニズムを通して結果的に自分と似た出身階層の学生が採用されやすくなっていることを指摘した Rivera（2015）などがある。

れている日本の大企業は，いま外国人材の雇用をどのように捉えているのだろうか。

本章では，日本的雇用システムの特徴を色濃く残す大企業のなかでも，外国人の採用を積極的に行っている日本企業を分析対象とし，外国人雇用に対する企業の認識を検討する。分析に用いるのは，筆者が日本企業の人事部に対して行った，外国人の採用に関するインタビュー調査のデータである。その理由は2点ある。まず，企業内の業績を指標とした昇進・管理と異なり，採用は何を基準として採用／不採用を決定したのかを応募者の性質から説明する必要がある。さらに外部者に向けて外国人の採用理由を説明するとき，それを正当化するような社会の規範が参照されることを考慮すれば，外国人雇用に対する企業の「動機の語彙」（Mills 1940）を検討することで，日本社会の現状と企業の論理がどのように交差しているのかを分析できるからである。2点目に，日本企業で中核的な役割を果たすことの多い人事部（Jacoby 2005=2005）を調査することで，企業を代表する人々の認識を明らかにしうるからである。とりわけ本調査では，人事部を中心に集権的な組織構造が顕著にみられる，戦前からの歴史ある大企業を主な対象とした。実際にインタビューでは，各企業の人事部に所属する役員クラスと管理職層1名～3名に，1～2時間ほど話を伺った。また，本調査は2019年6月から10月にかけて10社に実施したが，紙幅の関係上，もっとも色濃く外国人への認識が浮き彫りになった4社の事例を紹介する[3)]。4社の事例が典型的ではあるが，それ以外のインタビュー対象企業もほとんど同様の認識をもっていたことを付記しておく[4)]。

4 外国人の採用をめぐる二つの説明と認識

まず本章のインタビューで明らかになったのが，日本企業が本腰を入れて検討しているのは，主に中途採用ではなく，新規学卒市場から外国人を採用することである。インタビュー調査の対象となった日本企業において採用で意識される外国人材とは，梶田（1994）の指摘するような「助っ人外国人」ではなく，基幹人材として中長期的に働くことのできる総合職社員であった。そして外国人を基幹人材として

3）本来ならば主張の論拠となる各社のインタビュー箇所を網羅的に提示したいが，紙幅の関係上，引用は4社のインタビューに限定したうえで紙幅の許す限り，特徴的なデータを載せるという形式をとっている。

4）「動機の語彙」などの分析における理論的視座や事例の詳細な分析については，園田（2021）を参照いただきたい。

採用する論理は，主に「国籍」と「能力」という独立した2つの変数にもとづくストーリーによって説明された。このそれぞれの説明には，独立した採用のロジックと外国人への認識が含まれる。これらは，互いに背反なものではなく，「ある外国人を採用すること」に対する説明として，同時に成り立つものであった。

4-1　国籍の違いを根拠とした説明

まず外国人の採用理由として語られたのは，会社内での総合職のダイバーシティを高めることを目的とし，国籍の異なる外国人を採用したという論理である。そうした志向性は，企業の戦略として「上から」決定されるものであり，会社全体の方針として外国人の採用を目指していることが言及された。こうした流れは，2010年代以降に加速しつつあり，調査対象企業の多くが比較的近年になってから一定数の外国人を採用し始めていた。たとえば，金属関係の製造業A社の人事担当者は，外国人の採用をめぐる自社の人材戦略について以下のように語っている。

> 2012年くらいからダイバーシティの一環で外国籍の方を積極的に採用するということになりましたので，大方がまだ入社して8年目とか。一番上の方でも30過ぎとか，そのくらいですね。それまでは，単発でぽつぽつと入社される方がいらっしゃったんですが，会社としては，当初はやっぱり総合職の1割を海外出身の人で採用するというような目標感を持ってやっていたこともあります。（A社）

近年になって外国籍の人材を積極的に採用しはじめた理由の一つとして，会社の基幹人材が日本人の男性壮年層だけで構成されていることに対する社会からの批判的まなざしがある。会社の経営層がその圧力を感じ，企業全体の戦略としてダイバーシティ人材の積極的雇用を目指すということが生じている。その事例として，株主総会にて女性や外国人などのダイバーシティが足りないことを指摘され，なかば意図的にそうした人材の雇用を促進していることが食品製造業のB社によって語られた。

> この間の株主総会のときに株主さんから言われましたけれども，やっぱり壇上にいる人は結構いい年の日本人の男ばかりですねって。いつになったらここに外国人や女性がもっと増えるんでしょうかって言われましたけれども。そ

れは別に当社に限らず，世の中の日本企業は多分ほとんどそうで，それでグローバル化だとかと言っても，なかなか説得力がないというところはあるんでしょうね。（B 社）

企業内のダイバーシティを高める要員として国籍の異なる外国人を求めるという論理は，人材の多様性が新たなイノベーションを生み出すものだとみなされることで成り立つ。外国籍の人材が生産性を高めるという主張の背後には，外国人でありながら日本企業で就職した時点でその人材は相応の能力を保有しているだろうという企業の見込みがある。母国語と日本語が堪能であるという語学力だけでなく，異文化理解の能力やチャレンジ精神を評価し，そうした能力のある外国人だからこそ企業や職場の生産性を高めうる存在なのだと解釈されていた。外国人は日本企業におけるマイノリティの人材だからこそ，職場のダイバーシティを確保することが将来的に会社の生産性を向上させることにつながるというダイバーシティ・マネジメントの戦略的解釈のなかでその採用が肯定される。このように，いわば組織の戦略的な決定として外国人の採用を語るとき，ダイバーシティ・マネジメントという会社の戦略のなかで外国人が理解され，多様性と革新性を生む要因としての期待が外国人を採用する意図と直結して語られていた。

やっぱり彼らならではの，例えば異文化への理解ですとか，こういう日本企業で働いてみようと，これそのものが結構チャレンジングだということで。そういったところを生かした仕事をしてもらいたいなという気持ちはあります。（A 社）

マジョリティーだけに特化していると，その人間たちというのはある意味で言うと金太郎あめ的になりやすいわけですよね。ある一定のスタイルのマネジメントに適した対象だと。そういう人たちがこれからの新しい価値を生んでいける人材なのかということで言うと，違うかもしれないなというのが，多分最近の世の中が今考えていること。要するに新しい価値を，イノベーションを生み出せる人たちというのは，実はその周辺領域のところにいる人（外国人や女性など）なんじゃないかというふうに考えると，そういう人たちもちゃんといられる場所とか，あなたたちもちゃんと仲間なんだよというところを見せていかないと，気が付いたときには同質の集団になっていて。今までのようにあっちに行けって，おおって言って行くのは得意だけれども，全く新しい課題が出たときにどうするかといったとき，実はソリューションを持っていない人材の集まりになっていると。多分もうそれこそ恐竜みたいに滅びちゃうということだし。(B 社)

しかし近年では，性別・人種・国籍などの目に見えて識別可能な表層的カテゴリーの差異だけでなく，価値観やパーソナリティ，情報などの視覚的に捉えられない深層的なダイバーシティ（Harrison et al. 1998）にも注意する必要があるという考えが普及しつつある。外国籍という差異にこだわらず，様々な違いをもつ人材を採用して会社の基幹人材に据えることは，今後の会社を発展させる戦略だとみなされている。重化学工業の C 社，総合商社の D 社にはこのような考えが強くみられた。

ダイバーシティというものの理解，それは別に外国籍だとか女性だとかという，その一つのカテゴライズされたことではなくて，いろんな意味を含めてのダイバーシティということをやっぱりもうちょっと全従業員に理解をさせて，ダイバーシティというものを体現するために，どういうところで何を学ばなきゃいけないのかと，今そういうところも意識の調整はもちろんなんですが，そのためには何か仕組みをもっと積極的につくらなきゃいけないねというような話もちょっと今出始めてはいます。(C 社)

とかく日本においてダイバーシティと言うと，女性とか外国人とかもありますけれども，広義の意味での Diversity & Inclusion って，それだけじゃなくて，いろんな違いというものを受容して，それを，そこの違いというものを活用して，多様性を活用して。企業という観点で見ると，新たな価値というのを創造していくというところになってきますので，まさにもう会社の事業戦略そのものになってくるんですよね。これをいかに推進していくのかというところが，生き残っていくためには必要なんだろうなと。(D 社)

以上の事例は，外国人が他の人材と違うカテゴリーを有していると理解したうえで，その違いゆえに企業の戦略的観点から採用が肯定されるという点では同じ立場をとる。外国人は，多くの日本人社員とは異なる存在であるために，採用が目指される。この傾向は，程度の差はあれど，本章で紹介した 4 社だけでなく，インタビューに応じてくれた 10 社に共通した語りであった。

4-2　能力の高さを根拠とした説明

一方，実際に職場で働く個別の外国人を採用した論理に関しては，自社の総合職人材に適した能力を選考基準にした結果，たまたま外国籍の人材が採用されたと述べられた。これは，個々の外国人の資質に採用の理由を帰着させるという「下から」の説明であり，会社の中核的人材として求められる能力に合致したものを探すなかで，異なる国籍をもった人材が採用されたことが言及される。どのインタビュー対象企業でも，これまでと変わらない新規学卒採用を通して基幹人材の確保を図った結果，総合職人材としての能力が高い外国人を採用していると説明していた。つまり，一方で組織の戦略的な視座から外国人雇用の重要性を指摘しながらも，他方で「外国人であること」が有利な選考基準になることを意図的に避けていると主張する傾向がみられたのである。

> 外国人の採用に関して，じゃあ特別に何かあるかというと，それはなくて，70人の外国籍社員，これは日本人と全く同じ採用ルートでほぼ採用しているので，大体国内の留学生がほとんどです。一部は海外の採用に行くということもありましたが，今はどっちかというと国内に留学している人が多いので，いわゆる就職活動時期に日本人の学生と同様に選考試験を受けていただいて，それで，先ほど申しましたような基準に合致する方を採用しているということになっています。(A 社)

> 外国人だからといって何かありますかということについては，基本的な考え方の差はないというのがポイントかなというふうに思っています。(B 社)

> 日本人を採るなかで，たまたまそこが留学生だったということなので，（最近は）あまり外国人採用をしていないわけですよね。要は，日本語ができるので。(C 社)

> 本社での外国籍の社員というのは，特に国籍による何か区別というのは一切設けていなくて，自然体で採用して，今の人数の者がいるということなんですけれども。そういう意味で言うと，本社での採用基準というのは，当然面接等も日本語でやっていますし，そういう意味では日本語をビジネスレベルというか，普通に使える者を求めていますので，日本人の応募者と全く同じ選考で採って

> いるというのが現状ですね。(D 社)

外国人採用に対する以上の説明は，国籍の違いが採用の決定プロセスに影響しておらず，どの国籍の応募者にも採用の機会を平等に与えていることを含んだ主張となっていた。言い換えれば，外国人の応募者に対する配慮を一切加えていないのであり，彼ら／彼女らは日本人社員と同じハードルを乗り越えて採用の過程を突破しなければならない。そうしたプロセスを経て採用された外国人は，企業にとって，国籍という表層的なダイバーシティ以外これまでの日本人社員とほとんど変わらない存在として認識されがちである。結果的に自社で採用された外国人は，日本人同様のプロセスのなかで雇用された，日本人と遜色ないような能力や性質をもった同質的存在として企業に認識されている。

> いわゆる志望動機みたいなところで言うと，そこは本当に，変な話だけれども，グローバルな仕事がしたいだとか，A 社ならではのスケールの大きい仕事がしてみたいですということで，志望いただく動機もあまり日本人学生と変わらないということですね。(A 社)

> 志望動機みたいなところは，別に外国人だからということで特別な傾向があるというわけではないと。そこの理由自体は，多分日本人と変わらないと思いますが。そもそもそんなに知名度がある会社じゃないので，その国でたまたま有名だったとか，あとは，技術系の方は，研究所とか研究室の関係だったりというのは多いと思いますよね。(C 社)

この外国人に対する認識は，既存の採用方式や雇用の枠組みのなかに外国人を当てはめることを肯定させる正当化の論理に転化される。つまり，日本語の能力や日本の企業文化，企業内のルールなど，日本人の応募者を暗黙裡に想定した様々な条件をそのまま外国人に対しても適用させることを肯定する論拠となる。外国人採用に関する企業の姿勢に関しては，これまで日本人を前提として培われてきた採用基準を用い，そのなかで日本人と同様の方式で優秀な外国人材を採用することが目指されているとも解釈できる。

> 完全に，いわゆるブリッジ人材的（注：日本と母国をつなぐような存在）として

採用・育成しているかというと，必ずしもそうでもなくて，やっぱり日本の方と同等，全く同じ採用条件でということでやっているので。だから，例えば韓国出身の方だけれども，今度シンガポールに赴任しますみたいな人がいたりとか，中国出身の方ですけれども，完全に国内の，割とべたべたの営業をやっていますとか。ある意味，ちょっと戦略的でないかもしれません。例えば文系の学生さんですと，必ず最初は工場に配属するんですね。本当だったら多分，海外出身の学生さんだったら，語学力を生かして本社でいきなりグローバルな仕事をやってもらうというのが最終的には多分お互いにとっていいはずなんですが，そこはもう日本人の人と一緒で，もう工場に行って仕事をしてみると。(A 社)

外国人の従業員の採用なんですが，現時点では，海外大を卒業した外国人の方を採るということはしていなくて，国内に留学している外国人の方しか採っていないですね。要は，日本語ができる外国人しか今採っていないです。今採っていないというのは，過去は，例えばイギリスだとか韓国だとかの大学を出た，その方は基本的に日本語ができる方が多いんですが，そういう方を直接採用したというケースはあるのですが，やっぱり定着率が悪かったりしてなかなか難しくて，今はどちらかというと保守的で，日本で大学から来られて，日本の生活に慣れた外国人の方を採るという。人数も大した人数じゃないですが，今はそういうことになっているので[5)]。(C 社)

このように，いわば１人の外国人という個人が採用された理由を説明するときには，「能力」や「気質」という本社の基幹人材として求められる側面が評価されており，国籍の違いはむしろ採用の選考基準に関わっていないものとして語られた。どのインタビュー対象企業でも実際に働く外国人の採用理由を語るとき，国籍というカテゴリーの違いは表面化せず，むしろ日本人社員と同程度の能力という側面が強調されるのである。

---

5) C 社の場合は，かつて一定数の外国人を様々な方法で採用しようと試みていたが，その試みが非効率的であると判断され，現在では日本での採用方式にもとづいて選抜された外国人のみを採用することになっている。

5　企業にとって望ましい外国人とは何か

以上の分析結果を振り返りながら，本章に関係するテーマから21世紀の産業・労働社会学が目指すべき方向性について論じよう。本調査からは，外国人の採用に対する二つの理由と解釈が示された。一方は国籍の差異を採用の基準とした説明，もう一方は総合職に求められる能力にもとづく説明である。前者の論理では外国人であることが積極的な理由として，後者の論理では外国人であることが採用の可否に影響しない要因として語られる。これはどちらも外国人の採用にかかわる独立の論理として，同一企業における語りからどちらも導かれた。異なる国籍をもつ人材を採用すべきだとする論理が組織の戦略として存在すると同時に，国籍の違いだけを肯定的に評価するのではなく，これまでの選考基準と同様の方式に則ることの重要性が主張されている。つまりどの企業も，優秀な外国人材は雇用したいが，「外国人だから」採用するわけではない。あくまでも日本人を前提としたふるいにかけて「優秀な」社員を選抜した結果，外国人が採用されたと説明するのである。

外国人雇用の戦略的説明（国籍の違い）と，実際に外国人を採用した論理（能力の評価）が一致しないという非対称性からは，社会の変化に応じて人材の多様化が要請されるなかで，これまでの採用のあり方と整合性を保ちながら新たに外国人雇用を試みなければならないという企業のアンビバレントな認識が浮かび上がる。この企業の認識は，社会の論理と企業の論理がせめぎ合うことによって生まれており，その折衷案としての外国人採用理由を作り上げている。

企業は外部に対する説明として，社会情勢にあわせて外国人を採用したいが，外国人であることが採用の有利／不利に関係しないように努めて採用しているという論理を用いる。しかし外国人であることのハンディキャップを無効化して採用を行うという後者の言明からは，これまでの日本式のやり方を外国人にも開くという姿勢が浮かび上がってくる。その結果，多くの企業で外国人の積極的な採用を理念として掲げながらも，実際の採用においては日本人の応募者を暗黙裡に想定した様々な選抜条件をくぐり抜けた外国人のみが採用されるという事態が生じている。

付言すれば，「日本人とは異なる個性や能力の発揮」という理念と「日本人と同質的なふるまいや志向性」という実践の，一見相反する二つの要求を同時に満たす人物こそが，企業の求める外国人材である。実際に企業で採用された外国人は，日本人と異なる多様性をもった存在として期待されると同時に，日本人と同質的なふるまいをも期待されている。この外国人への高度な期待は，それを完璧にこなす一握りの人間のみを企業にとって必要な「外国人」とし，それ以外を企業の論理に馴染まないものとして排除することを肯定してしまう。こうした姿勢は，有能な外国人のみを受け入れてもよいとする，移民に対する日本社会の論理を反映した結果でもあるだろう。

企業にとって望ましい外国人とは，日本人の補完的／代替的といった二項対立によって捉えきれるものではない。またダイバーシティ・マネジメントといった単純化された企業の戦略のみに着目してしまった場合，このような企業の認識や採用行動は捉えきれない。企業の行動や戦略がいかに営まれているのかを社会との相互作用のなかで検討し続けることが，21 世紀の産業・労働社会学が独自に目指すべき課題の一つではないだろうか。

【引用・参考文献】

明石純一，2017，「海外からいかに働き手を招き入れるか――日本の現状と課題」日本政策金融公庫総合研究所編『中小企業の成長を支える外国人労働者』同友館，pp.139-179.

稲上毅・桑原靖夫・国民金融公庫総合研究所，1992，『外国人労働者を戦力化する中小企業』中小企業リサーチセンター.

尾﨑俊哉，2017，『ダイバーシティ・マネジメント入門――経営戦略としての多様性』ナカニシヤ出版.

尾高邦雄，1963，『改訂 産業社会学』ダイヤモンド社.

梶田孝道，1994，『外国人労働者と日本』日本放送出版協会.

佐藤博樹・武石恵美子編，2017，『ダイバーシティ経営と人材活用――多様な働き方を支援する企業の取り組み』東京大学出版会.

園田薫，2021，『日本企業と外国人労働者の雇用関係』東京大学大学院博士論文.

谷口真実，2005，『ダイバシティ・マネジメント――多様性をいかす組織』白桃書房.

永吉希久子，2020，『移民と日本社会』岩波書店.

宮島喬・鈴木江理子，2014，『外国人労働者受け入れを問う』岩波書店.

Brickson, S., 2000, "The Impact of Identity Orientation on Individual and Organizational Outcomes in Demographically Diverse Settings," *The Academy of Management Review*, 25(1): 82-101.

Cox, T. H. and S. Blake, 1991, "Managing Cultural Diversity: Implications for Organizational Competitiveness," *Academy of Management Executive*, 5(3): 45-56.

DiMaggio, Paul J. and Walter W. Powell, 1983, "The Iron Cage Revisited: Institutional Isomorphism and Collective Rationality in Organizational Fields," *American Sociological Review*, 48(2): 147-160.

Dobbin, F., 2009, *Inventing Equal Opportunity*, Princeton: Princeton University Press.

Harrison, D. A., K. H. Price, and M. P. Bell, 1998, "Beyond Relational Demography: Time and the Effects of Surface- and Deep-Level Diversity on Work Group Cohesion," *The Academy of Management Journal*, 41(1): 96–107.

Herring, C., 2009, "Does Diversity Pay?: Race, Gender, and the Business Case for Diversity," *American Sociological Review*, 74: 208–224.

Jacoby, S. M., 2005, *The Embedded Corporation, Corporate Governance and Employment Relations in Japan and the United States*, Princeton: Princeton University Press.（鈴木良始・伊藤健市・堀龍二訳, 2005, 『日本の人事部・アメリカの人事部——日米企業のコーポレートガバナンスと雇用関係』東洋経済新報社.）

Kalev, A., F. Dobbin, and E. Kelly, 2006, "Best Practices or Best Guesses?: Assessing the Efficacy of Corporate Affirmative Action and Diversity Policies," *American Sociological Review*, 71: 589–617.

Meyer, J. W. and B. Rowan, 1977, "Institutionalized Organizations: Formal Structure as Myth and Ceremony," *American Journal of Sociology*, 83(2): 340–363.

Mills, W. C., 1940, "Situated Actions and Vocabularies of Motive," *American Sociological Review*, 5(6): 904–913.

Mun, E., 2016, "Negative Compliance as an Organizational Response to Legal Pressures: The Case of Japanese Equal Employment Opportunity Law," *Social Forces*, 94(4): 1409–1437.

Mun, E. and J. Jung, 2018, "Change above the Glass Ceiling: Corporate Social Responsibility and Gender Diversity in Japanese Firms," *Administrative Science Quarterly*, 63(2): 409–440.

Pelled, L. H., K. M. Eisenhardt, and K. R. Xin, 1999, "Exploring the Black Box: An Analysis of Work Group Diversity, Conflict, and Performance," *Administrative Science Quarterly*, 44(1): 1–28.

Reich, T. C. and S. M. Hershcovis, 2011, "Interpersonal Relationships at Work," S. Zedeck, H. Aguinis and W. F. Cascio et al. eds, *APA Handbook of Industrial and Organizational Psychology*, Washinton D.C.: American Psychological Association, pp.223–248.

Rivera, L. A., 2015, *Pedigree: How Elite Students Get Elite Jobs*, Princeton: Princeton University Press.

Ruef, M., H. E. Aldrich, and N. M. Canter, 2003, "The Structure of Founding Teams: Homophily, Strong Ties, and Isolation among U.S. Entrepreneurs," *American Sociological Review*, 68(2): 195–222.

Stainback, K., C. L. Robinson, and D. Tomaskovic-Devey, 2005, "Race and Workplace Integration: A Politically Mediated Process?" *American Behavioral Scientist*, 48(9): 1200–1228.

Tajfel, H. and J. C. Turner, 1979, "An Integrative Theory of Intergroup Conflict," W. G. Austin and S. Worchel eds., *The Social Psychology of Intergroup Relations*, Monterey: Brooks/Cole, pp.33–47.

第3章

経営モデルの企業組織への導入

1940～60年代における「人間関係論」を対象として

中川 宗人

1 はじめに

本章の目的は，「経営モデル」の知識社会学という枠組みを用いて，第二次大戦後の日本企業における「人間関係論（Human Relations）」の導入過程について検討することである。またそれを通じて日本的雇用システムの文化的側面へのアプローチ，および「21世紀の産業・労働社会学」からの経営研究の可能性を示してみたい。1節ではこのような課題の背景にある問題関心について確認する。

現在，日本をはじめとした工業先進国では就業者の大多数を雇用者が占めている。それゆえ多くの人がそこで働く企業や雇用関係がどのような特徴をもっているのか，それが他の（家族，教育，福祉などの）社会制度とどのように関連しているのかは，社会全体のあり方を規定する重要な要因となる（遠藤 2014: 68–69）。この雇用関係に関して，第1部イントロダクションでも触れたように第二次大戦後の日本企業は日本的雇用システムと呼ばれる慣行を形成してきた。

この慣行がどのように形成されたかについては，戦後の労働運動や労働組合と経営側との交渉を通じた労使自治の作用を重視するもの（兵藤 1997; Gordon 1985=2012; 神林 2017），あるいは長期雇用・企業内訓練・年功賃金といった諸要素の相補性や合理性を市場メカニズムの観点から説明し，内部労働市場として位置づけるもの（小池 2005; ラゾニック 2005）の二つが有力である。つまり現在の日本企業や日本的雇用システムのあり方は，労使の利害調整や市場メカニズムの作用した結果であるという理解である。

しかし近年，雇用労働領域における様々な問題，たとえば根強い性別賃金格差や，正規従業員の長時間労働，雇用形態間の不平等などに関する研究において，日本的雇用システムの文化的側面が重要な要因として指摘されてきている。すなわちこうした問題の背景には，企業組織や雇用慣行において人々が「当たり前」としているカテゴリーや認識枠組みや規範が作用しているという議論である（有田 2016; 今井 2021: 325–327 など）。だが従来の労使自治や内部労働市場という観点からの諸研究では，かかる組織や雇用における認識枠組みや人々の社会的現実を構成する知識やイデオロギーといった，文化的側面へのアプローチは十分になされてこなかった。

もちろん戦前の企業経営については，いわゆる経営家族主義という封建的イデオロギーに基づく労務管理が日本的雇用システムの原型として展開されていたことが明らかにされている（間 1964; 兵藤 1971）。また戦時期についても，戦時体制への動員において，それまで職員と比べて身分的に蔑視されていた工員や現場労働者を平等な組織の構成員とみなす企業理念が形成され，それが戦後の企業システムや日本的雇用システムに影響を与えたことが指摘されてきた（岡崎 1993; 佐口 1991）。しかし戦後から現代については，経営家族主義研究の第一人者であった間宏自身をはじめ，経営に関するイデオロギー的なアプローチは断片的だった（間 1972）。より近年では藤田栄史（1999）によるトヨタ自動車の労務管理の変遷からその背後にある新自由主義的な経営イデオロギーを析出したものや，浅野俊光（1991）による経営理念の形態や特徴についての日米比較があるが，限定的なものにとどまっている。

こうした状況をふまえて本章では，企業組織や雇用システムの文化的側面へのアプローチとして，企業経営に関するイデオロギーとしての「経営モデル」の知識社会学的分析を行う。ここで経営モデルとは，経営組織のあり方について，①規範的なモデルと，②一連の管理技術を提示し，③経営者や専門家に広く影響力をもった知識あるいはイデオロギーを意味している（Guillén 1994: 8）。そして経営モデルの知識社会学とは，知識としての経営モデルの社会的性質と，その知識の（企業を含む）社会への影響という相互作用を分析していく方法である。企業組織や雇用システムのあり方やその文化的側面は，経営者が認知している問題への対処方法を提示する経営モデルによっても影響を受けていると考えられる。それゆえこの経営モデルの導入過程を明らかにすることは，日本的雇用システムひいては日本の労働社会の問題への有力なアプローチの一つとなると思われる。その意味で経営モデルの知識社会学は，近年必要性が高まっている産業・労働社会学からの経営研究（伊原 2021: 54）の試みでもある。

本章で具体的な対象とするのは，経営管理や人事管理に大きな影響を与えた経営モデルの一つである人間関係論の日本企業への影響である。人間関係論は戦後の日本においてもアメリカから導入が試みられた代表的な経営管理論の一つである（長谷川 1960; 尾高 1955）。しかし同時代の代表的な紹介者の一人であった尾高邦雄自身が日本における人間関係論の導入の失敗ないし歪曲を批判したように（尾高 1969），人間関係論は日本企業のあり方そのものに実質的な影響を与えなかったと現在では理解されている（山崎 2017）。しかし経営モデルという観点から人間関係論を捉え直したとき，それは一定の仕方で日本の企業経営において受容されており，その結果は今日の日本的雇用システムにつながる重要な背景となっているのである。本章では，この人間関係論の日本企業への導入過程について検討していく。

本章の構成は以下の通りである。2 節では具体的な分析課題とアプローチの枠組みについて述べる。3 節では戦後から 1960 年代末までを範囲として，日本企業における人間関係論の導入の状況について資料を用いて記述する。4 節では分析の知見をまとめ，それが現在の日本的雇用システム研究にとってもつ意味について考察する。

2　課題と方法

本章では経営モデルの知識社会学という枠組みから，戦後の日本企業における人間関係論の導入について検討する。この経営モデルという概念は，アメリカの社会学者ギーエン（Guillén: 1994）によるものである。以下ではまずギーエンの枠組みに基づいて，本章での分析に用いる道具立てについて説明する。次に人間関係論の日本企業への導入に関する先行研究を検討し，本章が着目するべき課題を明確にする。

2-1　経営モデルの知識社会学[1)]

1 節でも述べたように，経営モデルとは経営に関する規範や管理技術を提供する，広く普及したイデオロギーである。ギーエンによれば，この経営モデルという概念の認識利得は，そのイデオロギー的側面と管理技術（technology）的側面，あるいは理論的側面（theoretical）と実践的側面（practical）とを分けて受容を検討できることにある。

そもそも官僚制組織としての企業には権限の階層構造が存在している。民主的

1）以下の議論は主に Guillén（1994）第 1 章の内容に依拠している。

な社会における経営者の指揮命令権の正当化のために，各時代の経営イデオロギーは正当化の論理を提供してきた（Bendix 1974=1980）。しかし経営モデルにはこうした正当化機能だけでなく，企業経営に関する社会的現実の認識枠組みや，その理論内容から導出される一連の管理技術を提供するという機能がある。このイデオロギー的側面と技術的側面は必ずしも一体で受容されるわけではなく，一方が受容されるが，一方は棄却されることがありうる。したがって経営モデルの導入は，それぞれの側面に分けて検討することが求められる（Guillén 1994: 283）。

まずイデオロギー／理論的側面の導入は，主に学問的関心に導かれている大学所属の研究者だけでなく，現実の企業経営の合理化に関心をもつ団体や企業に所属する実務家・専門家が担い手となる（Guillén 1994: 5）。そして彼／女らが特定の経営モデルをどのように受容したかの指標としては，理論の原典となる著作の翻訳状況や，専門雑誌の動向や著作物の出版点数の時系列的変化が挙げられる。次に管理技術側面の導入は，経営モデルが提供する種々の技術が企業においてどの程度実施されたのかが指標となる。

経営モデルの導入はこうした枠組みから捉えられるが，ギーエンによればその具体的な対象となるのは科学的管理法，人間関係論，（組織）構造分析論の三つとされる。このうち人間関係論は，1930年代にアメリカのシカゴにあるウェスタン・エレクトリック社ホーソン工場で行われた「ホーソン実験」に携わったハーバード大学のメイヨー（G. E. Mayo）やレスリスバーガー（F. J. Roethlisberger）らが展開し，その後学界や産業界に広く普及した経営学説である。

そのイデオロギー的側面の特徴は，通説的には以下のように定式化されている。同じく経営モデルに位置づけられるテーラー（F. Taylor）に代表される科学的管理法が，生ける機械として労働者を捉え，その工学的生理学的な管理によって合理的な経営を達成できると考えるのに対して，人間関係論は科学的管理への批判を土壌として生まれ，労働者を多様な欲求をもつ人間として捉え，彼／女らが企業の公式構造に還元されない非公式組織を作り出していること，それゆえその内面や社会関係を理解することが経営にも良い結果をもたらすことを提唱するものである（田杉1968）。

また管理技術的側面の特徴としては，科学的管理法からは職務分析・動作研究といった労働科学的な管理技術が生まれたのに対して，人間関係論は「産業における人間関係」という領域を生み出し，それを管理するための提案制度，モラルサーベイ，社内報といった管理技術が生まれた。より詳細には[2)]，提案制度は企業の公式に設定された上下関係を通じたコミュニケーションのチャンネルではなく，従業員が直接に業務に関する意見を伝達するチャンネルを設ける制度である。提案に報奨を設けることで，従業員のモラルを高める効果も期待されていた。次に社内報は会社の理念や方針，活動の成果などを構成員に伝達するコミュニケーション・メディアである。社内報を通じた情報の共有によって，従業員の組織への同一化やモラルの向上が期待される。そしてモラルサーベイは，人間関係論の提示する管理技術の最も基礎となるものとして位置づけられる。企業経営の文脈におけるモラル（morale）とは従業員の仕事に対する集団的士気や意欲であり，現在ではモチベーションとして議論されているものである。モラルサーベイは企業が従業員の労働意欲や企業意識の分布や構造を把握するための調査であり，面接法や質問紙調査，集団面接など様々な技法が用いられた。

ギーエン自身（Guilén 1994）は人間関係論を含む三つの経営モデルについて，アメリカ，ドイツ，イギリス，スペインを対象に経営モデルの導入過程の比較分析を行っている。このうち人間関係論については，主に 1940 ～ 1970 年代までにどの工業先進国においても導入が試みられたとしている。その結論としては，人間関係論は企業組織の官僚制化の進展や規模の拡大といった条件と，それに伴って生じる労働者の反発や労働争議の増加，そして経営モデルの普及や実践を担う専門家集団が存在する社会においては導入が進むとされる（Guillén 1994: 272–273）。他方でたとえモデルが紹介されても，企業の官僚制化の進展が不十分であったり，労使関係が協調的である場合，またはモデルの普及を担う専門家集団が不在であれば，導入は進まないとされる。

このギーエンの知見は，経営モデルとしての人間関係論の導入がいかなる要因で規定されるか，それがそれぞれの社会の企業の在り方にどう影響するかを示している点で示唆的である。しかし科学的管理法と構造分析論という他の二つの経営モデルについては日本の動向への仮説が提示されるのに対して，人間関係論については特に触れられていない（Guillén 1994: 275）。

2-2　人間関係論の導入についての先行研究

人間関係論の日本企業への導入についてはいくつか研究がなされているが（長谷川 1960; 尾高 1955），近年で最も包括的なものとして山崎敏夫（2015; 2017）による

2）以下諸施策の内容は『経営学小辞典』（有斐閣，1981）による。

ものがある。山崎は比較経営史の立場から，企業経営の「アメリカ化」の程度と，ドイツと比較した場合の日本企業の特殊性の検討という包括的研究の一環として，人間関係論の戦後日本への導入過程を 1947 ～ 60 年代にかけて整理している。具体的には同時代にアメリカからの理論・学説の紹介に関わった論者の議論や，日本経営者団体連盟による人間関係論に基づく管理の企業での実施状況についての調査をもとに，企業への浸透の程度を検討している。そして結論としては，日本への人間関係論の導入は，「日本的な労使関係をはじめとする特殊的な諸条件」によって影響を受けた結果，不十分なものあるいは「日本的修正」を受けたものにとどまったとしている（山崎 2015: 51)。この結論は，人間関係論の代表的な紹介者の一人であった尾高自身の見解（1969）をなぞるものになっている。

このように日本における人間関係論の導入については，その実質的な影響を否定する知見が示されている。この日本企業への人間関係論の導入の失敗あるいは「日本的修正」といった像は，主に人事管理分野における一管理技術として人間関係論を位置づける枠組みに基づいている。しかし本章では，上述のように人間関係論を企業経営に関する認識枠組みや管理技術，イデオロギーを提供する経営モデルとして位置づけてみたい。実際に同時代においても，人間関係論は単なる管理の改善策ではなくある種のパラダイムの変革として認識されていた。

> 人間関係論（human relations）の提唱は，これまでの人事管理ないし労務管理に対して革命的な変革をもたらすほどのものとして学界ならびに業界に歓迎せられつつあるもののように思われる。（猛利編［1954］1965: 3）

> 人間関係運動は，管理技術の改善というよりは，むしろ労務政策すなわち管理方針の転換革新を目指している。旧来の労務管理に対して，人間関係管理という特殊の技術的分野を新に附加えようとするのではなく，これによってこれまでのマネジメント・ポリシーを根本的にやり変えようとする，甚だアンビシャスな試みである。……管理技術の改善よりは，管理の在り方の革新と見るべきである。（淡路 1957: 5）

このように人間関係論が実際に有していた重要性をふまえれば，そのイデオロギー／理論的側面と管理技術的側面の導入過程についてより精緻に検討する必要がある。しかしこうした経営モデルの知識社会学という観点からの検討は十分になされていない。また経営モデルの比較知識社会学を行ったギーエンの研究（Guillén 1994）においては，日本の動向については十分に考察されていない。したがって本章は人間関係論を経営モデルとして位置づけ，1940〜1960年代での日本企業における導入過程について明らかにしていく。

2-3　用いるデータ

経営モデルのイデオロギー／理論的側面の導入については，経営モデルの理論的原典となる書籍の翻訳状況や，専門雑誌の動向が指標となる。実際，日本においても戦前から経営モデルの理論的著作の翻訳がなされてきた。また労働科学や生産管理・人事労務管理を始めとする経営管理に関する専門家団体が組織され，そこが発行する専門雑誌において紹介・啓蒙された管理技術は，日本企業に影響を与えてきた。とくに科学的管理法については多くの研究があるが（遠藤 1999; 佐々木 1998），人間関係論については十分検討されていない。本章では理論的著作の翻訳状況の他に，1948年に設立された人事労務管理に関心を寄せる理論家や実務家のグループであった日本労務研究会が発行していた専門雑誌『労務研究』をデータとして，そこで人間関係論に関する記事がどのように推移したのかを検討する。

日本労務研究会は1947年6月に元東京大学教授であった淡路圓治郎を理事長，立教大学教授であった大内経雄を専務理事として設立された団体である。そして同会が発行した『労務研究』は1948年に創刊され労務管理に関する「唯一の雑誌として，読者にむさぼり読まれた」（『労務研究』20（8/9）: 93）という。同誌は労務管理の理論や管理技術の紹介や，実際の企業の労務管理制度の事例紹介，読者の投稿論文の募集や労務管理の調査報告の掲載など，戦後の日本企業の労務管理に関するフォーラムの役割を果たしていたと言える。

次に，企業が実際にある管理技術を実施したかは，経営モデルの管理技術的側面の導入の程度を表す重要な指標となる。本章では主に日本経営者団体連盟（日経連）が実施した調査の報告書『労務資料』を手がかりに，戦後の日本企業における人間関係論の管理技術的側面について検討したい[3]。日経連の調査は主に会員企業を対象としており，さらに結果は回答があった企業に限られているため，サンプル

3）日経連の調査の他に，同時期に労務管理研究者の森五郎（1961）らによって実施された調査結果も参照する。森らの調査対象も日経連構成団体であった関東経営者協会の会員企業を母集団としており，3時点にわたって実施された大規模調査であることから，傾向の把握に適している。

の偏りは大きい。しかし日経連の会員企業は日本経済の動向を一定程度表していると考えられることや，企業内の管理の実態についての歴史的なデータは限られていることから，偏りに留意しつつ傾向を見ていく。

3 人間関係論の導入過程の検討

3-1 社会経済的背景

まずアメリカから人間関係論が紹介・導入され始めた第二次大戦後から1950年代の状況について確認しておこう。戦後の日本の企業経営を取り巻く状況は，敗戦による生産設備の破壊と占領軍の戦後改革による財閥解体や経営者層の公職追放，労働基本権の公認によって活性化した労働運動と企業別組合の増加という状況からスタートした。1940年代から50年代初頭までの企業の組織構造や雇用システムに関して重要な点としては，以下が指摘できる。まず労働組合による生産管理闘争や「電産型賃金体系」の要求など，労働争議や労使関係の不安定性が高まっていた（兵藤 1997）。他方で経営側は「経営権の確立」を掲げ日経連をはじめ経済団体を組織し，また傾斜的生産方式や朝鮮特需によって業績を回復する一方で，生産合理化政策などの政策的支援も背景に，高度経済成長に向けた大量生産方式の企業体制に向かいつつあった。そして公職追放によって生じた，担い手の社会的性質の変化を反映した新しい経営者層がこうした過程を担っていた（宮島 1995）。また研究者・専門家集団による経営モデルの啓蒙・普及活動も活性化していた（遠藤 1999）。すなわち日本企業とその経営者は，トップ・マネジメントの交代という混乱のなか，生産の立て直しを労働組合による圧力の中で実施することが求められていた。

こうした状況は，ギーエンが定式化した人間関係論の受容の社会的制度的な条件，すなわち企業の大規模化や労使の対立の存在，モデルを普及させる理論家・実務家集団の存在という条件とも重なるものである。そして実際に，すでに戦前から紹介され有力な製造業企業において導入されていた科学的管理法に加えて，労使対立の解消や企業経営の理論的な正当化の手段として，当時の米国で普及していた人間関係論が経営モデルとして紹介，導入されることになった。

3-2 イデオロギー的側面の導入

山崎（2017: 180）が整理しているように，人間関係論の日本への紹介の最初期は1947～1951年頃であり，その担い手は主に経営学者や社会学者などであった。筆者が確認したなかで最も古い言及は1937年（桐原 1937）だが[4]，それはメイヨーや人間関係論という固有名への明示的な言及ではなく，あくまで仄めかしレベルのものにすぎなかった。しかしすでに人事労務管理の研究者や専門家には，戦前からその存在や意義が認識されていたとはいえる[5]。そしてそれぞれの分野の立場から，重要な学説・理論として明示的に紹介が始まったのが1947年前後である。ここでは代表的な論者として，経営学者の馬場敬治と社会学者の尾高邦雄に触れる。

馬場は戦前から経営学の理論的基盤としての組織論の精緻化という課題に取り組んだ論考を発表していたが，戦時中のそれが主としてドイツ語圏の学説の紹介を通じてであったのに対して，戦後はメイヨーやレスリスバーガーの研究を，組織に関する「理論的基礎」を提示するものとして詳細な紹介と検討を行っている（馬場［1947］1954; 1948; 1949）。

同時期に産業を対象とする社会学の自律性の基盤となる枠組みを模索していた尾高もまた，産業における人間関係に関する理論的視角と調査法を備えていたレスリスバーガーらの議論に着目し，その概要と意義について紹介を行った（尾高 1949）。馬場が組織理論への貢献という純理論的な関心から人間関係論を検討していたのに対して，尾高は実際に日本鋼管川崎製鉄所を対象に従業員の態度調査を実施するなど，人間関係論の応用・実践的な展開への先鞭をつける役割を果たした（尾高 1955）。

こうして，経営モデルとしての人間関係論のイデオロギー的側面についての導入は1950年代初頭までに進展することになった。表3-1は，ギーエンが定義した人間関係論に分類される理論家とその著作物の一覧である。

ここからは，翻訳のタイミングでみたとき，日本への人間関係論の紹介はドイツ（語）に比べても遅れておらず，翻訳点数やスピードという点ではむしろ勝っている面があることがわかる。とくに人間関係論の理論的創始者であるメイヨーの代表的著作については，1951年には翻訳がされており，レスリスバーガーの著作についても1954年とドイツと比べても遜色がない。非英語圏の他国に比べても，人間関係

4）具体的には以下のような言及が見られる。「アメリカの某大電機会社に於ける長年の実験的研究の結果，工場の生産能率を支配する最大の要因は，結局従業者の徳性であるとの結論に到達せる所以もここにある」（桐原 1937: 26）。

5）1950年代初頭から人間関係論を紹介していた三枝幹夫は，人間関係論の紹介記事のなかで桐原（1937）に触れ，その重要性が戦前から示唆・認識されていたと述べている（三枝 1950: 28）。

表 3-1　人間関係論書籍の日本語への翻訳のタイミング

著者	著作	英語	ドイツ語	スペイン語	フランス語	日本語
Elton Mayo						
	Human Problems of an Industrial Civilization	1933*	1950	1959#		1951
	Social Problems of an Industrial Civilization	1945*	1949	…		1951
Chester Irving Barnard						
	Functions of the Executive	1938*	1970	1959		1956
Kurt Lewin						
	Die psychologische Situation bei Lohn und Strafe	…	1931*	—		—
	Resolving Social Conflicts	1948*	1953	—		1954
Fritz Jules Roethlisberger						
	Management and the Worker	1939*	—	…		—
	Management and Morale	1941*	1954	—		1954
	Training for Human Relations	1954*	—	—		—
	Motivation, Productivity, and Satisfaction of Workers	1958*	—	—		1965
	Counseling in an Organization	1966*	—	—		—
Georges Friedmann						
	Problèmes humains du machinisme industriel	1955	1952	1956#	1946*	—
	Où va le travail humain?	…	1953	1961#	1950*	—
	Le travail en miettes	1961	1959	1958#	1956*	1973
	Traité de sociologie du travail	…	…	…	1961*	—
Rensis Likert						
	New Patterns of Management	1961*	1972	1975		1964
	Human Organization	1967*	—	—		1968
	New Ways of Managing Conflict	1976*	—	1986		1988
Douglas McGregor						
	The Human Side of Enterprise	1960*	1970	1975#		1966
George Caspar Homans						
	The Human Group	1950*	1960	1964#		1959
	Social Behavior	1961*	—	—		1978
William Foote Whyte						
	Human Relations in the Restaurant Industry	1948*	—	—		—
	Pattern for Industrial Peace	1951*	1956			1959
	Money and Motivation	1955*	1958	1961		—
	Man and Organization	1959*	—	—		1961
	Men at Work	1961*	—	—		—
	Organizational Behavior	1969*	—	—		—
Eric Landsowne Trist						
	Organizational Choice	1963*	—	—		—
Chris Argyris						
	Personality and Organization	1957*	—	—		1961
	Interpersonal Competence	1962*	—	—		1977

出所：Guillén（1994: 17-18, TABLE1.2）より加筆修正して転載。

注：著者は出生年順。（…）は欠損。（—）は翻訳がないことを示す。* はオリジナルの初版。# はその言語の訳は存在するが，たとえばメキシコでのスペイン語訳出版など，Guillén が分析対象としていない国で出版されていることを示す。日本語版の最初の出版年は筆者が追加。翻訳書の書誌情報については章末一覧を参照。

表3-2　『労務研究』における記事件数の推移（1948–1969）

年	件数	%	合計記事数	年	件数	%	合計記事数
1948	0	0%	38	1959	3	2%	146
1949	2	2%	81	1960	1	1%	141
1950	2	2%	112	1961	13	7%	176
1951	10	15%	67	1962	2	1%	135
1952	20	22%	89	1963	3	2%	154
1953	7	7%	98	1964	1	1%	84
1954	25	20%	128	1965	2	2%	92
1955	18	17%	109	1966	1	1%	106
1956	13	14%	95	1967	0	0%	100
1957	12	12%	97	1968	1	1%	78
1958	6	5%	128	1969	0	0%	85

出所：『労務研究』1948年創刊号から1969年12号より作成。

論への関心とその紹介は十分に存在していたといえるのである。

それでは，こうしたイデオロギー的側面の導入はどのように進展したのだろうか。表3-2は1948年の創刊から1969年12月号までの『労務研究』において，人間関係論に関する内容と分類できる記事の件数を年ごとに集計したものである。分類にあたっては，明確にメイヨーやレスリスバーガーなど人間関係論の担い手への言及や，「人間関係」や「ヒューマン・リレーションズ」といった文言が含まれる記事だけでなく，人間関係論的な管理技術である提案制度や社内報，モラルサーベイについて論じているものも含んでいる。

記事件数の推移をみると，1952年にかけて最初のピーク，その後の53～56年にかけて最大のピークを迎え，その後は1960年にかけて減少し，61年に一度上昇した後は，ほぼ消滅に向かっていることがわかる。これは山崎による① 1947～1951年の紹介時期，② 1951～55年までの先進的企業の導入・摂取時期，③ 55年以降の多くの企業における普及時期という，人間関係論の三つの時期区分とある程度重なる傾向である。

以上の単純な記事件数の推移は，人間関係論は日本に浸透しなかったという評価が妥当といえる外形的な特徴をなしているといえる。それでは，経営モデルの技術的側面についてはどのように展開したのだろうか。

3-3　管理技術的側面／企業における実践の変遷

人間関係論の管理技術的側面が，実際の企業においてどのように展開されたのかをみていこう。表3-3は，最も古くは1953年から1969年までの日本企業における人間関係論的管理技術の実施動向をまとめたものである。

まず提案制度の実施状況を見てみると，最も初期の1953年に実施調査に回答している71社では30社の42%から，50年代最後の59年では70%となっている。これは森（1961）の経年変化を捉える調査の結果だが，50年代後半までには提案制度はある程度普及していたことがわかる。1958年の提案制度単独の実施状況を調査した日経連の調査においても，97%が何らかの形で提案制度を実施，または具体的な実施計画を立てていると回答している。その後60年代の数値については，68年と69年には回答企業のうち約30%が実施していると回答している。したがって提案制度については，50年代については初頭から導入が始まり，後期においてブームを形成し，その後60年代にかけて一定の定着がみられたと言えるだろう。

次にモラルサーベイについては，提案制度と異なり，50年代は10～30%の幅で実践されていたことがわかる。その後69年にかけては10～20%台で推移している。モラルサーベイは質問紙調査にしろ面接法にしろコストと専門的スキルを必要とすることから，実施できる企業が多くなく，他の管理技術に比べて普及が難しいが，他方で完全に消滅するのではなく，少数の企業において60年代でも実施されていたことがわかる。

社内報についてみると，1953年の時点でも51%が実施しており，50年代後半で

表3-3　戦後日本企業における人間関係施策の変遷（1953-1969）

調査年	提案制度	モラルサーベイ	従業員冊子等	社内報	回答数
1953*	30(42)	7(10)	－	36(51)	71
1953	77(21)	46(13)	59(16)	156(42)	368
1956	13(15)	13(15)	4(5)	14(16)	87
1956*	45(63)	17(24)	－	56(79)	71
1957	93(53)	66(38)	51(29)	120(69)	174
1958	116(97)	－	－	－	119
1959*	50(70)	25(35)	－	61(86)	71
1967	4(12)	6(18)	－	4(12)	34
1968	84(35)	49(20)	－	80(20)	240
1969	85(30)	30(10)	－	185(65)	286

出所：*森（1961），日本経営者団体連盟編（1953; 1956; 1957; 1958; 1967; 1968; 1969）

注：() はサンプル数に対する%。－は該当なし。*は森五郎「大企業の労務管理諸制度の実態調査」より作成。対象企業は関東経営者協会に所属する大企業からランダムに選択された約200社のうち調査に回答した71社（森1961: 130-163）。その他は日本経営者団体連盟編『労務資料』当該年版より。対象は1953年が関東経営者協会会員主要会社について従業員数について回答のあった368社。1956年が関社協会員会社のうち回答のあった87社。1957年が関社協会員会社のうち回答のあった174社。1958年が日本経営者団体連盟会員会社のうち，提案制度を実施中の会社で回答のあった119社。1967年が「主要企業課長クラス」150人のうち回答のあった34人（母集団は不明）。1968年は日経連および日本経済青年協議会の関連会社658社，768事業所を任意抽出し，そのうち1000名の人事労務担当課長に配布し回答のあった240人。1969年が関社協会員会社約2000社のうち回答のあった286社。

も56年79%，57年69%，59年86%と高い割合で推移している。そして60年代も69年については286社のうち185社65%が実施しており，提案制度やモラルサーベイに比べても割合が最も高いことがわかる。従業員冊子等については，調査項目となること自体が少ないことから，施策としては浸透しなかったのか，あるいはコミュニケーション・メディアとして社内報の中に統合されていったのか，今回のデータからは判断はできない。

以上，1950年代から60年代末にかけての日本企業における人間関係論的管理技術の変遷の検討からは，社内報やモラルサーベイ，また提案制度を中心として一定の普及や定着があったことが指摘できる。この実施割合や60年代後半までにかけての推移は，依拠するデータの網羅性が異なるため単純な比較はできないが，人間関係論の本国であるアメリカでの数値と比べても決して低くはない。たとえば提案制度については，1963年の製造業企業においてはサンプル473社のうち29%，モラルサーベイについては21%，従業員冊子等については18%，社内報については35%となっている（Guillén 1994: 74）。したがって，日本企業における経営モデルとしての人間関係論の管理技術的側面については，人事管理を中心とする経営管理として実際に影響を与えていたといえる。

4　おわりに

以上，人間関係論の導入過程を対象に，イデオロギー的側面については書籍の翻訳のタイミングや専門雑誌における記事件数の推移から，管理技術的側面については企業での実施割合の調査結果から，それぞれ検討してきた。それらの知見をまとめれば，前者については1948年から50年代初頭において学問的関心のもとで翻訳・紹介がなされ，50年代中盤にかけて研究者や専門家実務家の間で一定の普及が生じたが，60年代にかけては減少していったことがわかる。他方で後者については，50年代初頭から60年代後半にかけて常に一定の割合の企業において管理技術が実施され，提案制度，モラルサーベイ，社内報については定着が生じたことがわかる。以上をまとめれば，戦後日本企業における人間関係論の導入は，イデオロギー的側面は沈静化したが，管理技術的側面については受容され，実際に企業の管理に影響を与えたといえる。

それでは，この経営モデルとしての人間関係論の導入過程の検討は，現在の日本的雇用システムや日本の労働社会の社会学的検討にとってどのような意義をもちえるのだろうか。改めて日本的雇用システムの展開という点からみたとき，本章の分析範囲の終点となっている1969年は，いわゆる「能力主義管理」という人事管理政策のもとで職能資格制度が本格的に導入されはじめた時期でもある（兵藤 1997）。職能資格制度とその基礎となる「職務遂行能力」概念による人事管理は，労働者の属人的要素を重視する制度として，様々な修正を受けながらも現在の日本的雇用の核となっているものである（遠藤 2014）。そしてこの制度の理論的裏付けとなった報告書『能力主義管理』において，執筆を担った当時の大企業人事管理担当者らが「われわれの立場」として依拠することができたのが「人間関係論」に基づく企業内秩序であったのである（日経連能力主義管理研究会編 1969: 143）。

職能資格制度はそれまでの日本の経営層が導入しようとしていた職務給制度からの転換／屈曲として，その意味では労使関係の相互作用の結果として展開していったと理解されている（兵藤 1997）。しかしこうした制度の導入が可能になったのは，人間関係論が浸透していたことも背景にあると考えられるのである。

1節で述べたように，近年の日本的雇用システムの研究においては，雇用関係についての意味付けやカテゴリーの歴史的構築過程の検討が課題となっている（今井 2021; 中川 2018）。もし上述の仮説が成り立つならば，経営モデルの導入という観点から，戦後の日本の労働社会の展開についてさらに精緻に迫ることが可能になるだろう。本章は，日本的雇用システムをめぐる問題について懸案となっている企業組織の文化的側面に対する一つのアプローチを示した点に，意義があると思われる。

最後に課題について触れておく。戦後の日本企業のより詳しい実態に迫るためには，産業別・個別企業における管理技術の動向の検討が必要であろう。またイデオロギー的理論的側面の導入についても『労務研究』以外の雑誌や書籍単位での検証も必要である。さらにギーエンの枠組みとの接合を進めるためには，科学的管理法，人間関係論を経て三つ目の経営モデルである構造分析論がどのように導入されたか，それらに対する労働組合側の反応はいかなるものだったのかも考慮して，今回の知見を位置づける必要があるだろう。

【付　記】
本研究はJSPS科研費20K22160の助成を受けたものである。

【引用・参考文献】

浅野俊光，1991，『日本の近代化と経営理念』日本経済評論社.

有田伸，2016，『就業機会と報酬格差の社会学』東京大学出版会.

淡路円治郎，1957，「人間関係論の問題点」『労務研究』10(5): 2–9.

伊原亮司，2021，「分野別研究動向（労働・産業・経営）」『社会学評論』72(1): 37–57.

今井順，2021，『雇用関係と社会的不平等』有斐閣.

遠藤公嗣，1999，『日本の人事査定』ミネルヴァ書房.

遠藤公嗣，2014，『これからの賃金』旬報社.

岡崎哲二，1993，「企業システム」岡崎哲二・奥野正寛編『シリーズ・現代経済研究 6 現代日本経済システムの源流』日本経済新聞社.

尾高邦雄，1949，「経営における人間の問題」『労務研究』2(5): 7–11.

尾高邦雄，1955，『産業における人間関係の科学』有斐閣.

尾高邦雄，1969，『日本の経営』中央公論社.

神林龍，2017，『正規の世界・非正規の世界』慶應義塾大学出版会.

桐原葆見，1937，『労務管理』千倉書房.

小池和男，2005，『仕事の経済学 第 3 版』東洋経済新報社.

三枝幹夫，1950，「ヒューマンリレーションズと労働科学」『労働の科学』5(12): 27–30.

佐口和郎，1991，『日本における産業民主主義の前提』東京大学出版会.

佐々木聡，1998，『科学的管理法の日本的展開』有斐閣.

田杉競，1968，『新板 人間関係』ダイヤモンド社.

中川宗人，2018，「労働における〈日本型システム〉論の反省と展望」『学術の動向』23(9): 22–27.

日本経営者団体連盟編，1953『わが国主要企業における労務関係諸制度の動向』（労務資料 第 33 号）.

日本経営者団体連盟編，1956，『最近における労務管理諸制度への関心傾向』（労務資料 第 49 号）.

日本経営者団体連盟編，1957，『わが国人間関係管理の現状』（労務資料 第 50 号）.

日本経営者団体連盟編，1958，『わが国における提案制度の現状』（労務資料 第 54 号）.

日本経営者団体連盟編，1967，『労務管理 42 年度の課題』（労務資料 第 86 号）.

日本経営者団体連盟編，1968，『43 年度労務管理の新課題』（労務資料 第 91 号）.

日本経営者団体連盟編，1969，『女子従業員の能力開発と活用の現状』（労務資料 第 95 号）.

日経連能力主義管理研究会編，1969，『能力主義管理』日本経営者団体連盟弘報部.

間宏，1964，『日本労務管理史研究』ダイヤモンド社.

間宏，1972，「日本における経営理念の展開」中川敬一郎編『現代経営学全集 3 経営理念』ダイヤモンド社.

長谷川寛，1960，『日本のヒューマン・リレーションズ』大月書店.

馬場敬治，1947，「人間組織の問題と経営学の新動向」『経営評論』3(1).（再録：1954，『経営学と人間組織の問題』有斐閣.）

馬場敬治，1948，「一次的組織と二次的組織に関する若干の考察」『経済学論集』17(3): 1–

41.
馬場敬治，1949，「経営組織に於ける人間の研究と其の方法に就いての一余興」矢内原忠雄編『アメリカに於ける経営学と会計学』有斐閣.
兵藤釗，1971，『日本における労資関係の展開』東京大学出版会.
兵藤釗，1997，『労働の戦後史 上』東京大学出版会.
藤田栄史，1999，「「日本的経営」と経営者・経営イデオロギー」北川隆吉編『講座社会学 5 産業』東京大学出版会.
宮島英昭，1995，「専門経営者の制覇」山崎広明・橘川武郎編『日本経営史 4 「日本的」経営の連続と断絶』岩波書店.
森五郎，1961，『戦後日本の人事労務管理』ダイヤモンド社.
猛利重隆編，［1954］1965，『人間関係論 第 2 版』税務経理協会.
山崎敏夫，2015，「ヒューマン・リレーションズの導入の日独比較」『立命館経営学』54(3): 27–56.
山崎敏夫，2017，『企業経営の日独比較』森山書店.
ラゾニック，ウィリアム，2005，「所有と経営：戦後」工藤章・橘川武郎・グレン・D. フック編『現代日本企業 1 企業体制（上）』有斐閣.
Bendix, R., 1974, *Work and Authority in Industry* [*Second edition*], University of California Press.（大東英祐・鈴木良隆訳，1980，『産業における労働と権限』東洋経済新報社）.
Gordon, Andrew, 1985, *The Evolution of Labor Relations in Japan*, the President and Fellows of Harvard College.（二村一夫訳，2012，『日本労使関係史 1853–2010』岩波書店）.
Guillén, Mauro F., 1994, *Models of Management*, Chicago University Press.

人間関係論書籍日本語翻訳書一覧

Elton Mayo
1933=1951，村本榮一訳『産業文明における人間問題』日本能率協會.
1945=1951，藤田敬三・名和統一共訳『アメリカ文明と勞働』大阪商科大学経済研究会.
Chester Irving Barnard
1938=1956，田杉競監訳『経営者の役割』ダイヤモンド社.
Kurt Lewin
1948=1954，末永俊郎訳『社会的葛藤の解決』東京創元社.
Fritz Jules Roethlisberger
1941=1954，野田一夫・川村欣也訳『経営と勤労意欲』ダイヤモンド社.
1958=1965，磯貝憲一ほか訳『生産者集団の行動と心理』白桃書房.
Georges Friedmann
1956=1973，小関藤一郎訳『細分化された労働』川島書店.
Rensis Likert
1961=1964，三隅二不二訳『経営の行動科学』ダイヤモンド社.
1967=1968，三隅二不二訳『組織の行動科学』ダイヤモンド社.

1976=1988，三隅二不二監訳『コンフリクトの行動科学』ダイヤモンド社.
Douglas McGregor
1960=1966，高橋達男訳『企業の人間的側面』産業能率短期大学.
George Caspar Homans
1950=1959，馬場明男・早川浩一訳『Human group』誠信書房.
1961=1978，橋本茂訳『社会行動』誠信書房.
William Foote Whyte
1951=1959，石田磯次訳『労使が手を握り合うまで』日刊労働通信社.
1959=1961，桜井信行訳『人間と組織』ダイヤモンド社.
Chris Argyris
1957=1961，伊吹山太郎・中村実訳『組織とパーソナリティー』日本能率協会.
1962=1977，高橋達男訳『対人能力と組織の効率』産業能率短期大学出版部.

第4章

企業と地域の結節点としての「企業内コミュニティ」

日立製作所における自衛消防隊の三つの機能

長谷部 弘道

1 企業コミュニティ論の課題

本章では，企業組織のなかの消防隊である「自衛消防隊」の諸機能に着目し，それらが企業組織，そして企業が実際に立地する地域にもたらす影響について考えてみたい。また，この観察を通じて，産業・労働社会学においてたびたび議論の焦点となってきた企業コミュニティ論，そしてこれに関連しつつも十分なやりとりがなされてこなかった地域コミュニティ論との関わりについても，その対話可能性を模索していきたい。

企業コミュニティとは，企業組織における企業と従業員（とその家族），または従業員同士の社会関係を，合理的・官僚的な分業と調整の場としてだけではなく，コミュニティとしての性質をもつものとして捉える概念のことで，日本的雇用システムによって下支えされる，企業社会の特徴の一つとされてきた。この概念が日本で重視されてきた背景には，戦後隆盛した労働運動によって工員・職員間の身分差別が名目上撤廃され，それらが従業員という一括りの扱いとなったこと，あるいは労使協調路線の確立以降，会社－従業員間で，従業員に対して長期的なキャリア形成と能力開発，生活保障を提供するかわりに，全人格的忠誠を求めるような関係が構築されてきたことが挙げられる。

また，こうした戦後労働運動の歴史的文脈は，戦後の一時期とはいえ現実味をもった，職場における労働者間の共同性，およびその闘争の延長線上に希求される新たな労働社会の建設という未来像が，ふたたび企業組織によって包摂される社会へと，巧みに塗り替えられていくプロセスでもあった。稲上毅は『労使関係の社会学』において，自律的な労働者による職場共同体を包摂していく企業側のアプローチと，それによってもたらされる新たな社会を企業コミュニティと呼称したが，ここで稲上はこの概念を，①成員利害の共通性，②集団内部における社会関係の共同性，③職場外に広がる職縁的人間関係のネットワークの三つの要素からなるものであるとし，特に①，すなわち労働者たちの「キャリアの深い内部化」がその主要なものであるとした（稲上 1981: 356）。のちに上林（2012）がこれを，「終身雇用と年功秩序の組織原理をもつ日本型雇用システムの下で，仲間内での競争を続けながら自分の職業人生を「勤めあげたい」とする労働者の意識が，的確に示されている」と評していることからもわかるように，企業コミュニティという概念は，日本人特有の「就社」意識[1]や滅私奉公的な労働観，その生活世界や競争原理といった，いわゆる「日本的な働き方」の内部構造を究明しようとする研究群に広く参照された（山下, 2017）。

こうした企業コミュニティ論の定式化の背後には，「外からの目」の影響も無視できない。ゴールドソープら（Goldthorpe et al. 1968a; 1968b; 1969）による「豊かな労働者」論から導出される「では日本の場合はどうか」という比較社会学的問いは，稲上（1981）の基底的な問題意識を形成している。あるいはドーア（1973=1987）は，イギリスのイングリッシュ・エレクトリック社の工場と日本の日立製作所の工場の比較から，日本の企業コミュニティの特徴を「後発効果」による資本主義社会の別の発展形態として紹介した。また，津田（1981）は，稲上と同様にイギリスの労使関係を対象とした研究群を入り口に，マッキーヴァーやテンニースといったコミュニティをめぐる理論文献を参照しつつ，日本企業のコミュニティ的機能を，ブルーカラーのみならずホワイトカラーを含んだ包括的な理論体系として位置づけようと試み，「共同生活体」という概念を導出している。このように企業コミュニティ論は，その集団凝集性や個に対する全人格的包摂に対する批判的考察や，あるいはそうしたコミュニティ性そのものに焦点を当てた分析を中心に検討が行われてきた。

他方，小川（2009）はこの企業コミュニティという概念を「日本的雇用慣行に関する代表的な社会学的アプローチ」としたうえで，国際比較の際の類型軸を提供した点も含め，その貢献を強調する。ただ小川は，その変化の度合いを議論するにあたっては，企業コミュニティを構成する個々の側面の「歴史と現状」に対して「ひとつひとつ知見を蓄積」することの重要性をも指摘しており，日本企業の小集団活動に関する分析を通じて，その実態検証を試みている。実際，2000 年代以降，研

1）「就社」意識の形成をめぐる代表的な歴史研究としては，菅山（2012）を参照のこと。

究者らの関心の中心は企業コミュニティの「変化」へと移行していった。たとえばInagami and Whittaker（2005）は，日本の企業コミュニティは市場主義に近づきつつも，崩壊ではなく継続していることを強調した。また，2017年に企画された『日本労働研究雑誌』における「企業コミュニティの現在」という特集においても，雇用システム全般，労使関係，福利厚生・生活保障，法政策，中小企業のキャリア形成の五つの観点から，近年の企業コミュニティの変化を導出する試みがなされている（山下 2017; 呉 2017; 金野 2017; 三井 2017; 佐藤 2017; 大沢 2017）。

ただ，先の小川の指摘からは，こうした「変化」について問う以前に，そもそも我々は企業コミュニティを構成する個々の側面について，いまだ十分な実証研究を蓄積できていないのではないかという問題意識を読み取ることもできる。言い換えれば，企業コミュニティ概念をめぐる研究は，いまだに日本企業の特質をめぐる理念型の摘出とその共有にとどまっており，具体的な実証研究を欠いたまま，その変化を追おうとしているのではないか，ということである。

本章では，この後者の具体的な問題意識に根ざし，以下，2節では，まず「コミュニティ」を主たる研究対象としてきた地域コミュニティ研究を参照し，企業コミュニティ研究における上述の問題について，地域コミュニティ研究が何らかの解決の道筋を示しているのかどうかについて検討したうえで，本章の目的を掲げることとする。

2　地域コミュニティをめぐる研究の課題と本章の目的

地域コミュニティに関わる諸研究，なかでも企業組織を射程に入れた研究では，「企業組織が地域コミュニティの形成や変容にどう影響するのか」という観点から検討がなされてきた。たとえば，山口県をフィールドに，企業城下町における地域コミュニティの形成を分析した三浦（2004）は，企業組織を「伝統的な地域コミュニティを解体する一方で，新たな地域コミュニティを再構成するアソシエーションの一つ」としている。ここで前提とされているコミュニティとは，任意の地理的空間に人々が集い，そこに生ずる利害をともにしながら生活実践を積み重ねている状態を指す。テンニースはこうした任意の地理的空間に自然発生した社会集団をゲマインシャフトとし，近代以降登場した利益社会・機能体組織を意味するゲゼルシャフトの対概念としてこれを定式化した。これに対してマッキーヴァーは，類似する概念のセットとしてコミュニティとアソシエーションを置き，後者を前者の派生として位置づけ，アソシエーションを特定の利害関心を追求するために自発的に作られる組織体とした[2)]。

これらの定義に基づけば，特定の利害に基づいて編成されるアソシエーションとしての企業と，自然発生的なコミュニティとを並列した企業コミュニティなるタームは，そもそもの用語の使用が語義矛盾ということになろう。無論，企業コミュニティ論においては，そうしたタームの選択は「あえて」行われているのであるが，この「あえて」の操作は，産業・労働社会学領域と地域社会学の領域との対話を難しくしてきたともいえる。

かつて北川隆吉は，地域社会研究の射程として，「労働者生活の総体をあきらかにするためには，企業・経営分析とともに，地域社会での（企業外）生活をもあわせて把握しなくてはならない」と述べているが（北川 1980: 7–10），これらの地域社会論の研究群と企業コミュニティ論の間には，微妙な関心のずれが存在している。実際，地域社会研究の立場から日立市域を対象として行われた帯刀治ら茨城大学地域総合研究所の研究者グループによる研究は，地域社会の基本的構造を企業・行政・住民の相互規定関係によって成り立つものと捉え，日立市の地域コミュニティ形成に，日立製作所を中心とする企業組織が極めて大きな影響をもたらしてきたことを，歴史，政治，都市計画[3)]，そして人口構成の観点から多角的に分析している（帯刀 1980; 帯刀 1993）。

これらの研究は，かつてこれらの企業城下町を形作った企業組織が，競争環境の変化に応じて地域に対する関わり方を変化させることが，地域コミュニティにどのような問題をもたらすのかという点を丁寧に分析している。しかしながら，企業組織を，地域コミュニティを構成する一要素，もしくは地域コミュニティの外側から影響をもたらすものとして位置づけるという，上述のコミュニティ研究における理論的枠組みを踏襲しているためか，企業組織内におけるコミュニティ的現象については，言及がなされていない[4)]。

このように，地域社会研究における，企業内に生ずるコミュニティ的現象に対する無関心は，同領域で取り扱われている他のトピックにおいても認められる。たとえば，「消防」というトピックもまた，人々が集住し，ともに生活を営むなかで互い

2）ここまでのテンニースおよびマッキーヴァーの理論的整理をめぐっては，横嶋（2018）を参考にした。

3）都市形成と企業行動の関連については，地理学の立場から日立市域の構造および形成過程を分析した岩間（1987; 1990），中野（2005）などがある。

に助けあう必要性から存立しうるコミュニティの機能の一つであり，歴史的な観点から，その変遷が分析されてきた。たとえば山本（1999）は，江戸・東京地域における消防について，1932（昭和7）年以降の東京市の防空政策の展開過程で，地域に根ざした特定の職業集団によって担われてきた消防組が，警防団によって民間消防組織へと統合されるなかで，伝統的なコミュニティが解体していく過程を描き出している。他方，後藤（2001）は，幕藩期から明治初期にかけて存在した「むら」の消防組が，戦時期にやはり警防団として一時包摂されるも，戦後の消防行政が警察組織から分離されるなかで，インフラ不足により，結局は地域に源流をもつ消防団を再度活用していかざるをえず，結果的にそのコミュニティ的伝統が存続するに至った経緯を明らかにしている。

これらの歴史研究は，同じ消防組織であっても，戦時期の防空政策が，都市部においては伝統的な民間消防組織の解体をもたらした反面，農村部ではそれが継続したという，地域ごとの多様な実態を明らかにしている点はたいへん興味深い[5)]。だが，ここにおいてもやはり地域コミュニティと隣接する企業組織の事業所の柵の内側で，防災がどのように実践されているのか，またそうした活動は，地域コミュニティとどのような相互関係をもつのかといった点は，完全に捨象されている。

3節以降で確認するように，企業組織内においても，特に戦前から活動する企業においては，自前の防災組織がすでに存在していた。これは，法的には「自衛消防組織」と呼ばれ，戦前から活動する企業においては長い歴史をもつものもあり，戦時期には事業所が立地する地域の防空政策に組み込まれる存在でもあった。戦後，1948年7月24日の消防法公布以降は，特定の条件に該当する事業所において，この「自衛消防組織」の設置が義務づけられている。しかしながら，これらの消防組織が，組織内でいかなる機能をもっていたのかは，少なくとも地域社会研究の射程からは，明らかにはなっていない。

4）この文脈からは若干逸れるが，具体的な調査を伴った研究としては，日立製作所日立工場において，組合側が実施した文化活動の実態を調査した山本・佐藤（1967）がある。山本・佐藤は，これらの組合側の文化活動が決して成功しているとはいえない状況にあることを指摘している。

5）地域の消防団をめぐる研究についてはこのほかにも，小西砂千夫（1998）や永田尚三（2013）などが地域の消防団の機能不全のメカニズムと現状の課題を指摘しているほか，より社会学的観点から，消防団員のエスノグラフィを用いた中村博一（2013），中沢翔真（2017）などの行為者の実態に寄り添った研究もみられる。

他方，企業コミュニティ論においても，すでに述べたように，企業組織内のコミュニティに関することは十分に歴史実証的に蓄積がなされてきたわけではなかった。この点で，本来，地域社会研究と企業コミュニティ論の結節点となりうるはずの，企業内におけるコミュニティ的要素をめぐる研究は，企業コミュニティ論からも，地域社会論からも置き去りにされており，結果的に両者の間の対話はなされないままとなっているのである。

そこで本章では，日立製作所の自衛消防隊を取り上げ，企業側が従業員にコミュニティ性を付与するような地域的な取り組みを，企業コミュニティと区別する意味もこめて，さしあたり「企業内コミュニティ」と呼び，この視角を通じた分析を行うこととする。日立製作所は，いわば日本の大企業的特徴の典型的な事例として，これまでドーア（1973=1987）や Inagami and Whittaker（2005）をはじめ，多くの労働史や関連する研究において取り上げられてきた企業である。このため，同社における事例を取り扱うということは，これまでの議論に対しても十分な説得力を付与することが可能となると考える。また，同社には社史に加えて事業所ごとの豊富な工場史や工場新聞の縮刷版資料，経営層の関連資料が豊富に存在し，歴史研究として分析を進めていくことが可能であるということも，その理由のひとつである。以下,「企業内コミュニティ」という視角から，その活動実態と組織・地域の両者にもたらす機能を分析していく。

3 日立製作所における消防隊の発足とその機能

3-1 日立工場消防隊の編成とその目的

日立製作所の消防組織の起源は，同社のルーツである日立鉱山に遡る。1911（明治44）年 11 月に，日立製作所山手工場の前身である芝内工場等の警備を担当するために，日立鉱山第 2 消防隊に第 3 組が設置され，日立製作所が独立してまもない 1918（大正7）年 7 月 15 日,「鉱山消防隊よりの伝統たる」手法で，独立消防隊が創設された[6)]。

同消防隊がその規模を拡充する契機となったのは，1919（大正 8）年 11 月 14 日の日立工場大火であった。大物工場内変圧器試験場から発火した火災により製作工場のほとんどが焼失し，その損害額は当時の額で百万円に達するなど,「一時事業を中止するのやむなきに至るほどの深刻なもの」であった[7)]。ただ，この出来事を契

6) 日立製作所日立工場（1934: 350）参照。

機として，消防隊組織の編成と各班の役割の定義とが整備され，隊員も168名に増員された。また，1920（大正9）年以降，消防隊運営に関する諸規定が徐々に整備され，1926（大正15）年に「日立工場消防隊規定」としてまとめられた。

この規定によると，消防隊には，消防隊長，消防総務，消防班長，消防手という四つの職があり，消防隊長には職制上の部長もしくは課長が任命され，消防総務は課員，すなわち事務を担う職員から任命された。さらに，班長は課員又は同待遇者，あるいは現場監督者である職長，もしくは工長かそれに準ずる者から任命された。そして消防手は満30歳以下の定傭工員，すなわちブルーカラー労働者から任命された[8]。これらの隊員の任期は，連合消防隊長，消防隊長，消防総務および消防班長は一期5年の年期制で，重任を妨げないものとされたが，消防手は基本的に採用後満6年で，基本的に任期満了後，予備として2年服務するものとされていた[9]。

消防隊員には制服・装具が支給され，日常業務でも常にこの制服の着用が求められた。なお，消防隊員の職務はあくまで名誉職であったが，火災活動に出動した際には「手當金」の支給がなされ[10]，さらに本規定以外に定めるところにより，「年末賞與又ハ酒肴料」の支給があった（第27條）。消防隊員を退任する際には，記念品が贈られるとともに（第27條），任期満了の際には隊服と装具も返納義務がなく，実質的に贈与された。

また，消防隊は班ごとに，毎月一回以上隊員を召集して火災防御に関する消防演習を行うこと，および各班は毎週一回以上消防機具の操作・点検を行うことが求められていたが，このほかに隊員の規律訓練と消防行動の練達を図るため，毎年春秋の2回，連合演習を行うことが義務づけられていた[11]。

これらの規定に則り，日立製作所の自衛消防隊は1934（昭和9）年には3消防隊（日立工場・電線工場・海岸工場）からなる16班，総員285名の大所帯となり，連合消防隊組織としてまとめられ，後に第二代日立製作所社長となる倉田主税が初代連合隊長となった。こうした消防隊組織の拡充のなかで，隊員らの役割は火災防火・消火に止まらず，暴風雨等の自然災害への対応や催事の警戒へと拡大し，また

7）株式会社日立製作所日立事業所（2012: 27-28）参照。

8）以上の任命に関する規定は「日立工場聯合消防隊規定」第5-8條（日立製作所日立工場1940）。

9）同上，第19-20條。

10）同上，第9條。

11）同上，第21-23條。

緊急出動に備えた消防隊員専用の社宅が建設された[12]。

その後，1944（昭和 19）年 1 月の軍需会社指定により，日立製作所の連合消防隊は連合国からの攻撃を警戒し，日立連合防護隊として広く日立地域の警戒にあたる実働部隊となった。ただ，1945（昭和 20）年 6 月 10 日以降の 3 回の爆撃により，日立工場は壊滅的な打撃を受けて多数の犠牲者が発生し，同年 8 月，終戦と同時に連合消防隊は解散し，その後大幅に設備を縮小された常設消防隊として再編成されるも，同年 12 月には隊員も 80 名まで縮小された。

戦後は日立工場を中心に，各地に拡大する事業所それぞれに消防隊が編成され，消防法に則り，また戦前期からの伝統を引き継ぎながら，活動を継続していくこととなる。以上の経緯から，日立連合消防隊（防護隊）の第一義的な機能として，日立地域の消防組と同様に，工場と市域の防衛・防災の実働部隊としての役割があったことが明らかとなろう。

3-2 「インフォーマル」な人間関係の構築機能

しかし，以上の工場防衛機能に加えて，日立製作所の自衛消防隊には，もう一つの重要な機能，すなわち職場内における職員層・工員層の間の人間関係を構築する媒介的機能があったことについても，言及しておく必要があるだろう。

消防隊にはその規則上，定期的な演習の実施が義務づけられていたが，その演習の後には，隊ごとに「反省会」と称した盛大な親睦会（酒盛り）がもたれていた。日立工場に 30 年，栃木工場に 3 年在籍し，その後全社の設備投資を統括する計画部長となった佐藤一男は，日立工場在籍時，同工場の消防隊長を務めているが，消防隊長の任を受けた際，「消防隊員の経験もなく，四階級特進で新米隊長になった」ことを誇らしく述懐している[13]。この述懐によれば，「酒豪揃いの消防隊の宴は，ビールの乾杯で始まり，コップ酒，どんぶり酒，土鍋蓋の酒とエスカレートし」，「飲んで歌って騒い」だあとは，「消防隊愛唱歌」を歌うような，一見すると土着的な消防団におけるそれと重なるものであった。消防隊員経験がないことを克服するために，佐藤はこの「反省会」の際に昔の火消しの頭の踊りを覚えて披露し，これが大喝采をうけ，全隊員から「隊長殿！」と祝杯のシャワーを浴びたという[14]。

ただ，ここで重要なのは，こうした村落における消防団と一見近似した「ハレ」

12）「語り継ぐ日立の心」編集委員会（2010: 265）参照。
13）「語り継ぐ日立の心」編集委員会（2010: 267–268）参照。
14）株式会社日立製作所（1999: 50–51）参照。

の催しにおけるやりとりは，実際の職場関係と地続きであるという点であった。水戸工場消防隊で副隊長を務めた牧野勇夫（元那珂工場長，計測器事業部技師長）の部下，笹崎七郎の述懐は，消防隊を介して形成される上司・部下のインフォーマルな人間関係が，公的な業務関係と表裏一体であったことを物語る[15]。その内容とは，消防隊の「反省会」の酒席で交わされた業務上のやり取りを牧野がよく覚えていて，後日業務に戻った際にきちんと処理してくれた，というものであった。

また，笹崎は次のようなエピソードも紹介している。1950年の大争議の際，消防隊員であった笹崎は直接争議には加わらずに警備等を担当していたが，牧野に対する吊し上げの囲みに直面した際，牧野が笹崎に対して煙草を無心して堂々と喫煙するなど，敵方である自分に対して親分のような態度をとったために，暴力的な行動をためらってしまった，という。笹崎は自らの立場を労働者側と認識しており，牧野との間に立場上利害対立が生じていることも自覚していた。

つまり，ここで消防隊は，相対立する経営側と職場側の利害関係を無力化する「インフォーマルな人間関係」を形成する場としての機能を発揮していたのである。元来，日本企業のガバナンスの背景として，企業別組合を通じた経営側との協調的な関係構築の仕組みがあったことは周知のとおりだが，消防隊活動をはじめとした「インフォーマルな人間関係」を形成する様々な活動が，協調的労使関係の構築上，大きな役割を果たしていたことは重要であるといえるだろう。

3-3　柵を超える自衛消防隊の活動

さらに，この自衛消防隊の活動は，事業所の柵を超えて，近隣の協力工場の消防隊の編成や，近隣地域にも影響してきたという点も無視できない。

3-1で紹介した「日立工場消防隊規定」は，工場資産の災害からの防衛を目的とした消防隊活動の基本ルールであり，あくまでも企業の柵の内側の利害に資するものである。しかしながら，これらの消防隊の運用は，必ずしも柵の内側だけに限定されるものではなかった。たとえば「必要ニ應ジ地方消防組ノ應援ヲ求ムルコト」（第17條2）や「消防擔當地域内ノ出火其ノ他災害ニ際シ所屬消防ヲ召集シ警防消火ニ當ラシムルコト」（第18條1）については連合消防隊長の専行事項であり，さらに「所定地域外ニ消防隊ヲ派遣スルコト」（第17條10）についても，工場長に伺いを立てれば連合消防隊長が専行できるという規定があった。

15）以下，笹崎の回顧は，「牧野さんの想い出」編集委員会（1996: 89-102）の記述による。

実際，1971 年から 1973 年にかけて清水工場副工場長を経験した安好美は，同工場の消防隊（後に消防団に改称）の拡充に隊長として尽力していたが，消防隊の訓練が軌道に乗ると，協力工場にもこの訓練の実施を呼びかけ，各社長を隊長とした消防団と，それらからなる「協力工場協議会消防団」を発足させ，自らの工場消防団とともに，日曜日の朝に合同の訓練を実施したという。安氏はこの施策を，自社工場と協力工場の従業員間のコミュニケーションの向上，および協力工場従業員の定着にもつながったと評している[16)]。

また，自衛消防隊は，特に工場が建設された地域の消防インフラと工場内の消防隊設備との間に格差がある場合，必然的に地域の災害解決においても協力を要請された。1944（昭和 19）年に設立された栃木工場では，同時に自衛消防隊も設立されたが，「当時は火災が多発していたが，各地域の公設警防団（消防団の前身）には消防車がなく，手押しポンプを使用していた時代でもあり，栃木工場の消防車は大変貴重な存在であった」。こうしたなか，「常に一番水は「日立」ということで火災が発生すると直接栃木工場に連絡してくるなど，地域自治体から大きな期待が寄せられ」ていた[17)]。

反対に，地域火災への出動要請があった場合に，自衛消防隊がこれに十分に備えがないといったことが露呈することは，工場関係者にとっての「恥」でもあった。栃木工場でサービス課長であった鈴木善次氏は，1960（昭和 35）年から 1965（昭和 40）年にかけて消防隊長を担当した経験談のなかで，出動を命じられた際，隊員の集合が遅れていたことから，当直隊員と総務と自分を含めた少人数で「安易な気持ちで」出動した。すると現場ではすでに村の消防隊が消火中で，消火活動も佳境をむかえるなか，日立の消防ポンプの使用要請が出た際に，隊長自身が「体験がないので心細い思いをした。後続の隊員の応援で事なきを得たが，このとき程，実技なき悲しさを痛感した事はな」かったと述懐している[18)]。

このように，自衛消防隊は，企業の内側の利害に基づく存在であると同時に，地域との相互関係ももつものであったといえるのである。

16）日立製作所清水工場史編纂委員会（1983: 9–10）参照。

17）日立栃木五十年史編纂委員会（1995: 11）参照。

18）株式会社日立製作所栃木工場（1978: 289–290）参照。

4　結論と展望

以上，本章では企業コミュニティ，そして地域コミュニティの両領域の先行研究において，企業組織の内側におけるコミュニティ的現象が等閑視されているという問題意識を出発点とし，日本の大企業の典型例としてこれまでにも幾度も取り上げられてきた日立製作所を対象として，その自衛消防隊の諸機能を析出してきた。その機能とは，第一に工場資産の災害からの防衛機能，第二にインフォーマルな人間関係形成機能，そして第三に地域社会との結節点としての関係構築機能であった。

本章でみてきたように，自衛消防隊はその設立経緯からみると，第一の機能，すなわち工場資産の防衛という「柵」の内側の利害に資する機能を有する組織である。企業内における有事の際の予防策を講じることは，中長期的な経営の観点からは必要不可欠の課題であるが，特に経営現象の歴史を扱う経営史の領域においても，やはり自衛消防隊をめぐる議論は十分になされているとは言い難い。他方，近年海外では経営史の領域において炭鉱における災害対応組織というトピックを取り扱った研究も登場してきていることから（Singleton 2020），同様の関心に沿った研究の発展が期待される。また，消防行政の観点からも，自衛消防隊に対する期待度は近年高まりつつあることから，現状分析の面でも企業コミュニティ，地域コミュニティ両者の側からの積極的な研究の深耕が期待される。

第二の機能について，自衛消防隊は，本来であれば対立を前提とする労使関係に経営・労働側の利害を無効化する，インフォーマルな関係を構築させる機能を有していた。消防隊に所属する従業員は，訓練活動を通じて，普段の職場では形成し得ない経営幹部との人間関係を形成する機会を得ていた。それは彼らにとって，職場内での威信形成の機会となっていた可能性もある。これは，山本（1990a; 1990b）やゴードン（1985=2012: 434–436）が指摘したような，経営側が労使関係対策において構築を試みた「インフォーマル組織」の一つとしても把握可能である。冒頭でも述べたように，企業コミュニティ研究には，企業組織内の「コミュニティ」的側面をめぐる議論は実質的に途絶しており，実態把握が十分ではないにもかかわらず，その「変化」を析出しようとする傾向がある。もし，この消防隊の歴史的変遷を，現代までを射程に入れて明らかにするのであれば，これまで外在的にしか明らかにならなかった企業コミュニティの変化の実態を，より高い解像度をもって描き出すことが可能となるだろう。

最後に，第三の機能についてであるが，自衛消防隊は単にその「柵」の内側のみを活動領域としていたわけではなく，地域とも相互関係をもっていた。実際，3-3

でみたように自衛消防隊は，近隣地域に立地する協力工場との企業間関係を前提に，協力工場の消防施策に影響を与えていた。また，地域の行政消防からの要請を受けた場合は，実際に消火活動に出動するなど，地域コミュニティとの関わりももっていた。さらにこれらの「柵」の外側への活動は，消防隊規定によってこれが可能であることが明示されていた。つまり，自衛消防隊は，地域コミュニティと完全に断絶したものではなく，むしろ相互交流のための一つの窓口としての役割をもっていたのである。

以上のように，自衛消防隊という「企業内コミュニティ」は，企業コミュニティ研究と地域コミュニティ研究とをつなぐ，両者の結節点たる意義をもつ対象の一つであったことがわかる。こうした地域と企業とをつなぐ（あるいは同領域がオーバーラップする）コミュニティ的現象は，日立製作所だけを例にとっても，ほかにも様々な形で存在する。たとえば，日立地域において，広くレクリエーション活動・スポーツ活動の一環として普及している「ぱんぽん」や，あるいは「日本で一番豪華な運動会」と称された日立製作所の運動会などもこれに該当する。こうした，一見すると企業城下町の独特な事象を，産業労働社会学，そして地域コミュニティの両方の射程からまなざすことを通じて，我々は，日本における企業社会の実態を，より精緻に把握可能となる。ひいては，その変化をふまえた政策デザインをめぐって，より発展的な議論を展開することも可能となるといえるだろう。

【引用・参考文献】

雨宮昭一，1992，「日立市の歴史的形成――二つの平準化・同質化」『茨城大学地域総合研究所年報』25: 1–9.

稲上毅，1981，『労使関係の社会学』東京大学出版会.

稲上毅，2005，『ポスト工業化と企業社会』ミネルヴァ書房.

稲上毅，2008，「会社共同体のゆくえ」『大原社会問題研究所雑誌』599・600: 29–49.

岩間英夫，1987，「日立鉱工業地域社会の形成と再生の要因」『地理学評論』60A(6): 355–378.

岩間英夫，1990，「日立鉱工業地域における産業地域社会の内部構造」『地理学評論』63A(7): 431–452.

大沢真知子，2017，「企業コミュニティの再構築とワークライフバランスの導入」『日本労働研究雑誌』No.686.

呉学殊，2017，「企業コミュニティと労使関係」『日本労働研究雑誌』No.686.

小川慎一，2009，「もうひとつの企業社会論――小集団活動とその周辺」『日本労働社会学会年報』20: 3–27.

「語り継ぐ日立の心」編集委員会，2010，『大洋わたれ大空かけれ――語り継ぐ日立の心』株式会社日立製作所電力システム社日立事業所.
株式会社日立製作所，1999，『ひとの日立・日立のひと』
株式会社日立製作所笠戸工場消防団，1980，『消防団三十年史』株式会社日立製作所笠戸工場.
株式会社日立製作所栃木工場，1978，『栃木工場の思い出』
株式会社日立製作所日立事業所，2012，『日立事業所百年史』
上林千恵子，2012，「特集：この学問の生成と発展 社会政策・労使関係・人事管理 産業社会学」『日本労働研究雑誌』No.621.
北川隆吉，1980，「序章 地域社会における企業行動と労働者生活」北川隆吉編『日本の経営・地域・労働者 上』大月書店，pp.7–10.
ゴードン，アンドルー著，二村一夫訳，2012，『日本労使関係史 1853–2010』岩波書店（Gordon, Andrew, 1985, *The Evotution of Labor Relation in Japan: Heavy Industry: 1853–1955*, Harvard University Press.）
後藤一蔵，2001，『消防団の源流をたどる』近代消防社.
小西砂千夫，1998，「公共財の私的供給システムとしての消防団の研究」『産研論集』25: 13–27.
金野美奈子，2017，「企業コミュニティと生活保障」『日本労働研究雑誌』No.686.
斎藤義則，1993，「企業城下町日立の都市形成－工場立地と市街地形成」茨城大学地域総合研究所・帯刀治編『企業城下町日立の「リストラ」』東信堂，pp.39–70.
佐藤厚，2017，「企業コミュニティと人材育成・キャリア形成－中小企業を中心に」『日本労働研究雑誌』No.686.
菅山真次，2012，『「就社」社会の誕生――ホワイトカラーからブルーカラーへ』名古屋大学出版会.
帯刀治，1980，「工業都市の構造と労働者の地域生活――茨城県鹿島地域・日立市，鹿島コンビナート・日立製作所」北川隆吉編『日本の経営・地域・労働者 上』大月書店，pp.13–90.
帯刀治，1993，『序　「転換期」の地域社会と企業城下町日立』茨城大学地域総合研究所・帯刀治編『企業城下町日立の「リストラ」』東信堂，pp.3–22.
津田眞澂，1981，『現代経営と共同生活体――日本的経営の理論のために』同文館.
ドーア，ロナルド著，山之内靖・永易浩一訳，1987，『イギリスの工場・日本の工場』筑摩書房（Dore, Ronald, 1973, *British Factory Japanese Factory: The Origins of National Diversity in Industrial Relations*, George Allen & Unwin.）
中沢翔真，2017，「消防団員のライフヒストリー――商店街を生きたある元消防団員を事例に」『日本オーラルヒストリー研究』13: 205–217.
永田尚三，2013，「消防団の現状と課題：共助の要である消防団の衰退を食止めることは可能なのか」『武蔵野大学政治経済研究所年報』（7）: 77–111.
中野茂夫，2005，「近代日本の重工業化と都市空間の変容――日立製作所と日立市を事例に」『日本建築学会計画系論文集』590: 221–228.
中村博一，2013，「自治と義勇のはざまで――ある消防団の民族誌（1）」『生活科学研究』

35: 47–59.
長谷川幸介，1993，『日立市「団塊市民層」の生活構造』茨城大学地域総合研究所・帯刀治編『企業城下町日立の「リストラ」』東信堂，pp.147–164.
日立研究所記念史編纂委員会，1984，『自主技術への道』株式会社日立製作所日立研究所.
日立製作所清水工場史編纂委員会，1983，『清水工場史 3』株式会社日立製作所清水工場.
日立製作所栃木工場庶務課，1960，『栃木工場のあゆみ』日立製作所栃木工場.
日立製作所日立工場，1934，『日立工場 25 年回顧録　その 2』
日立製作所日立工場，1940，『日立工場規則集』
日立栃木五十年史編纂委員会，1995，『日立栃木五十年史』株式会社日立製作所冷熱事業部.
「牧野さんの想い出」編集委員会，1996，『牧野さんの想い出』株式会社日立製作所計測器事業部.
三浦典子，2004，「企業の社会貢献とコミュニティ」ミネルヴァ書房.
三井正信，2017，「企業コミュニティと法政策」『日本労働研究雑誌』No.686.
山下充，2017，「企業コミュニティと日本的雇用システムの変容」『日本労働研究雑誌』No.686.
山本潔，1990a，「「インフォーマル組織」に関する一考察（1）――甲電気における事例を中心として」『社會科學研究』42(1): 205–264.
山本潔，1990b，「「インフォーマル組織」に関する一考察（2）――甲電気における事例を中心として」『社會科學研究』42(2): 113–159.
山本唯人，1999，「防空消防の展開と民間消防組織の統合過程――防空体制の形成と都市化」『日本都市社会学会年報』17: 91–107.
山本吉人・佐藤守弘，1967，「労働組合と文化意識――日立工場労働組合実態調査の分析」『茨城大学政経学会雑誌』20: 1–89.
横嶋勝仁，2018，「社会目標としてのコミュニティとアソシエーション――人とのつながりで助け合う地域社会組織の考察のための先行研究・概念のレビュー」『CUC policy studies review』45: 3–21.
Goldthorpe, J. H., Lookwood, D., Bechhofer, F., and Platt, J., 1968a, *The Affluent Worker: Industrial Attitudes and Behaviour*. Cambridge University Press.
Goldthorpe, J. H., Lookwood, D., Bechhofer, F., and Platt, J., 1968b, *The Affluent Worker: Political Attitudes and Behaviour*. Cambridge University Press.
Goldthorpe, J. H., Lookwood, D., Bechhofer, F., and Platt, J., 1969, *The Affluent Worker in Class Structure*. Cambridge University Press.
Inagami, T., and Whittaker, D. H., 2005, *The New Community Firm*. Cambridge University Press.
Singleton, J., 2020, Origins of disaster management: the British mine rescue system, c. 1900 to c. 1930, *Business History*, https://doi.org/10.1080/00076791.2020.1856078

第5章

組織境界の複数性

組織は多様な活動をどのように可能にしているのか

樋口 あゆみ

1 なぜ組織境界の境界が問題となるのか

本章では組織境界に関わる諸問題を検討し，それにより組織がどのように成員の多様な活動を許容しつつも，ある組織として一定のまとまりを保持しているのかについて考察する。

それにしてもなぜ，組織境界が問題になるのだろうか。それを考えるには，次のような事態を想像してみるといいだろう。組織のなかで何か企画を立てたり，検討したりする際，組織の成員同士で相談するにしろ，会議などの手続きを経るにしろ，そこでは個人的選好とは別の次元で“組織として”の是非が問われる。そうした場面で具体的に使用される言葉は組織ごとに異なるだろうが――「うちの会社としてありか，なしか」「○○らしいか」など――，数々のコミュニケーションを経て，組織的決定はなされる。それでも，ある出来事[1]が終わった後に組織内で振り返りがなされると，数々の決定とその帰結は，組織に帰属するのか，個人に帰属するのかといった問いが起こったり，それまでとは別の角度から各々の関わり方が語られたりもする。言い換えると企画の功績や失敗は何に起因するのか，誰に起因するのか，などといった言及が可能になり，実際に判断される。

組織的不祥事に対する責任問題を考えるとわかりやすいかもしれない。ある帰結をもたらした判断は，それが組織的決定として合理的[2]に理解可能か，それとも個人や特定のグループによる逸脱的なものかと問いうる。言い換えると，個人や

---

1) ここでは，ある事象が，意味のあるまとまりとして認識されている状態を出来事（イベント）として表現する（Luhmann 1984=2020 下 : 38-43）。

組織内の特定集団による，独断やルール違反であったかどうかが問題になる（井口 2019）。組織的不祥事は，それが明るみになる報道や法律的な手続きの経過などによって，組織に属する個人が組織から区別される瞬間が捉えやすい事例である。たとえば，不祥事に関するニュースが流れると，“あの行動については担当者個人による逸脱行為だと考えざるをえない”などといったコメントがなされる場面が典型例として脳裏に浮かぶのではないだろうか。このように責任が問われる場面は，あるコミュニケーションが果たして組織に帰属するのか，個人に帰属するのかをはっきりさせる必要があるため，両者の区別がわかりやすく表現される。しかも，この例から個人の組織における働きは，自動的にすべてが組織に帰属するわけではないこともわかるだろう。さらに，こうした区別は責任を問うといった場面以外にも日常的に現れる。

とりわけ本章で扱おうとするのは，企画開発などをはじめとした組織の日々の実践における帰属の区別である。人々は過ぎ去った出来事についてだけでなく，ある出来事の最中，つまり企画などの最中であっても，自分たちが一体何をしているのかについて解釈し，その都度理解をしながら振る舞っている（Weick 1979）。それゆえに，まさに進行中の意思決定がどの組織に帰属するのか，個人に帰属するのかについて語りうる。

このような観点で組織境界について考えるとき，組織境界という問題は，組織とはどういう仕方で個人と区別され，運営されているのかを捉える問題としても立ち現れる。また，以上の例からもわかるように，組織であらかじめ組織に所属する成員の実践がすべて組織に帰属すると決められているわけではない。決められていないことそれ自体が，組織に所属する成員の自律的な働きを可能にしている。しかし同時に，組織をマネジメントする成員や経営層にとっては，どういう実践が期待されているのかを成員にうまく共有しなければならないが，それがどのように可能なのか，という問題が立ち上がる。

これは実践における問題だけではなく，極めて理論的な課題でもある。もし「組織の境界はどのように定められるか」と問われたら，どのように答えるだろうか。ここで身近に想像しやすい例として雇用関係を軸に考えてみよう。つまり，雇われ

2）ここでの「合理的」とは，その組織における過去の踏襲や，現在共有されている価値観に照らし合わせて十分に理解可能であるという意味での合理性であり，それ以外の予断を含まない。たとえば組織の目的に照らして適合的か，否かという枠組みを所与としない。

ている人々と雇っている人々が組織内部を構成し，それ以外は組織外であると分ける。そう考えてみたとして，では短期間で入れ替わる可能性のある短期雇用の労働者や非常勤の被雇用者，身分としては別の組織に雇用されている派遣労働者は組織内外のどちらに規定すればよいだろうか。あるいは，大学生は大学の一員と呼べるのだろうか（盛山 1995）。実例を伴って考えてみると，はじめは明確にあると思えていた組織の境界があいまいで，ぼやけたものに思えてこないだろうか。私たちは，大学や企業について特定の組織を思い浮かべるとき，あたかもその内外が判然と分けられると考えがちであるが，実はそう簡単ではない。

このように組織境界を考えるとは，つまり組織の内外を規定するということであり，組織がどのような存在なのかを検討するのと同義である。そのため，組織論のなかでも中核的な問題となってきた（Thompson 1967）。

2　先行研究と本章の立場

1節の前半で記述したようなコミュニケーションの次元で組織境界を分析した研究[3)]が，従来からなされてきたわけではない。むしろ，「境界の課題は取引費用の経済学か，関連する交換比率の議論に支配されてきた」（Santos and Eisenhardt 2005: 491）。取引費用の経済学はO. ウィリアムソン（Williamson 1975）に代表される。その要諦は，あらゆる経済活動を取引として捉え，その取引を調整する制度として，組織のような比較的長期的な契約関係が選択されるのか，あるいは市場取引での調達が選択されるのかは，両者の取引費用の高低によって決まる，というものである。こうした関係性の選択を通じて，組織は内部環境と外部環境の境界を決定するとされた（桑田・田尾 2010: 71–74）。

F. サントスとK. アイゼンハートは，組織境界の議論が実は様々な理論的観点から論点が挙げられているにもかかわらず，実証分析が取引費用や交換比率に集中しているのを批判した。そして既存の論点をまとめつつ，組織境界を考察するにあたって新たに効率性，権力，組織能力，組織アイデンティティという四つの分析視点を提示している（Santos and Eisenhardt 2005: 491–492）。

他方で取引費用の経済学よりも以前から組織境界を問題としてきた領域に，組織を組織成員による諸活動のシステムとして把握しようとする，組織システム論

3）コミュニケーションの次元での組織境界の分析について，詳細は3節にて後述する。

第1部

第2部

第3部

がある。本章では組織をシステムとして捉えるシステム論を中心として分析を進めていく。この系譜を整理した長岡によれば，組織境界という問題は，近代組織理論の端緒として多くの研究者から名指されている，C. バーナードの『経営者の役割』（Barnard 1938=1968）の記述にすでに内包されていた（長岡 2010: 3)。バーナードは組織を「二人以上の人々の意識的に調整された活動や諸力のシステム」（1938=1968: 76）と定義し，組織システムを人間の物的，生物的，個人的要素を取り除いた，人々による活動のシステム，あるいは協働のシステムとして捉えようとした。「そこでは人間は組織というシステムへの貢献者」（長岡 2010: 5）とされる。

組織の境界を考えるにあたって論点となったのは，バーナードが組織システムへの貢献者に消費者を含めていた点である（三戸 1972)。たしかに消費者は商品やサービスを財で購入することで企業の活動に関わるが，多くの経営学者や組織論者は消費者を組織内部とは考えない。市場にいる不特定多数の消費者を貢献者と考えると，組織の範囲は際限がなくなるからである。この点は当時も批判にさらされ，その後もアメリカの組織論が日本に入ってくるに従って日本の研究者の間でも検討されたが論争の決着はつけられず，1990 年代以降，アメリカとドイツで再び議論の俎上に載せられるまで忘れられていた（長岡 2010: 4)。

議論が再燃したのは雇用形態の変化や，組織間協業のあり方の見直しが図られるような事態が多く起きたからである。たとえば，バウンダリーレスキャリア（Arthur and Rousseau 1996）と呼ばれるように，複数の企業をまたいで活動する個人の増加や，非正規雇用社員の増加といった雇用形態の潮流変化などから，組織境界の議論の有効性への疑義も唱えられている [4)]。日本でも大企業による副業が解禁されたり，チェーンストアにおいて周縁的な業務を担っていたパートタイム労働者が，非正規雇用のまま，中核的な役割を期待される「基幹労働力化」が指摘されており（本田 2007)，同様の課題はみられる。「境界なき組織」をスローガンとして主張した R. アシュケナスら（Ashkenas et al. 2002）の主張は，組織境界への疑義を提示した代表的な議論として挙げられる。もっとも，こうした個人のキャリアや組織の境界に関する主張も，字義通り「境界がない」事態を指すというよりはむしろ，従来把握されていた近代的組織の像に対して，成員の流動性の高さや組織間関係における開放性が指摘されるにとどまる。そうした状況が明らかになるにつれて，

4）このような変化は日本でも指摘されている。樋口朋彦は自営業と雇用の境界，管理職と一般労働者の境界を例として「労働者性（労働者であること）」が曖昧になってきている点を指摘している（樋口 2012)。

組織境界をどのように把握し，記述できるかが，実証的な問題としても，理論的な課題としても浮上するようになった。

さらには企業のイノベーションを加速させるために，自社や他社の技術やアイディアの流出入を活用して市場機会を増やすオープンイノベーション（Chesbrough 2003）や，消費者に商品開発から参加を促すことによって今までにない製品開発を企画するユーザーイノベーション（Jeppesen 2005），あるいは組織成員による，組織内部に閉じない学習としての越境的学習（石山 2018）への注目が，組織境界の議論が産業分野で研究課題とされ続ける背景として挙げられる。こうした背景ゆえに組織の一部分だけの特徴をもった「部分的組織」を新たな概念として提唱する研究者も現れて，論争を引き起こしている（Ahrne et al. 2016; 2017; Apelt et al. 2017）。

そこで本章は，組織境界とはいかに把握可能かという問いへの，ありえる回答として次のような仮説を提示する。すなわち，既存研究の多くが組織境界の安定性と均衡を自明視してきたことへの疑義を唱え，“組織境界が一時的にせよ複数併存することがありえる”という組織境界の複数性を前提とした議論を提示する。言い換えれば，組織境界は組織の自律的な作動により形成され，コミュニケーションが連関する過程では，変動可能性と複数解釈が同時に存在しえるという理論的な仮説を提示する。そのなかで前述したような，組織運営の過程で組織と個人との接合と切断という現象が，現れては消えていく動態的境界のあり様を記述する。組織の境界維持や自己組織化といわれてきた事象は，そのように書き直すことができる。

以上のような動態的境界の把握はオートポイエーシス論によって可能になった。以下では，オートポイエーシス論をもとにした組織境界の把握が，従来のシステム論とどのように異なるかを（1）動態的境界，（2）境界の閉鎖性の二点に注目して分析する。そして，オートポイエーシス論の境界の解釈のひとつとして，境界の複数性がありえる点を論証する。

生物学からオートポイエーシス論を組織の分析に導入した代表的な論者は，N. ルーマンである（佐藤 2009; 柴田 2013）。ルーマンは主著『社会システム』（Luhman 1984=2020）をはじめとして理論社会学者として知られるが，組織論者としての顔はあまり知られていないかもしれない。ルーマンは官僚として働いた後，研究者としてのキャリアの初期に公式組織の研究を発表し（Luhmann 1964=1992），晩年に至るまで組織研究を続けていた。死後に出版された *Organisation und Entscheidung*（Luhman 2000=2018）は，その集大成であり，組織を，意思決定を要素とするオートポイエティックなシステムとして捉え直したものである。

3 安定的境界から動態的境界へ

さて，雇用の流動性への対応や企業の戦略として組織境界の透過性の重要性が指摘されるようになった際に問題となったのは，組織の境界を一義に，安定的なものとして定義できるのかという点である。

ルーマンのオートポイエーシス論を下敷きに，組織境界の新たな分類を提示したT. ヘルネスは「現代の諸現象について組織論が説得的な説明を提示できていない理由のひとつは，組織を平衡状態へと向かう傾向のある，安定的で曖昧さのない境界に囲まれた存在と捉えているからである」(Hernes 2004: 9) とした。そして組織を分析するにあたっては，境界の安定性と組織の平衡状態を暗黙の前提にするのではなく，「それに代わり，境界の多面的な性質を考慮するだけでなく，実際に境界とそのダイナミクスを出発点とする必要がある」(Hernes 2004: 10) としている。

前述したサントスとアイゼンハートは，まさにそうした組織の多面的な性質を指摘している。すなわち，四つの分析点ごとに異なる組織境界があり，それを把握することで取引費用に限定されない組織間関係についての考察が可能になるとした (Santos and Eisenhardt 2005)。しかしながら本章で検討したいのは，そうした組織のもつ多様な側面について組織の外部から特徴を同定して，分析してみせることではない。サントスとアイゼンハートの分類では，研究者自身が，その時々の準拠問題に従って組織の境界を区別することができるという意味で，準拠問題ごとに組織境界が安定的なものとして想定されてしまっている。それでは分析軸ごとに様々な境界がありうることは指摘できても，境界同士の混在がどのように当該組織によって対処されているのかについては記述することができない。つまり，ヘルネスの指摘するように「組織の多面的な性質を考慮する」(Hernes 2004: 10) だけでは，オープンイノベーションのように組織の一部を一時的に他社と共有したり，ユーザーイノベーションのように商品開発に消費者の一部を巻き込んだり……といった活動が引き起こす組織境界の変動性をうまく捉えることができないのである。本章ではむしろ，そうした境界について，当該組織システムがどのようにその変動を扱っているのかを記述しうる方法をこそ，検討する必要があると考えている。

そこで重要なのは，引用の後半部分にあたる「実際に境界とそのダイナミクスを出発点とする必要がある」(Hernes 2004: 10) という指摘である。取引費用や，各種の組織の特徴を抽出して異なる組織境界を規定していく視点は，注目すべき特徴が先にあり，それによって組織境界が区別されていた。しかしながら，「境界は組織の“副産物”なのではなく，むしろ（インフォーマルな集団から公式組織までの広範な）組織が，境界設定のプロセスを通じて進化する。……ひとつの組織は区別する過程で生じ，そして諸境界の再生産を通じて維持される」（Hernes 2004: 10）と捉えることによって，組織境界の動態的な把握は可能になる。

またヘルネスの付記からもわかるように，この把握によって，古典的な組織論では問題になってきた公式組織と非公式組織を区別する難しさも解消される。つまり，「「公式」と「非公式」の区別は，「組織に帰属するもの」と「帰属しないもの」との区別に対応したシンボル上の区別として理解」（奥山 2002a: 132）され，区別のプロセスを通じて境界が再生産されると捉えることができる。

組織の実践に置き換えると，日頃の業務とその成果，業績への評価や業績以外の評判についても，ときに組織と個人は接合され，ときに切り離される。より正確には，個人に帰属される判断は組織から排除され，組織に帰属される決定は個人と無関連にされる（高尾 2005: 14–17）。近代的組織は，そうした組織への帰属と個人への帰属の接合と切断を細かく運用するなかで成立していると考えることができる。それはつまり，日々のコミュニケーションの過程で特定のコミュニケーションが組織に帰属され，それにより組織境界が引かれ続けているのだと捉えられる（奥山 1986; 佐藤 2009; 2011: 297）。

4　組織の開放性と閉鎖性はいかに記述可能か

二点目に，組織を諸活動のシステムと考えた際に，境界の閉鎖性を規定するのが難しいという問題がある。「システム」の概念自体が歴史的に変遷していくが，ここではバーナードの理論を引き継ぎ，近代組織論の基盤を築いたH. サイモンが採用したシステム論と，それ以降のシステム論を比較対照する。比較の焦点はシステムの開放性と閉鎖性である。

サイモンは情報理論などを取り入れて，組織を「意思決定とその実行の過程を含めた，人間集団のコミュニケーションとその関係パターン」（Simon 1997=2009: 4），あるいは「情報の授受を媒介とする意思決定のシステム」（Simon 1997=2009: ii）と定義した。ある意思決定は他の意思決定の前提条件を与えるとされ，意思決定過程の連鎖として組織の経営行動を体系化した。その意思決定システムは，環境から情報をインプットし，それを消費することで，環境になんらかの資源をアウトプットする開放系のシステムと捉えられ，いわゆるオープン・システムの考え方に基づいていた（桑田・田尾 2010: 55）。サイモンとマーチは，近代組織論の古典のひとつである『オーガニゼーションズ』のなかで，次のように主張している。

> 生産・流通過程の組織単位が，組織「内」にあるか，組織「外」にあるかの弁別は，一般に，企業の境界の法的定義に従う。しかし，製造（あるいはそれに類似したもの）を中心に，供給業者・流通業者両方の組織を含めた，より機能的な基準を用いた方が実り多い。例えば自動車産業では，自動車ディーラーを自動車製造組織の構成員要素と見なすのが有益である。（March and Simon 1958=2014: 113）

これは，たしかに“自動車産業での X 社の販売戦略を分析する”といった問題設定をした場合に，目的に沿った分析になるだろう。それが可能だということは，意思決定前提の連鎖自体は，ある組織と別の組織をまたいでも続いていくと理論的には見なされる。自動車ディーラーを自動車製造組織の構成要素と見なせるのは，両者の法的な会社の区別を超えて，同じ組織の要素であると見なせるからである。言い換えれば，意思決定過程が繋がっていると考えられる関係にどのように区切りが入れられ，どの組織に帰属するのかの識別は，分析の準拠点なしには措定できない。その区別は外部の観察者によって規定される。

それゆえ『オーガニゼーションズ』の冒頭では，組織境界をどこに引くかや，組織と非組織の区別について思いわずらう必要はなく，ただ事例を挙げればよいのであって，その方が有益であると述べている（March and Simon 1958=2014: 3; 長岡 2010: 3-4）。サイモンとマーチの整理は，組織の境界を外部からの分析視点なしには区別できない点で，バーナードの議論と共通している。外部からの措定なしに，ある組織の単位を同定するためには，組織がどのように自律的に境界を規定すると考えられるか，という地点から出発しなくてはならない。

それが可能になるためには，自己組織性の議論とオートポイエーシス論を待たなければならなかった。これらの議論はシステムの自律性や，自己言及性（システムがシステム自身に言及すること。つまりはシステムのある作用が他の作用の出発点になること），システムの要素となるプロセスによってシステム全体の状態が変化し，そのようなプロセスが反復的に進行するという共通の認識をもつ。なかでも組織境界の観点から重要なのは，自己組織的システムとオートポイエーシス論の差異である（柴田 2013: 100–105）。すなわち，以下に奥山がまとめているように，システム自身が自律的に境界を定めている点にある。

> システムが自律的であるとは，少なくとも，観察者が同一とみなすような環境に対してシステムが多様なあり方をなしうるという意味でシステムが自己決定的であるということ，さらに言うなら，システム自らが境界を生み出しているという意味でシステムが自己決定的であるということを意味する。とすると，自律性を理論化するためには，視点の抜本的転換が要請されるということになるのであり，システムと環境とを共に捉える外部観察者視点が棄却されねばならない。システムが境界を自ら生み出していることを理論化するためには，一貫してシステム内的視点からシステムの作動を記述できなければならないのである。（奥山 2002a: 121–122）

オートポイエーシス論を組織論に導入したルーマンは，次のように組織を定義することで，これを達成している。

> 組織はもっぱら，さまざまの決定のコミュニケーションから成り立っているのである。それらの決定はそれぞれ，当該システム内部の他の諸決定の再帰的なネットワークにおいて（おいてのみ！）自己を同定することができる。（Luhmann 2002: 159=2004: 216–217, 訳者による補足は省略した）

この定義によって組織の境界は，他でもない当該組織に帰属するとされた意思決定のコミュニケーションによって（佐藤 2011: 356–360），組織境界を自律的に規定することになる。そして組織の境界は，そうした自己規定の結果として生まれるのである。

> システム境界は，システムが自己言及と他者言及の区別に基づいて内部的に志向しているという事実の結果にすぎない。それは動物の皮や羽のように客観的に固定された事柄ではない。むしろ，システムの作動を再帰的にネットワーク化することで，システム自身がどのような過去の作動と未来の作動とが「それ自身」として扱われるべきかを認識しなければならないという事実から生じ

るものである。(Luhmann 2000: 79=2018: 53)

そして自己言及するシステムについて，ルーマンは次のように詳述している。

自己言及システムは，自己自身を観察することができる。システムの自己同一性を描くための根本的な区別図式を用いることで，自己言及的システムはその自己同一性に寄与するように自己自身の作動を統制することができる。自己観察は，さまざまな理由から生じうるし，実に多種多様な区別を用いることもできる。しかし，自己観察をそのつどの個別の状況に全面的に委ねるのではなく，構造的傾向を通して自己観察を統制する必要が生ずるやいなや，われわれは「自己記述」に関して語ることができる。記述は，構造ないし「テクスト」を固定することで，それにもとづく観察を可能にする。そうした観察は，より体系的でありうるし，より容易に記憶され，伝えられうる。……それによって，自己記述に依存しない自己観察が個別の機会に生じることがなくなるわけではないが，それほど重要なものではなくなる。そうしたときおりの観察は，いまや自己記述の選択のための「多様性の蓄積」を形成する。(Luhmann 1990=2016: 112)

これは次のように言い換えることができる。組織では，日々の実践のなかで“組織に帰属するコミュニケーションである”か，あるいは“そうではない”か，という区別（根本的な区別様式）を用いることで，組織システムを指示する（自己観察)。日々の判断は様々な理由をもとに区別されうるが，その組織に付随する契約や慣習，歴史，文化など様々な安定された期待，つまりは構造ないしテクストがあることによって，判断基準が一定程度体系化されるため，すべての区別は自由自在に行われるわけではない。体系化された視角を通じて組織が自己を反省する際に，それは自己記述と呼ばれる。そして，そうした視角ではあらかじめ区別できないようなコミュニケーションは，別様の自己記述の可能性として組織には残される（多様性の蓄積)。

組織はこのように，コミュニケーションの帰属を通じて，作動的に閉鎖している。そして，それと同時に組織は「システムの特定の作動を引き起こすように見える要因が，観察者視点から見て内的であろうと外的であろうとシステムはこれを区別していないという点でシステムは開かれている」(奥山 2002a: 141, 注 6)。オートポイエーシス論による「閉じたオープン・システム」(奥山 2002a: 141, 注 6）としての組織は，そのように描かれる。

5 「組織境界が複数ある」とはどのような意味においてか

では，以上にみてきたように組織境界を同定する際に組織境界が複数ある，とはどういう事態を指しているのか。組織境界が複数あるとする指摘自体は，前述したように新奇なものではない。むしろ観察の準拠点によって異なる境界が出現することは，従来から指摘されてきた。ただし，それは外部者による観察の結果であった。本章はシステム内的な視点に立った場合でも，組織境界は複数併在する可能性を指摘するものである。

先ほどの自己言及についての引用に接続すると，次のように記述することができる。様々に生起する出来事について，個々のコミュニケーションは，ある組織において“組織に帰属する”，あるいは“そうではない”，という二値的判断がなされる。そうした判断が時間的に積み重なった際に，組織境界も積み重なっていく（多様性の蓄積）。その意味で，ある組織の活動について観察した際に，そうして生み出される区別の結果としての組織の境界は瞬間的にせよ複数あると考えられるのではないか。

これはとりわけ組織境界のイメージに関わる。組織境界が描かれる際に，あるいは再帰的なオートポイエティックなシステムのイメージが描かれる際に，多くの場合，一筆書きに閉じた円が描かれる[5]。しかし，日々の組織での実践を鑑みれば，あるプロジェクトで成された意思決定を，別のプロジェクトで動いているチームが知らないという事態は頻繁に起こる。当然，ある意思決定が重要だと見なされれば全社会議で取り上げられるなどして共有されるだろう。しかし，それ以前には，組織内で同時に分散的になされる意思決定は，それらを集積したとしても，一意な円環を描けないと考えた方が自然である[6]。ルーマンはそれを「自己観察の次元では，

5）H. フォン＝フェルスターの図像を引用する場合は異なるが，柴田（2013: 110）のようにシステム／環境の区別を描く際に，システムが閉じた円として描かれるのもまた広くみられる。

6）G. ギュンターによる二値編成複合（Polykontextualität/Polycontextuality）の理論（Günther 2004, 村上 2008）は機能システムレベルでの議論だが，本章の組織境界の複数性は，組織システムレベルでも polycontextual であるという主張と言い換えることもできる。

組織は自己自身について不透明のままである。そして，まさにそれゆえに操作可能なのである」（Luhmann 2000: 417=2018: 347）と表現している。

とはいえ組織には，支払いといった経済的側面，損失の責任を誰が取るのかといった法的側面など，組織の境界が一意に定められなければならない場面も多々ある。それゆえに境界の一意性を前提とする議論もある（長岡 2010; 佐藤 2008）。むしろ，そのような議論の方が主流である。しかしながら法や経済が関係する議論は，その時点で組織システムとは異なる次元の機能システムが関わっているため，組織システム内部に完結しない。長岡や佐藤の議論は，組織システムの境界が機能システムとの関係において，どのように理論的に整理できるかが問題にされている点で本章の議論と異なっている。

本章はあくまでも組織システムにおけるコミュニケーションの帰属を要素とした，意思決定の連鎖の結果として生成される組織境界を問題としている。境界の一意性とその限界を議論する長岡や佐藤の議論と橋渡しをするならば，本章の立場からは，境界の複数性を前提としながらも，そのような特定の説明をする必要性に直面した際に，多様な蓄積のなかからある境界が一意に選択される，と考えることができる。そして，そのようにして把握することによってはじめて，ある組織が境界の複数性を保持しつつも，その統一性（Einheit）をも放棄しないでいられるのではないだろうか。これはつまり，組織内に分散的意思決定や自律性を許容しつつも，ある組織が一定程度の秩序を保っているのはなぜか，という組織における秩序問題（奥山 1986; 2002b）への，組織境界という主題を通じて提示される，ありうる解釈のひとつである。

6 動態的境界とつき合い続けるマネジメント

本章では，現在も多様な議論がなされている組織境界について，境界の動態性と複数性を前提とした，一つの理論的仮説を提示した。すなわち，コミュニケーションの過程では複数でありえる組織境界を，必要に応じて一元化することにより，組織は境界の瞬間的な複数性の可能性を保持しながら，自己の同一性に寄与していると主張するものである。そうすることにより，近年の雇用形態の変化や新たな形式の協業にみられるような，組織内コミュニケーションの高い自由度と，統制とを可能にしていると考えられる。

最後に本章の議論の射程を述べる。本章は主に企業活動を念頭に置いて書かれているが，ここでなされた議論は企業に限定されるものではない。近年では行政組織や公的機関もまた，官民連携やシビックテックといった行政組織以外の利害関係者との組織的な取り組みに力を入れる必要が出てきている（総務省 2020）。そこでは，いかに多数の利害関係者と情報や技術を共有しつつ，同時に当該組織が自律的な組織として活動し続けるのかが課題になる。必要に応じて部署ごとに共有の許容度を変えて，いわば特定部門だけを例外処理をするというのが，ありうる対応策の一つだろう。そうした把握と実践は現在でも行われているだろうが，組織境界の再帰的な把握によって，より柔軟な協働のあり方や意思決定を可能にできるのではないだろうか。その意味で，行政組織やNPOをはじめとした非営利組織にとっても，本章の議論は意義があると思われる。

今後の課題として，日々組織に帰属される決定の結果として生じる組織境界と，組織システムの統一性の把握はどのような関係にあるのか，という問題がある。この課題はさらに，ルーマンの理論内在的には組織の「記憶」の問題（Luhmann 2000: 60=2018: 39; Langenmayr 2016）に，実証的には組織不祥事などが起きた際に組織や個人に帰属される責任をどのように分析するか，といった組織の回顧と事後的な解釈を伴う諸問題につながっている。

【付　　記】

本研究はJSPS科研費JP20K22141の助成，および福岡大学の研究助成（課題番号：204007）を受けたものである。また，ルーマン研究会の皆様から貴重なコメントをいただいた。

【引用・参考文献】

井口暁，2019,『ポスト3・11のリスク社会学』ナカニシヤ出版.
石山恒貴，2018,『越境的学習のメカニズム』福村出版.
奥山敏雄，1986,「組織を捉える視角と装置」『ソシオロゴス』10: 120–42.
奥山敏雄，2002a,「組織と意味」『社会学ジャーナル』27: 121–42.
奥山敏雄，2002b,「組織理論における秩序問題の欠如とそれが課す理論的限界」『社会学ジャーナル』27: 103–20.
桑田耕太郎，田尾雅夫，2010.『組織論 補訂版』有斐閣.
佐藤俊樹，2008,『意味とシステム』勁草書房.
佐藤俊樹，2009,「オートポイエティック・システム論から組織を見る」『組織科学』43(1): 20–28.

佐藤俊樹，2011，『社会学の方法』ミネルヴァ書房.
柴田明，2013，『ドイツ・システム論的経営経済学の研究』中央経済社.
盛山和夫，1995，『制度論の構図』創文社.
総務省，2020，「令和2年版情報通信白書」〈https://www.soumu.go.jp/johotsusintokei/whitepaper/ja/r02/pdf/02honpen.pdf（2022年2月14日取得)〉
高尾義明，2005，『組織と自発性』白桃書房.
長岡克行，2010，「組織の境界」『東京経大学会誌』268: 3-18.
樋口朋彦，2012，「就業形態の多様化」『よくわかる産業社会学』ミネルヴァ書房，pp.72-75.
本田一成，2007，『チェーンストアのパートタイマー』白桃書房.
三戸公，1972，「組織の境界について」『組織科学』6(1): 4-12.
村上淳一，2008，「「ポリコンテクスチュアリティー」とはなにか？」『日本学士院紀要』63(1): 35-47.
Ahrne, Göran, Nils Brunsson, and David Seidl, 2016, “Resurrecting Organization by Going beyond Organizations,” *European Management Journal,* 34(2): 93-101.
Ahrne, Göran, Nils Brunsson, and David Seidl, 2017, “On the Fruitfulness of the Concept of Partial Organization: A Rejoinder to Apelt et al,” *European Management Journal,* 35(3): 297-299.
Apelt, Maja, Cristina Besio, Giancarlo Corsi, Victoria von Groddeck, Michael Grothe-Hammer, and Veronika Tacke, 2017, “Resurrecting Organization without Renouncing Society: A Response to Ahrne, Brunsson and Seidl,” *European Management Journal,* 35(1): 8-14.
Arthur, Michael B. and Denise M. Rousseau eds., 1996, *The Boundaryless Career*, New York: Oxford University Press.
Ashkenas, Ron, Dave Ulrich, Todd Jick, and Steve Kerr, 1995, *The Boundaryless Organization*, San Francisco, CA: Jossey Bass.
Barnard, Chester I., 1938, *The Functions of the Executive*, Cambridge, Mass.: Harvard University Press.（山本安次郎・田杉競・飯野春樹訳，1968，『経営者の役割』ダイヤモンド社.）
Chesbrough, Henry W., 2003, *Open Innovation*, Boston, Mass: Harvard Business School Press.
Günther, Gotthard, 2004, *Life as Polycontexturality*, in www.vordenker.de（Edition: February 2004), J. Paul ed.,〈http://www.vordenker.de/ggphilosophy/gg_life_as_polycontexturality.pdf〉first published in: H. Fahrenbach ed., *Wirklichkeit und Reflexion, Festschrift für WalterSchulz*, Pfullingen, 1973, 187-210.
Hernes, Tor, 2004, “Studying Composite Boundaries: A Framework of Analysis,” *Human Relations,* 57(1): 9-29.
Jeppesen, Lars B., 2005, “User Toolkits for Innovation: Consumers Support Each Other,” *Journal of Product Innovation Management,* 22(4): 347-362.
Langenmayr, Felix, 2016, *Organizational Memory as a Function*, Wiesbaden: Springer

Fachmedien.

Luhmann, Niklas, 1964, *Funktionen Und Folgen Formaler Organisation*, Berlin: Duncker & Humblot.（沢谷豊・関口光春・長谷川幸一訳，1992，『公式組織の機能とその派生的問題』上下巻，新泉社.）

Luhmann, Niklas. 1984. *Soziale Systeme*. Frankfurt: Suhrkamp.（馬場靖雄訳，2020，『社会システム』上下巻，勁草書房.）

Luhmann, Niklas, 1990, *Essays on Self-Reference*, New York: Columbia University Press.（土方透・大沢善信訳，2016，『自己言及性について』筑摩書房.）

Luhmann, Niklas, 2000, *Organisation und Entscheidung*, Wiesbaden: Westdeutscher Verlag.（Luhmann, Niklas, 2018, *Organization and Decision*, Edited by Dirk Baecker. Translated by Rhodes Barrett. Cambridge, UK: Cambridge University Press.）

Luhmann, Niklas, 2002, Das Erziehungssystem der Gesellschaft, Edited by Dieter Lenzen, Frankfurt am Main: Suhrkamp.（村上淳一訳，2004，『社会の教育システム』東京大学出版会.）

March, James G. and Herbert A. Simon, 1958, *Organizations*, New York: Wiley.（高橋伸夫訳，2014，『オーガニゼーションズ 第2版』ダイヤモンド社.）

Santos, Filipe M. and Kathleen M. Eisenhardt, 2005, "Organizational Boundaries and Theories of Organization," *Organization Science*, 16(5): 491–508.

Simon, Herbert A., 1997, *Administrative behavior 4th ed.*, New York: Free Press.（二村敏子・桑田耕太郎・高尾義明・西脇暢子・高柳美香訳，2009，『経営行動 新版』ダイヤモンド社.）

Thompson, James D., 1967, *Organizations in Action*, New York: McGraw-Hill.

Weick, Karl E., 1979, *The Social Psychology of Organizing 2nd ed.*, New York: McGraw-Hill.（遠田雄志訳，1997，『組織化の社会心理学』文眞堂.）

Williamson, Oliver E., 1975, *Markets and Hierarchies: Analysis and Antitrust Implications*, New York: Free Press.

第2部

労働者と労働現場

第2部　イントロダクション
「労働者であること」とはいかなることか？

松永 伸太朗

第2部は，社会に生きる人々が労働者である／になることとはいかなることかを多面的に描いた論考で構成されている。どのような職場であれ，そこで働く人が労働者としての性格をもつということは，それ自体自明なことだ。それではあえて労働者という存在を研究対象として取り上げることにどのような社会学的意義がありうるのか。各論考に入る前の導入として，本書の考えるところのその意義を取り上げたい。

1　社会秩序を形成する主体としての労働者

社会学において労働者が検討に値する存在として浮上してきた経緯を理解するうえでは，まず日本における労働社会学の創始者である松島静雄（1951）の議論を参照することが有効である。松島は，戦中期に農業従事者と工業労働者を対象としたインタビュー調査を実施し，労働条件や労働者意識に関する比較を行った。そこでは，後者の工業労働者が，賃金などの労働条件面ではかなり恵まれた状況にありながら，前者と比較して非常に強い生活不安を抱えていることが明らかにされた。この背景には，工業労働者が農業従事者と異なって土地への帰属を失っており，その仕事を失ってしまえば途端に寄る辺のない人となってしまうという問題が存在していた。こうした松島の最初期の研究は，労働者であることが社会で生きるうえで特有の状況を人々に与えていることを明らかにし，労働者というレンズを通して社会を見通すという視座を開いたものだといえる。

このように労働者を取り巻く特有の社会状況の存在は，労働者が逆に特有の社会秩序を形成しているという視点につながった。日本労働社会学会の立ち上げにも貢献した労働社会学者の河西宏祐（1981）は，そうした現象を指すために「労働者文化」という概念を提起した。これは，河西が労働組合の事例研究に取り組むなかで，企業が推奨する「従業員文化」に対して弁別的な秩序を労働者が形成していることを指すために用いられたものである。第1部で描かれたような企業がもつ秩序とはまた別様な秩序を労働者が構成する場合があり，それはそれ自体として社会学的分析の対象となるのである。

こうした視点は，たとえば資本に包摂されることによって生産手段への関与を失って疎外される存在として労働者を描く（たとえば，Braverman 1974=1978）のとは異なり，その意識や行為を私たちの生きる社会秩序を作り上げるうえで不可欠な存在として描くことに帰結する。こうした視点を担保することによって，たとえば以下のような問いがひらかれることになる。労働者が形成する秩序は，組織や職業といった労働に関連する他の秩序と何が同じで，何が違うのか。同じ労働者でもジェンダーが異なったら秩序も異なるのか。家族や教育や政治など，他の社会の機能領域で形成される秩序と何が違うのか。こういった比較検討がひらかれることになる。こうした仕方で，産業・労働社会学は社会学の一領域としての役割を担うことが可能になるのである。

第 2 部は，このように労働者を社会秩序を形成する主体の一つとしてみるという仕方で社会学としての軸足を置きつつ，そこから派生する社会学的な問題が各論考で扱われる構成となっている。個別の論点は各論考に譲るが，ここではその大まかな見取り図を示しておきたい。

2　労働者になること：社会化の問題

上記で労働者が社会秩序を特有な仕方で形成する存在として把握できることを指摘したが，私たちは何も生まれたときから労働者として存在しているわけではない。どういった労働であっても，そこにはその労働者になるという過程が存在する。この過程を捉え損ねると，私たちはどのようにして社会のなかで労働者と呼ばれる存在が生みだされているのかを理解することができなくなる。

こうした観点でとくに労働者を対象とするとき，社会成員が労働者として労働市場に参入する「移行 transition」のプロセスを問う教育社会学の議論は，産業・労働社会学にとっても参照が不可欠な研究となる。多くの場合，労働者として職業生活を送る前段階として，学校での教育課程で一定期間を過ごすプロセスが存在する。そこで学んだ内容や学歴・学校歴などがその後の職業選択に影響を与える場合もある。その教育課程において職業や企業における労働がどの程度直結しているかについては場合によるが，いずれにせよ教育課程は将来的な労働者としての生活の基盤を準備する「社会化」としての意味合いを有している（Durkheim 1964=2010）。日本国内の事情に即していえば，就活の早期化やインターンシップの広がりなどによって，学校生活のなかで職業人としての素養を身につけておくことを望む企業の要請が強まっているように思われる。こうした社会状況のもとでは，移行に関する議論に対して産業・労働社会学の立場からもよりいっそう関心を払っていく必要があるだろう。

こうした移行を問う議論においては，直接的に国際比較を行うかどうかは別として，各国の特徴を視野に入れた検討を行う必要がある。国家ごとの教育制度によって労働市場との結びつき方が異なるからである。たとえばドイツのような国家では，10歳代前半の段階で大学進学などに向かう層と，早期に職業訓練を受ける層に分けられる教育制度となっている。一方で日本では日本的雇用システムを支える一つの慣行でもある「新規学卒一括採用」のもと，特定の職業教育を早期に受けるというよりは，まずは「就社」が先にあり，具体的な人材育成は企業内に委ねられることが主流となってきた。こういった差異は，その社会においてどのような労働者のあり方が生みだされやすいかということとも密接に関わる。これまでの産業・労働社会学においては企業内人材育成に重点を置いてこうした「労働者になる」という問題を扱ってきた（稲上 2005）。本書はそうした既存の蓄積を無視するものではないが，本書にとって重要なのはそうした労働者の形成は多様な社会領域のなかで行われうるということであり，その一つとして教育に関する議論を見逃すわけにはいかないという点にある。移行の問題は，それ自体は教育領域の議論ではあるが，こうした意味で産業・労働社会学の大きな関心事にもなるのである。

3　労働者であることと社会的役割との葛藤

労働者であることはそれ自体が独特の秩序を形成すると述べたが，それと同時に，社会成員が労働者としてのみ存在することはない。家族や友人に代表されるような社会関係のなかにある以上，あるときには労働者でありながら他の役割を担う者として振る舞わなければならない。さらに，逆に労働者であることから距離を取りたいのに取れないといった社会状況が生じることもある。

このように，ある個人が複数の社会的役割のもとにあることによって抱える葛藤は，「役割葛藤」として広く社会学のなかで議論されてきた（Merton 1957=1972）。そのなかでも労働者であることは，労働がしばしば生活時間のなかの多くを占めることによって，そしてその個人の将来的な社会的地位達成とも関わるものとして制度化されていることによって，特有の問題を引きだす。そうした議論を積み重ねてきた社会学者としてアーリー・ホックシールドがいる。ホックシールドは，育児・家事に従事しながら労働にも従事する女性を対象とした研究から，仕事時間と家族時間の葛藤を描き出した（Hochschild 1989=1990）。たとえばキャリア上のより高い地位達成を目指すならば，仕事に労力と時間を費やすことが有効となるが，これは家庭での育児や家事を行う時間を減らすことを伴う。ジェンダー構造のもとで，夫である男性もこの育児・家事負担の不平等を適切に認識していなかったり，その責任が果たされないことが女性の問題として現象してしまったりする。これは，労働者であることがもたらす葛藤であるという点で，産業・労働社会学が捉えるべき対象の一つである。

これと関連して，労働者であることからいかに距離を取ることができるかという点も，社会学として重要な問いである。社会学は，たとえ企業で働く雇用者であっても，その個人が組織成員以外の属性をもつことを無視しない。労働者であることがあくまで社会的な個人の一側面でしかないのならば，場合によって労働から降りたり，一時的に距離を取ったりするような実践も捉えるべきである。こうした実践としてはたとえば趣味に没頭したり，同じ労働でも自営業に転換してみたりすることなどが挙げられる。さらに多くの雇用労働者に認められた権利として休暇の取得がある。休暇を柔軟に取得できることは，労働者であることから距離化する余地を広げることにつながる。こうした仕方で労働者には労働者であることから距離を取る手段が様々に存在し，そうした手段がどのように用いられているのかは重要な課題である。

一方で，実際にはそうした距離化の手段を労働者が取れなくなる場合もある。それは労務管理によって生じることもあれば，労働者の生活状況により働き続けざるをえなくなることもある。新型コロナウイルス感染症のような社会全体に影響を与える現象が，労働者の労働と余暇の関係性にまで影響を与える場合もあるだろう。

このように，労働者であることは他の社会的役割との関係で様々な葛藤を引き起こす。こうした葛藤がいかにして生じるのか，労働者がそうした葛藤をどのように解消しようとしているのかを捉えることも，重要な社会学としての課題である。

4　労働現場における労働者の多面性

ここまで，労働者がどう作られるか，そしてそれが他の社会的役割とどのように葛藤するかという論点を提起したが，そもそも労働現場における労働者が一様でないことにも注意を向ける必要がある。たとえばイギリスの労働社会学の議論では1980年代ごろまで労働社会学の対象が「大企業・製造業・男性」に偏ってきたこと（Strangleman 2016）や，日本でもジェンダー視角からの労働の社会学的研究の不足（木本 2003）が指摘されてきた。こうした指摘は，労働者であるということ自体が，これもまた分析の対象とする必要性を帯びた現象であることを意味している。

労働者であることが有する多面性が明確な形で表れる例として，社会や企業組織などの変動があった際に，どのような属性の労働者なのかによってその変動の影響の現れ方が異なってくる場合がある。こうした現象は，ライフコース論における研究群を参照すると明確である。タマラ・ハレーブンは，19世紀前半に成立したアモスケグ社という織物業企業で勤務した労働者とその家族について，個人の職業経歴を再構成したデータを用いて20世紀前半に至るまで歴史的に描いている（Hareven 1982=2001）。こうした議論では，たとえば20世紀にさしかかりアモスケグ社の経営状況が悪化した際に，それをどのような人生段階で経験したかによってそれに対する意味づけが大きく異なることが明らかにされている。これは，労働者であることが他の属性との関連でまったく一様ではないことの例となっている。

本書が編まれている2021年には，新型コロナウイルス感染症という全世界を取り巻く社会変動が生じている。それが企業経営への影響を通して労働者に影響を与えていることはいうまでもないが，その影響もまた一様ではない。一般に，企業経営が芳しくない経済状況下においては，非正規雇用者に悪影響が及ぶことが多いだろう。さらに，雇用形態だけではなく，ジェンダーやエスニシティによっても影響の及び方に差異があるだろう。このような視点をもつことによって，労働者をより多面的な存在として捉えることが重要である。

労働者であることの多面性に関わるもう一つの論点は，労働者が労働現場で用いている能力を捉えることに関わる。労働者が働くことに際して発揮している能力は，国家資格などの明文化されたものから，当事者でも言語化しにくいものまで多様に存在する。重要なのは，こうした多様な能力が折り重なって行使できることで，労働者はその現場において適切な存在として振る舞えるということである。たとえばギデオン・クンダは，エンジニアを対象とした組織エスノグラフィーを通して，単にエンジニアが技術をもっているというだけではなく，組織文化に適した振る舞いを互いに行っていることを明らかにしていた（Kunda 1992=2005）。このようにして労働者が行使する能力には，その職業に特殊な能力とより一般的にみられる能力が混在しており，これらが合わさってまさにその労働者に固有なあり方がもたらされることになる。こうした意味で，労働者の能力を記述するということは単にその職業の固有性を明らかにするだけではなく，その固有性を詳細に描くことで，この社会において通用している様々な働く能力のあり方を記述することを伴うことによって，労働者を描きながらも社会の記述としての資格をもつようになるのである。

このように第2部は，「労働者」であることがもつ多様な社会的意味をそれぞれに描いた論考の集成となっている。上記で紹介した以外にも，様々な仕方で各章を結びつけて読解することが可能な構成となっているので，読者にもそれぞれに労働者の多様なあり方や，それへのアプローチの多様性に触れてもらいたい。

【引用・参考文献】

稲上毅，2005，『ポスト工業化と企業社会』ミネルヴァ書房．

河西宏祐，1981，『企業別組合の実態――「全員加入型」と「少数派型」の相剋』日本評論社．

木本喜美子，2003，『女性労働とマネジメント』勁草書房．

松島静雄，1951，『労働社会学序説』福村書店．

Braverman, Harry., 1974, *Labor and Monopoly Capital: The Degradation of Work in the Twentieth Century,* New York: Monthly Review Press.（富沢賢治訳，1978，『労働と独占資本』岩波書店．）

Durkheim, Émile, 1925, *L'Éducation Morale*, Alcan.（麻生誠・山村健訳，［1964］2010，『道徳教育論』講談社．）

Hareven, Tamara, 1982, *FamilyTime and Industrial Time: The Relationship between the Family and Work in a New England Industrial Community*, New York: Cambridge University Press.（正岡寛司監訳，2001，『家族時間と産業時間』早稲田大学出版部．）

Hochschild, Arlie, 1989, *The Second Shift: Working Parents and the Revolution at Home,* New York: Viking.（田中和子訳，1990，『セカンド・シフト 第二の勤務――アメリカ共働き革命のいま』朝日新聞社．）

Kunda, Gideon., 1992, *Engineering Culture: Control and Commitment in a High-Tech Corporation,* Philadelphia: Temple University Press.（金井壽宏監修・樫村志保訳，2005，『洗脳するマネジメント――組織文化を操作せよ』日経BP社．）

Merton, Robert, 1957, *Social Theory and Social Structure*, New York: Free Press.（森東吾訳，1972，『社会理論と社会構造』みすず書房．）

Strangleman, Tim., 2016, "The Disciplinary Career of the Sociology of Work," in Stephen Edgell, Heidi Gottfried, and Edward Granter eds., *The Sage Handbook of the Sociology of Work and Employment,* Sage, Los Angeles: 17–33.

第6章

教育システムと労働市場のリンケージ

日本の職業教育の強さに関する社会階層研究からのアプローチ

小川 和孝

1 本章の目的と構成

本章では，主に社会階層研究の立場から，学校教育と労働市場の結びつきに注目する。その際に，学校教育がどの程度職業に関連する知識・技能を重視しているかという，教育システムのタイプによって異なる職業達成や格差のパターンに注目するフレームワークを採用する。

これまでも日本の教育社会学や日本の雇用システムに関する研究では，職業能力をもたない学卒者を，企業が採用後に訓練するという特徴が論じられてきた。しかし，これらの研究では，日本の学校教育では職業に関する訓練の程度が弱いというときに，それは国際的にみてどのような位置にあり，またそうした特徴によって職業達成や格差のパターンにどのように影響しているのか，といった問いに十分に答えられていない。本章では，職業訓練に関する教育システムの国際比較研究のなかに，日本の制度的文脈を位置づけていくことで，教育と労働に関する社会階層研究の新たな方向性を探る。

さらに，教育システムの特徴を論じるこれまでの研究は，国家間の比較というマクロレベルの分析を行うことが多かった。しかし，国家間の比較では，ある国の中で相対的に教育と結びつきの強い職業や弱い職業があるという事実が見過ごされてしまう。こうした問題点を乗り越えるため，個人レベルのデータにおける人々の教育と職業のミクロな結びつきから，再度マクロな教育システムの特徴を捉え直すという研究が現れている。本章では，こうしたアプローチが日本社会を事例としても有望であることを示す。

2 社会階層研究における「労働」の捉え方

まず，社会学における労働を捉える視点の一つとして，社会階層研究における地位の格差と技能形成の関連について論じたい。社会階層研究は人々の社会的地位およびライフチャンスの格差の水準や，その生成要因に注目する研究分野である。より俗にいえば，「社会における上／中／下の違い」（佐藤 2000）を明らかにしようとする関心をもつ。こうした関心に基づき，たとえば大学進学における機会が，性別や人種によってどの程度に分断されているかといったことを研究してきた。

人々の社会階層を分ける基準は様々にあるものの[1)]，そのなかでも「労働」という要因はきわめて重要な役割をもっている。カルバーグとソーレンセンは労働市場について，「労働者が賃金や地位などのリターンを見返りとして労働力を交換する場」であると述べる（Kalleberg and Sørensen 1979: 351）。マルクスが産業化の初期においてすでに論じていたように，近代社会においては大半の人々は生産手段を保有しない。こうした状況の下では，人々は雇われて働き，賃金を得ることが人々の生活を左右する中心的なメカニズムとなる。すなわち，労働市場は人々のライフチャンスの格差が生まれる主要な場といえるのである。

オーソドックスな経済学によるフレームワークでは，労働力は交換可能な商品であり，労働者は自らの労働を提供することで，雇用主（企業）から賃金を見返りに取引するとみなす[2)]。そして需要が多く，供給の少ない労働ほど，その価格である賃金が高くなると論じる。特に人的資本理論（human capital theory）においては，需要・供給の水準を決める要素として，労働者の有する「技能」に注目する。これは学校・職場における訓練が知識や技能を伸ばして生産性に結びつくことで，リターンの差異が生じるというものである[3)]。そして人々の知識や技能は，経済的な価値を生み出す要素であり，また投資の対象となりうる資本としての性質を有すること

---

1) たとえば個人の学歴，職業，収入，資産などであり，それにくわえて親の学歴や職業の格差も注目される。これらの複数の基準のすべてにおいて特定の個人が必ずしも高い位置を占めるとは限らず，高学歴ではあっても収入は低いというような場合を「社会的地位の非一貫性」（今田・原 1977）としばしば呼ぶ。

2) このような見解に対して社会学的な視点からは批判もある。ゴールドソープは，単に労働力を商品としてみなし，それが労働市場において交換されているとみなすのは適切ではないと述べる（Goldthorpe 2000）。なぜならば，労働とはそれを供給する人間から物理的に切り離すことができないという特徴を有するために，本質的に社会関係を表すためである。

をベッカーは論じた（Becker 1962）。

さらにベッカーはどのような企業や産業においても価値をもつ，「一般的な技能」と，特定の企業や職業，産業においてのみ価値をもつ「特殊的な技能」を区別した。一般的な人的資本は，学校におけるアカデミックな教育，特殊的な人的資本は学校における職業教育や，企業における実地訓練（on-the-job training: OJT）によって形成されることが想定される。技能水準の格差が労働市場における賃金格差につながることをふまえると，人々が学校や職場においてどのようにして技能を身につけ，労働市場における「労働者」となっていくかというプロセスを考えることが重要と言えるだろう。

3　教育システムと労働市場の関連性

ところでベッカーは学校・職場における訓練のどちらがある社会において優位となるかという制度的な文脈については十分に論じていない。しかし，国ごとに異なる学校教育と職業教育の制度的配置によって，労働市場におけるアウトカムには異なるパターンが生まれることが，国際比較を通じて注目されてきた（Allmendinger 1989; Blossfeld 1992; Kerckhoff 2001; Shavit and Müller eds. 1998; Wolbers 2007; Bol and van de Werfhorst 2013）。

教育システムを職業訓練の面で類型化する方法として，これまでの研究では，(1) 一般教育・職業教育の比重，(2) カリキュラムの標準化の度合い，(3) トラッキングによる生徒の階層化が重要な次元として区別されることが多い。

第一の要素である一般教育・職業教育の比重とは，理論的な学習と実践的な仕事経験をどのように組み合わせるかというものである。この次元における一方の極では，一般学校や職業学校において，訓練を受ける人々が理論的な教育のみを受ける。そして，もう一方の極には，職場において実際の問題のみを扱う純粋な OJT がある。

第二の要素であるカリキュラムの標準化とは，職業訓練が共通の基準で行われているかどうか，仕事へのアクセスが訓練を受けたという証明に基づいているかど

3）もちろん，単純に知識や技能の水準によってすべての賃金格差が説明できるわけではない。たとえば，医師のように特定の職業においては，国家試験を通じた資格の有無によって労働の供給に制限が設けられている。このように労働供給の制度的な参入障壁を分析することも，社会学的な労働市場研究の視角の一つといえるだろう（Weeden 2002）。

うかということに関係する。一方では，ドイツのように教育訓練の内容が標準化されており，訓練を受けたことの証書が特定の仕事につくための要件となる国があり，もう一方ではアメリカのように規制のないOJTが行われ，また誰が教えるのか，何を教えるのかについての一般的なガイドラインが存在しない国があるとされる。

第三の要素であるトラッキングによる生徒の階層化とは，ある教育段階における異なる教育プログラムがどの程度に存在しているかというものである。たとえば中等教育段階において一般教育・職業教育へと生徒が分化する教育制度が採用されているかどうかに注目する。

これらの要素の組み合わせによって，国ごとに異なった技能形成のレジームが存在しており（Iversen and Stephens 2008; Busemeyer 2009），若年者が安定した雇用を労働市場にて獲得できるか，出身階層がどの程度の影響を及ぼすかなどが異なるとされる。具体的には，職業教育の比重の高い国では，学校卒業から最初の重要な仕事を獲得するまでの期間が短い（Wolbers 2007）。また中等教育のトラッキングが強い国では，社会的出自が生徒の成績に与える影響が強くなる（Brunello and Checchi 2007）ことなどが知られている。これらはトレードオフの関係にあり，より強い職業教育システムを持つ国ほど，若年者の学校から仕事への移行は円滑になる一方で，出身階層による教育の不平等はより大きくなる傾向にあるとされる。

たとえばドイツは職業教育訓練に関して一つの典型例として注目されることが多い。第一の次元に関しては，一般教育と職業教育は明確に区別されており，職業学校では在籍しながら企業における徒弟的な訓練を行うデュアルシステムが広く普及しているとされる。第二の次元に関しては，職場でのOJTを通じて職業資格を得るのが一般的であり，このことによる技能の証明が特定の仕事を得るうえでの要件となることが多い。第三の次元に関しては，早期の段階で一般教育・職業教育へと生徒が分化し，その後の進路が比較的大きく方向づけられる国の一つに分類される。

4 学校から仕事への移行に関する日本社会の制度的文脈

教育システムにおける職業訓練と労働市場の関連性という点に関して，日本社会にはどのような特徴があるといえるだろうか。上述してきた欧米社会の分類に関する議論に対応させる前に，日本の制度的文脈として注目されてきた点について整理したい。

日本社会では高度経済成長期以降，学校を卒業した若年者がすぐに仕事をはじめ，国際的にも若年失業率の水準が低いという特徴を有してきたとされる（岩永 1983）。ここで機能してきたのは，教育システムにおける職業訓練が強固でないにもかかわらず，それを代替する制度・慣行の存在である。

学校から仕事への移行が円滑に行われてきた理由の一つとして，新規学卒一括採用がある。新規採用の権限が各職場における責任者ではなく，人事部が一括して権限を有するという特徴を多くの企業がもっていることで（濱口 2009），新卒者は中途採用者とは競合をしない。これに対応して，若年者は在学中に仕事を探すのが一般的という，欧米諸国では必ずしもみられない慣行を有してきた（苅谷・本田編 2010）。

また学校が生徒の求職プロセスに積極的に介在してきたことが指摘されている。苅谷（1991）によれば，高卒者の就職プロセスとして，企業は個々の生徒に直接求人を行うのではなく，学校に求人票を配布する。そして学校は主に成績に基づいた校内選抜を行うことで，各生徒に対して一つの企業を割り当てて推薦する。これは，「一人一社主義」の原則と呼ばれる。企業はどの高校にも等しく求人を行うのではなく，過去に採用実績がある高校に優先して求人枠を設定しており，「実績関係」と呼ばれるものが存在する。このような，学校と企業の継続的な関係の下では，学校推薦は生徒の能力に関する信頼できるシグナルとして企業側に働く。こうしたことで，学校では必ずしも職業に直結した知識・技能が教えられていなくとも，企業は新卒者を安定して採用してきたのである[4]。

学校段階における職業教育が弱い一方で，仕事のうえで必要な技能は個別企業における OJT によって身につけさせるという仕組みが中心となってきた。これに注目するのが，内部労働市場における長期雇用慣行に関する研究である。

企業内には様々な仕事があり，それぞれに要求される技能は異なる。こうした異なった仕事に対して外部の労働市場から人を採用するのではなく，内部で昇進させていく仕組みが内部労働市場である。内部労働市場においては長期的な雇用関係が想定され，企業特殊的な人体資本の形成が期待される（Doeringer and Piore 1971=2007）。

4）ただし，本田（2005）によれば，こうした「実績関係」の規模は，1990 年代以降は縮小してきている。また堀（2016）においても，2010 年の時点で「一定の成績や生活態度に達しないと学校推薦しない」，「生徒の希望が重なった時には校内選考する」という条件を満たすタイプの指導を行っている高校が減少していることが示されている。

内部労働市場の発達による長期雇用慣行の存在は必ずしも日本に固有ではないものの，ホワイトカラーのみならずブルーカラー労働者にまで拡がっているのが，日本に特徴的であるとされる（小池 2005）。ただし，こうした慣行は主に大企業において見られてきたものであり，また長期勤続を前提とする制度は，出産・育児によってキャリアが中断されがちな女性を排除してきたという面ももつ（野村 2007）。内部労働市場論では，待遇や昇進機会に恵まれた一次部門と，そうではない二次部門が分断されていることに注目する。日本の文脈では，もともと企業規模間の格差にこのフレームワークが適用されることが多かったのに対して，近年では不安定な非正規雇用労働の増加という問題への関心から，正規・非正規雇用間の格差に対して適用されることも多い。

以上のように日本社会の学校から仕事への移行の特徴に関しては，新卒一括採用や内部労働市場の下での企業特殊的な技能の形成といった制度の役割に対して関心が向けられてきた。しかし，次の３点において日本の制度的文脈を考慮して，教育と労働のつながりを社会階層論的に検討することが必要であると思われる。

第一に，日本の教育システムの特徴としては，学校が生徒の就職プロセスに積極的に関与するという慣行の存在などについては注目されてきたものの，それが欧米社会を中心に蓄積されてきた分類枠組みのなかではどのように位置づけられ，説明可能なのかといった点の議論は未だ不十分である。すなわち，前節でみた国際比較研究において論じられてきた，(1) 一般教育・職業教育の比重，(2) カリキュラムの標準化の度合い，(3) トラッキングによる生徒の階層化[5]という点と，人々のライフチャンスの格差との関係を論じる研究は，日本において研究の余地があるということがいえる。

第二に，社会階層研究のなかで，個人の学歴と労働市場の地位の関係を分析したものは多いが，そこで捉えられている学歴とはあくまで個人の社会経済的資源としてのものであり，教育システムの特徴という面に拡げて論じるものは少ない。

第三に，さらに近年では不安定雇用の拡大や高等教育進学率の上昇といった変化のなかで，これまでの教育システムの機能不全や，「教育の職業的意義」の再構築を

---

5) 日本の研究においては，ある教育段階において生徒が一般教育・職業教育に分化するという意味ではなく，高校段階において入学偏差値の異なる学校グループに振り分けられていくという意味で主にトラッキングという概念は注目されてきた。しかし，そのような文脈の違いが教育システムの分類や，アウトカムの異質性に与える影響などについては，やはり十分に解明されていないといえる。

問う研究もあらわれている（本田 2009; 本田編 2018）。しかし今のところそれらの議論は，学校教育における主観的な経験を人々に問うというものにやや集中しており，かつどのようなライフチャンスの格差を帰結させるかという階層論的な視点が十分でない。

5　教育システムの国際比較における日本の位置づけ

以上の問題点をふまえて，職業訓練の面からみた教育システムの分類に関する比較研究のなかで，日本の事例はどのように位置づけられるのかを検討してみたい。ここでは，ボルとヴェルフホルストが提案している，教育システムのトラッキングと職業志向性（vocational orientation）に関する，量的に国際比較可能な指標の結果を引用する（Bol and van de Werfhorst 2013）。

この方法では，トラッキングに関しては，(1) 異なる学校トラックへの分化が最初に起きる年齢，(2) 初頭・中等教育の合計カリキュラムの数のうちトラック化されたカリキュラムが占める割合，(3) 15 歳の生徒が選ぶことができるトラックの数，という三つの変数による因子分析から得点を算出している。そして，職業志向性については，(1) 職業教育の普及度（後期中等教育段階で職業教育プログラムに在籍する生徒の割合），(2) 形成されるスキルの特殊性の強さ（後期中等段階の職業教育のうち，デュアルシステムで行われる割合）という二つの次元に分けて得点を作り出している。

これらの指標による国ごとの特徴を示したのが，表 6-1 である。(1) トラッキングと (2) 職業教育の普及度については，標準化（平均が 0，標準偏差が 1）された値が示されており，日本はどちらの値も負である。すなわち，日本の教育システムは国際

表 6-1　教育システムの分類に関する指標

	(1) トラッキング	(2) 職業教育の普及度	(3) スキルの特殊性（デュアルシステム）
日本	-0.48	-0.73	0.00
アメリカ	-1.31	-1.84	0.00
イギリス	-1.08	0.47	0.00
ドイツ	1.79	0.89	45.00
フランス	-0.48	0.39	11.30
オランダ	0.97	1.26	20.00
スウェーデン	-1.06	0.69	0.00

Bol and van de Werfhorst（2013）の Table 1 より一部の結果を抜粋

的に見て一般教育・職業教育の分化の程度は弱く，かつ後期中等教育段階で職業教育を受ける生徒の割合は低い方に位置する。また，(3) スキルの特殊性とは後期中等教育段階においてデュアルシステムで行われる職業教育の割合（%）であり，日本はこの値が0である。すなわち，密度の高い職業教育システムの典型であるデュアルシステムが，日本ではまったく行われていない。以上の指標より，日本の教育システムはこうした量的指標でみる限り，強い職業訓練は行われていないことがわかる。

次に，こうした教育システムの違いがもたらすアウトカムに関して，日本の位置づけはどうだろうか。表6-2はボルとヴェルフホルストが示した，複数のアウトカム指標のうち，いくつかを抜粋したものである。第一に，成人人口に対する若年人口の失業比である。この値は大きいほど，若年者が学校卒業後すぐに仕事をみつけるのが難しいことの目安となる。第二に，職業に対する教育の効果の強さである。これは，職業の地位の高さを示す量的指標の一つである「国際社会経済指標」（International Socio-Economic Index: ISEI）と呼ばれるもの（Ganzeboom et al. 1992）に対する，教育年数の効果を表している。この値の大きさは，より長期の教育を受けることと，労働市場における地位達成の関連の強さを示すと理解できる。第三に，読解力の階層間格差である。これは15歳の生徒に対する国際学力調査（PISA）における，高い出身階層と低い出身階層の生徒の，平均的な読解力得点の差を示したものである。

これらのアウトカム指標に注目してみると，まず (1) 若年／成年失業比に関して，日本の値は2倍強となっており，ドイツよりは高いが，アメリカ，イギリス，スウェーデンなどとくらべて低い。(2) 職業に対する教育の効果の強さについては，教育年数が1年上がるごとに，ISEI得点が2.49上昇するという関係がある。オランダ，フランスよりは高いものの，アメリカ，イギリス，ドイツよりも低くなっている。(3)

表6-2　教育と労働市場に関するアウトカム

	(1)若年／成年失業比	(2)職業に対する教育の効果の強さ	(3)読解力の階層間格差
日本	2.10	2.49	89.89
アメリカ	2.60	2.86	123.28
イギリス	2.80	3.41	111.49
ドイツ	1.20	3.28	153.13
フランス	2.60	2.04	149.49
オランダ	2.30	1.61	103.77
スウェーデン	3.00	3.06	113.85

Bol and van de Werfhorst（2013）の Table 2 より一部の結果を抜粋

読解力の階層間格差は約 90 点であり，他の先進国と比べると非常に低い位置である。

日本における教育とそのアウトカムの結びつきは比較的弱いものの，他方で階層間の格差が小さく平等な教育システムであるということもできる。これは上述した，「職業訓練の強さによる教育と労働市場の結びつきと，機会の不平等のトレードオフ」という，ヨーロッパ社会の比較から議論されてきた関係性に，日本の教育システムもある程度当てはまるということが可能である。

上述した教育システムの類型に対応させてあらためて日本の特徴を論じるとすれば，(1) 学校と職場の関連性という点については，学校での職業教育の度合いは小さく，職場での OJT が多く行われており，両者の関連は小さい。また，(2) 職業訓練の標準化の程度については，それぞれの企業で行われる訓練の共通の基準はほとんど存在していない。(3) またトラッキングという面では，生徒が一般教育・職業教育に強固に水路づけられるという制度は存在していない，ということができるだろう。

ただし，表 6-2 における若年／成年失業比も，職業に対する教育の効果も，日本の値は中程度であり，表 6-1 でみたような職業志向が非常に弱いという特徴からは，完全に予測されるわけではない。既存研究で提案されている分類が日本の事例を理解するうえで十分でないとすれば，具体的にはどのような点だろうか。

ブーゼマイヤーは，職業教育・訓練において重視されている特殊的な技能という概念について批判的に検討している（Busemeyer 2009）。企業が長期的な雇用関係を重視する社会においては，特殊的な技能への投資が発達すると理論的には想定されてきたものの，すでに論じたように日本社会は企業特殊的な技能が拡がっているとみなされているものの，教育段階における職業教育の在籍者の割合が低いという事実があり，こうした予測からは外れている。

ブーゼマイヤーはこれまでの研究が，技能の特定性を移転可能性（portability）という一次元で捉えてしまっていることを問題視している。すなわち，特定性の高い技能というものは，ある企業やある職業・産業でしか役立たないのに対して，一般性の高い技能というのは，企業，あるいは職業・産業間で移転が可能だというものである。しかし，ブーゼマイヤーは，技能の移転可能性の問題と，実際の技能の内容は区別するべきだとして，(1) 様々な技能の形成における雇用主の関与度合いと，(2)「技能の権威による証明」（authoritative certification of skills）を行うメカニズムの存在，という二つの次元を導入することを提案している。そして，例として日本においては，一企業でしか通用しないような技能が形成されているのではなく，実際には幅広い様々な技能を企業は労働者にもたらしているという。しかし，それらの技能を公的に証明するメカニズムを欠いているため，結果として労働移動が少なく，技能の移転可能性が小さいようにみえるのだという。

この分類を当てはめると，日本は企業が労働者への訓練に関与する度合いは高いものの，それらの技能を公的に証明するメカニズムを欠いているため，結果として労働移動が少なく，技能の移転可能性が小さいようにみえているのだという[6)]。

教育システムの職業志向性をレビューした研究においても，職業志向性あるいは特定性をどのように概念化するかについては一致がみられておらず，概念化の方法によって若年者の労働市場への移行の効果についてもばらつきがみられるという（Blommaert et al. 2020）。そのため，職業志向性の異なる指標を同時に取り入れた研究をさらに蓄積し，より説得性の高い定義を導き出すべきだとされている。

6 ミクロレベルで教育－職業のリンケージを捉えるアプローチ

教育システムの特徴を論じるこれまでの研究は，国家間の比較というマクロレベルの分析を行うことが多かった。すなわち，フランスは学校ベースの職業訓練が中心の社会であり，ドイツはデュアルシステムが普及した社会であるというようなものである。しかし，国家間の比較では，ある国のなかで相対的に教育と結びつきの強い職業や弱い職業があるという事実が見過ごされてしまう。日本の教育システムが職業志向ではないといっても，たとえば医者は大学における教育と，職場で求められる技能とが密接に関連している。

さらに，近年では大学進学率の上昇を一つの背景として，専攻分野の違いが労働市場におけるアウトカムにもたらす効果が注目されている（Reimer et al. 2008）。いわば「縦の学歴」のみならず，「横の学歴」が重要になってきているという関心である。しかし国を単位としたマクロレベルの分析では，専攻分野と職業の結びつきを十分に捉えることができない。

こうした問題点を乗り越えるために，個人レベルのデータにおける人々の教育と職業のミクロな結びつきを捉え，そこから再度マクロな教育システムの特徴を

6）ブーゼマイヤーは，日本の高校における学校推薦の制度については触れていない。しかし，この枠組みを用いるとすれば，日本の教育システムは技能の特定性を形成することに関しては弱いが，生徒の「訓練可能性」についての公的証明メカニズムを発達させてきたので，学校から職業へのスムーズな移行が可能になってきたといえるかもしれない。

捉え直すという研究が現れている。ディプリートらは相互情報量指数（Mutual Information Index）というものを用いて，アメリカ・ドイツ・フランスの三つの国々における学歴と職業のミクロな関連を分析している（DiPrete et al. 2017）。その結果として，たしかにドイツではこれまでいわれてきたように全般的に学歴と職業の連関が強いものの，学歴段階や専攻分野によって，そのパターンは相当に異なることが明らかにされている。

この方法に基づいて，日本のデータを使用した分析について若干紹介したい[7]。データには，「社会階層と社会移動調査」の2005年・2015年調査を使用した。まず学歴を四つの大分類（1: 中学 2: 高校 3: 短大・高専・専門 4: 大学・大学院）にグループ化し，さらに専攻分野を考慮して14の小分類に区分した。職業は学校卒業後最初の仕事（初職）について，八つの分類を用いた（1: 専門 2: 管理 3: 事務 4: 販売 5: 熟練ブルー 6: 半熟練ブルー 7: 非熟練ブルー 8: 農業）。

表6-3が分析結果の概要である。上段の「学歴大分類」とは専攻分野の区別をしない，「縦の学歴」の分類であり，下段の「学歴小分類」とは専攻分野の区別，すなわち「横の学歴」を考慮したものである。

「M指数」という列はそれぞれの学歴が職業とどの程度のつながりを持っているかを示しており，この値が大きいほど特定の職業との関連がより強いことを意味する。これをみると，たとえば高校の「職業科」や短大・高専・専門の「医療・衛生・服飾・家政」などで値が大きい。ただし，このM指数はそれぞれの学歴を保有する人々の構成割合の影響を受ける。

そのため，構成割合の影響を考慮して関連の強さを示したのが「純粋連関」という列の値である。これは0～1の値をとり，1に近いほど学歴と職業の結びつきが強いことを意味する。この値で比較をすると，まず中学で値が大きい。これは中卒の人々はブルーカラー職につく傾向が強いという特徴から来ている。高校段階では，「普通科」と「職業科」ではあまり大きさに違いがない。高校段階において一般教育と職業教育の違いは，初職との関連では明確ではないことを示唆する。また，「大学・大学院」では，「教育」と「保健・家政」の値が大きい。これらの専攻分野ではそれぞれ学校教員や医療職という職業との結びつきが，カリキュラムによる資格取得と対応していることを反映しているからだと解釈できるだろう。

この分析はサンプルサイズの関係上，職業について八つという粗い分類を採用せ

7）分析方法の詳細については，小川（2019）を参照されたい。

表 6-3　相互情報量指数を用いた学歴－初職の連関

学歴大分類		M 指数	純粋連関
中学		.029	.602
高校		.055	.134
短大・高専・専門		.016	.060
大学・大学院		.042	.151
学歴段階間の連関		.142	
学歴小分類		**M 指数**	**純粋連関**
中学		.029	.602
高校	普通科	.027	.136
	職業科	.031	.143
短大・高専・専門	教育・社会福祉	.018	.462
	人文科学・芸術・文化・教養	.005	.117
	社会科学・商業実務	.008	.270
	工業・農業	.004	.087
	医療・衛生・服飾・家政	.020	.205
大学・大学院	教育	.016	.612
	芸術・人文科学	.012	.225
	社会科学	.021	.195
	自然科学	.004	.438
	工学・農学	.016	.243
	保健・家政	.017	.786
学歴小分類を考慮した全体連関		.227	
全体連関－学歴段階間の連関		.085	
学歴小分類による寄与割合		37.4%	

ざるをえなかったものの，それでも専攻分野によって職業との関連の強さはかなり異なることがわかる。すなわち，「日本社会は一様にして職業志向の弱い教育システムである」という捉え方には問題があることがわかる。またこのアプローチの特徴として，学歴と職業の全体の結びつきを，「学歴段階間」と「学歴段階内」に分解することができるという利点がある。これによって学歴段階内の寄与割合を計算したところ 37.4%という値が得られた。これは学歴と職業の結びつきのうち，4 割弱が専攻分野の違いによって説明できるということを意味する。すなわち，「横の学歴」が無視できないほどの規模を占めているということである。

7　結　　論

本章では，人々が労働市場において仕事を得るプロセスのなかで，教育システムのもつ役割について注目した。具体的には，職業訓練という面から教育システムを分類するという，国際比較研究において蓄積されてきたフレームワークを導入した。それを適用すると，日本は教育とそのアウトカムの結びつきは比較的弱いものの，他方で階層間の格差が小さく相対的に平等な教育システムであるというように位置づけられることを確認した。しかし，企業特殊的な技能の形成という日本の特徴に関して，既存の教育システムの指標では十分に捉えきれておらず，特殊的な技能と「技能の移転可能性」と区別する必要性が指摘されていることをみた。そして，「日本社会は一様にして職業志向の弱い教育システムである」と捉えることは問題であり，専攻分野を区別して学歴と職業の連関をミクロレベルで捉えるアプローチの意義を示した。

本章の貢献としては，日本社会における技能形成の問題について，より広い視点から捉えることを可能にしたことが挙げられる。これまでの教育社会学の分野では学校から就職への移行過程に注目し，日本的雇用システム研究の分野では企業内での OJT に注目する傾向があった。教育システムとしてどの程度に職業訓練を重視しているかという視点を入れたことで，両者を架橋して，さらにライフチャンスの格差についてもより論じやすくなったと考えられる。

また本章では十分に論じきれなかったものの，雇用の流動化が進む中で不安定な非正規雇用労働に就く若年者は，この 20 ～ 30 年の間に大きく増加した。他方で高等教育を受ける人々の数は一貫して増加してきており，高い学歴を持っても安定した仕事に就けない人々も増えている。そのため，学校教育が「労働者」になることに対してもつ役割がますます問われるようになってきているといえるだろう。これまでみたように，教育システムと労働市場のアウトカムの間には一定のトレードオフが存在し，どの社会も若年者の労働市場への移行に関して完全に成功しているということはない。しかし，ある社会の現状を相対化し，よりよい教育システムのあり方を探っていくうえでの手がかりとしては，本章で示した国際比較のフレームワークはある程度有効ではないかと考えられる。

【謝　辞】

データの使用にあたっては，2015 年 SSM 調査データ管理委員会の許可を得た。

【引用・参考文献】

今田高俊・原純輔，1977，「現代日本の階層構造――地位の一貫性と非一貫性」『現代社

会学 第 4 巻第 2 号』講談社，pp.59–114.
岩永雅也，1983,「若年労働市場の組織化と学校」『教育社会学研究』38: 134–45.
小川和孝，2019,「相互情報量指標を用いた学歴と職業のミクロ連関分析」『日本教育社会学会大会発表要旨集録』71: 202–203.
苅谷剛彦，1991,『学校・職業・選抜の社会学：高卒就職の日本的メカニズム』東京大学出版会.
苅谷剛彦・本田由紀編，2010,『大卒就職の社会学――データからみる変化』東京大学出版会.
小池和男，2005,『仕事の経済学 第 3 版』東洋経済新報社.
佐藤俊樹，2000,『不平等社会日本――さよなら総中流』中央公論新社.
野村正實，2007,『日本的雇用慣行――全体像構築の試み』ミネルヴァ書房.
濱口桂一郎，2009,『新しい労働社会――雇用システムの再構築へ』岩波書店.
堀有喜衣，2016,『高校就職指導の社会学――「日本型」移行を再考する』勁草書房.
本田由紀，2005,『若者と仕事――「学校経由の就職」を超えて』東京大学出版会.
本田由紀，2009,『教育の職業的意義――若者，学校，社会をつなぐ』筑摩書房.
本田由紀編，2018,『文系大学教育は仕事の役に立つのか――職業的レリバンスの検討』ナカニシヤ出版.
Allmendinger, Jutta, 1989, "Educational Systems and Labor Market Outcomes," *European Sociological Review,* 5(3): 231–250.
Becker, Gary S., 1962, "Investment in Human Capital: A Theoretical Analysis," *Journal of Political Economy,* 70(5:2): 9–49.
Blommaert, Lieselotte, Ardita Muja, Maurice Gesthuizen, and Maarten H. J. Wolbers, 2020, "The Vocational Specificity of Educational Systems and Youth Labour Market Integration: A Literature Review and Meta-Analysis," *European Sociological Review,* 36(5): 720–740.
Blossfeld, Hans-Peter, 1992, "Is the German Dual System a Model for a Modern Vocational Training System?" *International Journal of Comparative Sociology,* 33(3/4): 168–181.
Bol, Thijs and Herman G. van de Werfhorst, 2013, "Educational Systems and the Trade-Off between Labor Market Allocation and Equality of Educational Opportunity," *Comparative Education Review,* 57(2): 285–308.
Brunello, Giorgio and Daniele Checchi, 2007, "Does School Tracking Affect Equality of Opportunity? New International Evidence," *Economic Policy,* 22(52): 782–861.
Busemeyer, Marius R., 2009. "Asset Specificity, Institutional Complementarities and the Variety of Skill Regimes in Coordinated Market Economies," *Socio-Economic Review* 7(3): 375–406.
DiPrete, Thomas A., Christina Ciocca Eller, Thijs Bol, and Herman G. van de Werfhorst, 2017, "School-to-Work Linkages in the United States, Germany, and France," *American Journal of Sociology,* 122(6): 1869–1938.
Doeringer, Peter B. and Michael J. Piore, 1971, *Internal Labor Markets and Manpower*

Analysis, Heath: Lexington.（白木三秀監訳，2007，『内部労働市場とマンパワー分析』早稲田大学出版部．）

Finegold, David and David Soskice, 1988, "The Failure of Training in Britain: Analysis and Prescription," *Oxford Review of Economic Policy,* 4(3): 21–53.

Ganzeboom, Harry B., Paul M. De Graaf, and Donald J. Treiman, 1992, "A Standard International Socio-Economic Index of Occupational Status," *Social Science Research,* 21: 1–56.

Goldthorpe, John H, 2000, *On Sociology: Numbers, Narratives, and the Integration of Research and Theory,* Oxford University Press.

Iversen, Torben and John D. Stephens, 2008, "Partisan Politics, the Welfare State, and Three Worlds of Human Capital Formation," *Comparative Political Studies,* 41 (4/5): 600–637.

Kalleberg, Arne L. and Aage B. Sørensen, 1979, "The Sociology of Labor Markets." *Annual Review of Sociology,* 5: 351–379.

Kerckhoff, Alan C., 1995, "Institutional Arrangements and Stratification Processes in Industrial Societies," *Annual Review of Sociology,* 21: 323–347.

Kerckhoff, Alan C., 2001, "Education and Social Stratification Processes in Comparative Perspective," *Sociology of Education,* 74E: 3–18.

Reimer, David, Clemens Noelke, and Aleksander Kucel, 2008, "Labor Market Effects of Field of Study in Comparative Perspective: An Analysis of 22 European Countries," *International Journal of Comparative Sociology,* 49(4/5): 233–256.

Shavit, Yossi and Walter Müller eds., 1998, *From School to Work: A Comparative Study of Educational Qualifications and Occupational Destination*, Oxford: Clarendon Press.

Weeden, Kim A., 2002, "Why Do Some Occupations Pay More than Others? Social Closure and Earnings Inequality in the United States," *American Journal of Sociology,* 108(1): 55–101.

Wolbers, Maarten H. J., 2007, "Patterns of Labour Market Entry: A Comparative Perspective on School-to-Work Transitions in 11 European Countries," *Acta Sociologica,* 50(3): 189–210.

第7章
日本的な働き方と対峙する大学生
就職活動過程の検討を通じて

妹尾 麻美

1 問われてこなかった就職活動

大学生はどのように労働市場と関わり，仕事を選択していくのか。本章は，この問題を取り扱う。多くの大学生にとって「普通」の進路とは「卒業後すぐに労働者となること」であり，それゆえに就職活動は大きなライフイベントの一つとなる。2020年，大学生に現在抱えている不安や心配について尋ねたところ「就職のこと」と回答する大学生は8割を超え，他の生活上の事柄よりその割合は高い（青少年研究会 2021）。就職が彼ら・彼女らにとって関心の高いトピックであることはいうまでもない。

だが，大学生の就職活動は雇用されるための行為であるにもかかわらず，これまで日本の産業・労働社会学の主要なトピックとして取り扱われてこなかった。その理由は，これらが労使関係や雇用管理に焦点を当ててきたことにある（小川 2013）。大学生の就職－採用の活動について論じてきたのは学歴社会論と呼ばれる教育社会学や社会階層論を背景とした研究潮流であった（竹内［1995］2016，苅谷・本田編 2010）。

そもそも，1920年代ごろに企業が高等教育出身者を雇い入れるようになったことが新卒就職－採用のはじまりといえる（大島 2012: 40–42）。第二次大戦後，中卒者や高卒者の雇い入れも行われるようになり，学校を出る前に職を決め，卒業後間を空けずに働くという「間断なき移行」（中村 2014）が成立した。加えて，学歴（高卒か，大卒か）によって就く職業（ブルーカラーか，ホワイトカラーか）に差がみられた。教育社会学や階層論などの研究者はこうした職業選抜の仕組みに関心をもち，就職について研究してきたのである（苅谷 2010）。

そのため，社会学的な研究群は就職活動を労働に関わる現象として捉えてこなかった。では，この活動を労働に関する現象として捉えるにあたり，どのような研究が参考になるだろうか。2節でライフコース研究，続けて，それと密接に関わるサラリーマンの働き方について論じた研究群を参照する。そのうえで，この問いを位置づけていく。

2 ライフコースと仕事

2-1 戦後日本型ライフコースと学歴

1990年代後半ごろから，自己分析に取り組み，選考に臨むような就職活動形態が定着してきた。では，この活動形態が定着する前に就職した大学生は働くにあたり自分のやりたいことや自らの人生について思慮することはなかったのだろうか。その必要性がないのは今から考えるとやや不思議なようにも思えるが，それにはかつて多くの人々が労働生活を含む人生の道筋，すなわち，ライフコースを共有していた／できていた点が関わっている。

戦後から1990年代前半まで，人々に共有されてきたライフコースを「戦後日本型ライフコース」と呼ぶ（岩井 2010: 194）。これは，男性は主に日本的雇用慣行に守られた社員として一つの会社で働き続ける，女性は家事・育児を主に担うといった人生の道筋を指す（小笠原 2014）。とりわけ男性の正規雇用者は長期雇用・年功序列・企業別労働組合といった日本的雇用慣行に守られていた（本書第1部イントロダクション参照）。「いい学校，いい就職」ともいわれ，どのような労働生活を送るのかその道筋を自ら形成していく必要はなかったのである。

同時期，先述の学歴社会論が進展していく。社会成員全員を上昇移動へ駆り立てていく仕組みが成立し，その弊害として受験競争が社会問題にもなっていた。高校受験から企業の昇進まで貫く上昇移動の仕組みを解明した研究に竹内洋（[1995] 2016）の『日本のメリトクラシー』が挙げられる。また，大卒労働市場の学校歴とOB・OGネットワークについて詳細に調査し，出身大学の差が企業規模の差へと変換されていくメカニズムを苅谷らの一連の研究（苅谷編 1995; 岩内ほか編 1998）が示している。これらは社会的地位の上昇移動に関心をもち，社会成員が戦後日本型ライフコースを歩むことを前提に，学歴と労働との関連を考えてきた。職業能力をもたない大学生が労働へと間断なく移行していた制度的基盤は「戦後日本型循環モデル」（本田 2014）と呼ばれている。

2-2　サラリーマンと自由

こうしたライフコースを生きる男性労働者にとって，仕事とはそもそも入社後に企業が与えてくれるものであった（田中 1980）。むろん，人々がこの生き方に疑問をもたなかったわけではない。1980 年代から 1990 年代前半，サラリーマン生活が会社組織に個人の一生が従属させられる非人間的なシステムだと批判する議論も多かった（高原 2009: 14）。高原（2009: 14）は，サラリーマン生活を日本がこれまで理想としてきた「安定」と位置づけ「自由」を対置させる。安定とはかつての正社員や公務員のように組織に属しつつ年功的な昇給を当てにするような働き方であり，自由とは組織に束縛されず，個人の競争力を頼りにするような働き方を指す。1990 年前半には，政策的にも安定とされる戦後日本型ライフコース以外の生き方が模索されていた（経済企画庁国民生活局 1991）。

だが，その後の経済悪化とともに，企業外で目指される自由な働き方は不安定な雇用と直結した。ここで模索されていた自由な働き方は，当時十分に認識されていなかったものの，既存の安定（大企業など）に寄生するものでもあった（高原 2009: 176）。不景気によって起業や自由な働き方といったビジョンは消え（高原 2009: 148），戦後日本型ライフコースさえも部分的に崩していくことになる。日本経営者団体連盟は「新時代の日本的経営」を打ち出し，長期雇用の社員を縮小させる方向へと進む（新・日本的経営システム等研究プロジェクト 1995）。1998 年に日本型エンプロイアビリティといった概念も打ち出され，労働者が企業内で自律的に強みを発揮し，解決策を導出するような働き方へ変化してきた（日本経営者団体連盟 1999）。

こうした流れを受けて，学術的にも労働市場で要求される能力の変化が指摘されるようになる。たとえば，本田（2005）は産業構造の変化によって，経済界に求められる能力が学歴から生きる力へ変化してきたという。心理学者の溝上（2014）は自身の目標を起点に大人へと移行していく必要を提示している。ライフコースの個人化とともに，自らの人格や心理的資源が労働生活や社会生活に求められるようになるといった議論がなされてきた。

このころから，就職活動の現場でもこの変化を反映するような慣習が定着する。それが自己分析である。就職の際，自己の過去・現在・未来を想定して，やりたいことや夢につなげる論理が流通していった（牧野 2012）。就職情報誌の論理を詳細に検討した福井（2016: 143）は仕事からの自由と仕事への自由という用法を以下のように示す。仕事からの自由は「非経済的報酬を仕事の外で得ること」，仕事への自由は「それを仕事の中で得ること」と定義される（福井 2016: 143）。仕事からの自由は人間性の回復や解放を指す。しかし，それは仕事からの逃避となるため，企業での仕事を通じて人間性を回復する必要がある。就職活動において，大学生はこうした個人の欲望と企業の欲望のすり合わせ，すなわち「個人と企業の欲望の利害調整」を求められる（福井 2016: 143, 156–157）。

先行研究をふまえると，大学生は「安定しており企業の指示に従って働く」非自由なサラリーマンになることを目指す大卒就職において，企業内で「個人が自由に目的をもって働く」ことを求められるという，ともすると矛盾した働き方への対処を迫られることとなる。しかし，先行研究はこの慣習を社会変動の反映と位置づけて論じているため，大学生の活動それ自体を捨象してきた。1 節で述べたように，就職活動は産業・労働社会学の議論においても扱われてこなかったため，この活動はどちらの問題関心からも見落とされてきたのである。だが，そもそも就職活動をする大学生は企業内で達成したい目標や夢をもっているのだろうか。「大学生はどのように労働市場と関わり，仕事を選択していくのか」という本章の問いは，この状況に彼らがどのように対処しているのかという問いに置き換えることができる。これに答えることにより，この場で流通する論理を拙速に産業構造の変化と結びつけるのではなく，大学生がサラリーマンと自らの非経済的な報酬を結びつける論理を描き出すことができる。そのため，以下 3 節で述べるように，彼らの活動過程を追い，彼らの「状況の定義」を示すこととする。

3 状況の定義という視座

就職活動において，この状況に大学生がどのように対処するのかを明らかにするため，ここでは男子大学生 2 名の聞き取り調査データを用いて議論を進めたい。表 7-1 に詳細を挙げた。なお，個人情報保護のため論旨に影響を及ぼさない限りにおいて語りの一部に変更を加えてある。

ここで，調査方法について述べておく。筆者は 2011 年から 2015 年にかけて就職活動過程の大学生に対し，機縁法でサンプリングを行い，経時的な聞き取り調査を実施してきた。就職活動開始時期からひとまずの進路確定まで複数回の調査を実施できたのは 19 名（男子 9 名，女子 10 名）である。経時的な聞き取り調査を実施したのは，就職活動の結果に応じて語りも変わることが容易に予想されたためである。対象者の人生を左右しかねないライフイベントと並走して調査を実施する場合，様々な心理的変化が語られる。とりわけ，1 対 1 のデプスインタビューにおいて語られ

表 7-1　取り上げる対象者の詳細（筆者作成）

	説明会	ES の提出	面接企業数	内定数	入社を決めた企業
西村	15 社もいっていない	10 社も出していない→ 8 社	6 社	1 社	Z 社
池下	30 社くらい	10 社も出していない	6 社程度	2 社	不明

ている内容がどの程度他の大学生にも認識されうる事象なのか判断しづらい場面が生じた。加えて，筆者と調査対象者の関係性が語りの質に影響を及ぼすことが懸念された。これらをふまえて，2013 年以降はグループインタビューも並行して実施した。この調査データのなかから，上位私立大学の男子大学生 2 名のグループインタビューのデータを取り上げる。その理由は，男子・上位私立大学・人文社会科学系という特性が「標準的な就職活動」（濱中 2007）を歩む典型と見なせることにある[1]。

本章は行為者の「状況の定義」を理解する方針を掲げたトマスの公理を参照し，彼らの語りの意味づけをみていくという方針をとる[2]。状況の定義とは「もし人が状況を真実だと定義すれば，その状況は結果においても真実である」（Thomas and Thomas [1928] 1970: 572）と定義されている。人の行為を理解するには，とりもなおさず行為者自身の状況の定義を理解しなければならないという指摘である。この概念は，その後，マートン（1957=1961: 383）によってトマスの公理として定式化されている。この状況の定義という視座は，彼らの社会的位置を重要なものとみなすのではなく，むしろ彼ら自身がその活動をどのように意味づけているのかに着目するものである。こうした視座を採用することにより，就職活動においてなされる選択がその場その場の状況に応じて彼ら自身の選択として語られ，説明されるものとみることが可能になる。そのため，彼らの語りが「平均」を示していると本章は

1）男子・人文社会科学系・上位私立大学という特性をもつ対象者は 3 名いる。このうち 1 名は西村さんとほぼ同様の論理で語られたため，紙幅の都合上割愛した。女子大学生の就職活動過程については妹尾（2019）で詳細を論じている。2000 年代以降，女子大学生の職業選択は「自分らしさ」と結び付けられ，ライフコースも各個人の選択と考えられるようになった。一方，女子に対し就職活動過程で将来の家庭と子育てを見据えた選択を水路づけてしまう状況もある（妹尾 2019）。この知見から，男子には家庭や子育てに関する言及が少なく「人生において労働へ専念すべき」といった語りがみられると推測できる。そこで，本研究は男子大学生を研究対象とする。

2）小川（2013: 2）は労働市場の社会学の必要性を提起し，各個人や集団の状況の定義と労働市場への関わりを課題として挙げている。本章はこうした試みでもある。

考えていない。ただし，他の学生も彼らと同様の論理で自身の経験を理解している可能性はある。

むろん，ここでの語りは採用面接のときに用いる「方便」や調査という場面において筆者に通じるであろう「建前」ともいえるのかもしれない。しかし，方便や建前としてでさえ彼らは面接官ではない筆者にも通じる論理で語っている。典型的な語り方が存在することは先行研究（牧野 2012; 福井 2016）からもすでに明らかである。ゆえに，本章は典型的で代表的な語りを析出することを目指すのではなく，方便や建前であったとしてもどのような語彙が説得的なものとして筆者に説明されているのかを示すこととなる。改めて述べるならば，彼らの語りの論理を析出する作業を通じて，大卒労働市場における仕事への自由／非自由について考察することが本章の目的となる[3]。

4 大学生の就職活動過程

本節では彼らが就職活動過程でどのように自らの置かれた状況を定義し，語り，次の行為を選択していくのかを記述する。以下，就職活動前後，その過程，入社決定の順にみていく。

4-1 既定路線としての就活

さて「いい大学，いい就職」といったライフコースは戦後日本社会に生きる人々に共有されてきたが，彼ら自身はそうした展望を有しているのだろうか。就職活動前後（11 月時点）に彼らに将来に関して尋ねると，この展望はいまだ前提とされていた。

池下：親に言われた世間一般でいう，いい高校入って，いい大学入って，いい就職するっていうルートを漠然と想定して大学にきたんで（略）もう普通に漠然と就職するんだっていうことはずっと入る前からみえてたというか，以外は考えてなかった。

西村さんは日本の企業で働くことに対し「あんまり自由がないし，まだまだ年功序列みたいなところがある」「面白くなさそう」と，不自由なサラリーマン像を示す。

3）こうした分析・考察は，久木元（2003）や野辺（2011）を部分的に参考にしている。

ただし，大企業に就職することが安定と考えてはいない。西村さんは「安定志向なので，そこまで知られてなくても BtoB であったり，グローバルニッチみたいなところで強み持ってるところって絶対潰れない，みたいなところがいい」と答える。彼は製造業にぼんやりと関心を向け金融業を志望していないとしつつ，「企業側っていうのはこいつはうちの社風に合うだろうって思って採る」ため，金融業界の選考に通過した場合は「金融に向いてると判断されたのかなっていう風に感じると思う」と述べ，業種さえ企業の判断に委ねる。

池下さんも企業規模や企業名にこだわってはいない。

池下：おそらく今後成長しなさそうなところにはあまりいきたくない。

筆者：それはなぜ？

池下：え，だって，また就職するのしんどいじゃないですか。だからもう 1 回入ったら，もうそこでずっとほどほどに働ければいいかなっていうのが僕の考えなので潰れないようなところにいきたい。

彼らは強みのある企業でなければ安定は保障されておらず，企業が潰れる可能性も含めて想定している。こうした考えで彼らは活動に参入していく。

4-2　揺らぐ将来展望

活動開始後彼らの状況はどのように変わっていくのだろうか。志望企業を選定し，エントリーシートを提出し，選考に臨もうと準備している 3 月時点の語りを見ていこう。

この時期に「仕事への自由」の論理が用いられるようになる。西村さんは 11 月時点で自分に合う業種でさえ企業の判断に委ねる可能性を示し，自身の選択の理由について十分には語っていなかった。しかし，このとき製造業への企業説明会のみ参加するなど業種を絞った就職活動を行っていた。

筆者：仕事にたいしてやりがいとかは？

西村：やりがいは，僕はわりかしあるのかなって思ってる。社会に貢献ではないですけど，そのへんでやっぱり自分はなにかしたいなって思ってたんですよ。メーカーやりたいなって思って，メーカーでも BtoC と BtoB があると思うんですけど，BtoB の方はより部品であったり，製造するための機械であったり基礎の基礎っていうか初期の初期の段階のものを作っているっていう点で，俺の会社が作るこの機械がないとこの機械は作れないみたいな，そういうところで源流を担うことができるのかなっていう企業を受けてて，やりがいっていうのはそれなりにあるのかなって思ってます。BtoB なので，技術力のある会社であれば幅広い企業と取引ができるようなところを選んでて（略）そこらへんはやりがいになるのかなって考えてて，今はそんな感じですね。

筆者：もし内定が得られなかったら別の業界とかもっと幅を広げてとか，受ける会社を増やしてってことになりますか？

西村：そうですね，そこは悩んでるんですけど，でもたぶんよくないやり方だと思ってるんですよ。一つの業界に絞っていくっていうのは，外れた場合に全部落ちるって考えられるので，でもある程度自分のやりたいのはメーカーなのかなって思って，いまは一つに絞ってるんですけど。そこは悩みどころかなって思ってて。

このように西村さんは「自分のやりたいのはメーカー」と仕事に非経済的報酬を求める論理で志望業界について語る。

他方，池下さんはすでにベンチャー企業 M 社の内定を得ていた。就職活動の継続について聞くと「一応 2，3 社受けてるんですけど，わりと難易度高いので，そこじゃなかったら M 社に。めんどくさいですし」「仕事をするだけじゃなくて考えていかなきゃ，すごくたぶん大手よりも短いので，そこが一番の魅力」とその仕事に非経済的報酬を求めて入社の意思をみせる。同時に，彼は「自由度が高いほうが僕は好き」と述べ，「（他社の説明会などで）ああ無理だって思って，そういうふうなサラリーマンみたいな与えられたこと淡々とやるようなことすごく嫌なんです」と与えられた仕事をこなすサラリーマンに忌避感をもつ。

池下：なんか行ってて，全然心が動かされないんですよ。説明会とか聞いてて，楽しそうって思えるのがわりとなくて。M は M で，結構心動かされたんでいいかなって。たとえそこで心動かされたとしてもそれは業種の一部分であって，一事業であって，そこになれる可能性とか考えたら，あぁって思って。M でいいかなって。

西村：そんな割り切れない。俺は無理だわ。僕はわりかし安定志向なのでべンチャー的なのはやっぱり受けてませんし，BtoB でメーカーっていうのも技術力があって，安定性なのかなって僕は思ってるので，楽しそう〔だけ〕では僕は厳しいです。

池下さんはサラリーマンの不自由さを厭い，M 社を肯定的に捉える。しかし，M 社への入社について「保険だった」「妥協じゃんっていわれたらそうだよねって答えざるをえない」「いいのかこれでっていうのはあったりします」とも述べ，M 社への肯定と妥協の間で彼は揺らいでいる。池下さんの葛藤に対し，西村さんは「楽しそう〔だけ〕では僕は厳しい」と製造業への入社希望の背後に一貫して安定が見られる。

西村：将来像っていうか夢を聞かれるんですよ，将来の夢なんですかって。それに答えるのがしんどくて。
筆者：なんて答えてますか？　聞かれたら。
西村：僕は一回しか聞かれてないですけど，普通だったら海外にいって営業マンとして市場開拓とかいうんですけど。
池下：ありきたりだ。
西村：なんか幸せに家庭が築きたいですって〔言ったら〕笑われたんですけど，通ったからよかったんですけど，なんか漠然とした，なにか持てなかったので，そういうしかなかったですけど，そのために，家庭は築きたいのかなってのはありますね。

西村さんは安定とそれに基づくライフコース展望を背景に，製造業で働くことを引き受け「やりたい」と語るようになる。たしかに，西村さんと池下さんが描く将来展望は安定と自由という対照的なものである。だが，どちらも戦後日本型ライフコースを参照し，それぞれ仕事に「楽しい」「やりたい」を見出し自らの選択を語るようになる。

4-3　選択の肯定

西村さんは製造業 Z 社に，池下さんは上述の M 社のみならず IT 業界の N 社の内定も得た（7 月時点）。西村さんは活動を終了していたが，池下さんは継続しているという。

第1部
第2部
第3部

このとき，企業が熱意を求めていたことを西村さんは指摘する。

西村：あんまり企業研究しなかったんですよ，そしたら結構落とされて。結局，企業研究しなきゃなって思ったのは，最後のZ社だったんで，で，企業研究をすると通ったんですよ。それだけじゃないと思いますけど。だから熱意ってのは一つ見てると思います。

そのうえで「高校時代は理系だったので，ものづくりに文系だけど携われるのはBtoBだと思った」ことやZ社の製品や社員について言及するなどを熱意として例示する。

西村さんは11月にサラリーマンになることを面白くないと語っていた。しかし，3月時点で非経済的な報酬を得るものとしても仕事を定義し，ここでもその論理を貫く。彼はZ社を日本的な企業だと考えており，そこで働く将来に対し「僕はまったり。そんなに残業もなくめちゃくちゃ給料が低いわけでもなく，それなりに有給がとれて，まったりすごせばいいです。成長意欲ない」「まったりとはいったんですけど，ルーチンワークにならないように刺激のある毎日がいいな」と彼はサラリーマンとして働きいずれ家庭をもつ戦後日本型ライフコースを展望しつつ，ある程度仕事を肯定的に捉えている。こうして，西村さんは仕事を企業で指示されるものとしても，非経済的な報酬を得るものとしても捉えるようになる。

一方，池下さんは7月時点で確定しきれていないもののM社ではなくN社という以前とは異なる選択を行っていた。また，彼は自由度が高い点でM社を肯定していたにもかかわらず，その意見を取り下げている。筆者が入社について尋ねると以下のように返す。

池下：M〔社に入社する可能性は〕わりと低い。
筆者：それはなんでそういう，今の。
池下：なんというか，なんでって聞かれたら，うまく説明できないですけど，やっぱりそこにいってどうなるかがすごくわからないっていうのは大きい。その，一応N社の方いけばどういう人生を歩むっていうのがだいたい見えてくるんですけど，Mに関しては全くの未知数なので，なによりも社長がもう歳だから5年くらいしたら死んでしまうしどうなんだろう死んだらっていうのがだいぶあって，どうなるかわからないので，よっぽどのことがない限りいかないかなって。

筆者：前に話を聞いたときは結構自由度の，それこそ，なんでもできるような会社でもいいっておっしゃってたと思うんですけど，N 社もなんでもできるかなと？

池下：IT の技術は手に入るので，ま，それあれば，なんとかはなるかなって感じです。

池下さんはN 社の選択について「うまく説明できない」といいつつ，M 社の将来が不透明であることを理由としている。さらに「別に会社内で自由度が高いことを求めないでいいんじゃないのかなって」と自らの過去の主張を覆す。

この変化について尋ねると，池下さんは「いきたいってよりもめんどくさい」と結論づけたことを示す（下線部は筆者強調）。

池下：M 受かって悩んでるときに，だいたい選考いかなかったんで（全部とんだ）。

筆者：そのときはM 行く気やったってことですかね？

池下：M って妥協というか，もうめんどくさいし，ここでいいんじゃないのかなって思ってました。ただそれがいきたいってよりもめんどくさかったからここでいいんじゃないかっていう妥協の産物であったってとこは。あとで振り返って，やらなきゃいけないって決めたところで。

筆者：その２週間たったあとに就活を始めたきっかけとかってあったんですか？

池下：きっかけというか悩んだ結論が，あ，妥協の産物だからこれはよくないってかたちで結論が自分ででたので，やるかって感じで動き出したってかたちです。

さらに，同席していた西村さんとの対比で，彼は自身の熱意のなさを語る。

池下：その全力でやって決まったら，これで，これなんだってなるじゃないですか。これくらいでやってこれだから，これでいいのかなってのがずっとくすぶってるみたいな形の，みたいな形の，残り火があるみたいな。

西村：パッションい出せばいいじゃん。

池下：いやだ，めんどくさい。

池下さんは3月時点ではM社について「楽しい」「心動かされた」と語っていたが，のちに自身の選択を「いきたい」よりも「めんどくさい」「妥協」と結論づけ，中断していた就職活動を再開した。そして，彼は自由度の低さを引き受ける選択をする。だが，「熱い思いを決め」ることなく就職活動を続けるのである。

ここまで西村さんと池下さんの活動過程を追い，調整の論理を示してきた。西村さんは安定志向や社会への貢献から製造業に定めて仕事への自由を語る。彼は仕事を，安定したライフコースを得るものとしても，非経済的な報酬を得るものとしても捉える。

他方，池下さんを見ると各回でその語りは異なる。改めて，彼の選択がいかなる論理で示されているのか3月と7月の状況の定義（池下さんの状況と仕事に対する主観的な意味）をみてみよう。3月時点で，彼は「心動かされた」「自由」を理由にM社を肯定する。そのため，彼が異なる選択をするとき，かつて自分が語った選択の論理を用いて「より心動かされた」と述べるか，その論理自体を「否定」する必要が生じる。実際，7月時点で筆者もM社に入社しない理由を求めている。このとき，「わからない」といいつつ「どういう人生を歩むっていうのがだいたい見えてくる」と述べ，彼が長期的な展望を優先したことはわかる。むろん，ここには周囲や親の反応もあったのかもしれない。池下さんはN社の内定を得たあと，忌避していたサラリーマン的な働き方を一部受け止めている。ただし「これでいいのかな」と就職活動を続けてもいる。西村さんのように安定志向を資源に自由を語ることができれば矛盾は生じない。しかし，池下さんのように自らの選択を妥協と定義した場合，次の選択の理由をかつての選択よりも説得的に語らねばならなくなっていく。なぜなら①自分自身がその論理を用いて過去の選択を説明したから②現状も複数の選択肢が目の前にあり，選択の理由を自分にも他人にも説得的に述べる必要が生じるからである。

つまるところ，複数の選択肢が示される過程で他によい選択があるのではないかと考え，個人と企業との調整がより難しくなっていく。就職活動過程で，以前に自身が語ったものにもまして新たに選んだ企業への説得的な理由を語らねばならないという論理展開が生じる。そして，ときにサラリーマンを否定していた以前の説明を覆して，現在の選択への説明を成り立たせることになる。

5 「サラリーマン」になること

本章は大学生がどのように労働市場と関わり，仕事を選択していくのかを示してきた。とりわけ，就職活動過程における仕事への自由／非自由への対処について検討してきた。

現在行われている就職－採用活動は直接応募制をとっており，企業を自由に選ぶことができる。しかし企業を選ぶ自由だけが与えられ，就職活動過程でサラリーマン以外の働き方が十分に示されないまま，その選択について彼らは考えなければならない。そのため，彼らは戦後日本型ライフコースを参照することになる。そして，調整がうまくいけば西村さんにみたように，戦後日本型ライフコースへの展望を崩すことなく入社していく。ここには，すでに高原（2009）が10年前に指摘していたにもかかわらず，続く10年も生活保障との兼ね合いでオルタナティヴが登場しなかったことも大きいだろう。池下さんのように調整がうまくいかなかった場合も，なんらかの選択を行わねばならず，それを自他に納得できるものとして語る必要が生じてくる。

ここまで，大学生がその時々の就職活動状況に応じてサラリーマンになることに自由／不自由を見出し，引き受けていくことを本章は確認してきた。労働市場における需要供給過程で仕事に非報酬的なものを求める論理（牧野2012; 福井2016）は，熱意を企業に示すためのシグナリングとして用いられている。しかし，彼らは単に自由を追い求めているわけはない。彼らは企業が想定するライフコースを一つの資源として，それに逸脱しない程度に仕事への自由を語るようになり，ときに仕事への自由とサラリーマンとしての安定を両立させる。ただし，活動状況によっては，つじつまのあう説明に困難が生じる。

このことから，現在の就職活動は求職者が選んだ仕事を説得的に語って移行するため企業側にとって社会化としての機能を有する一方，その理由の語り難さから市場の需給に短期間で求職者が対応する不安定な側面を有するとも指摘できる。結局のところ，この過程で求職者に求められる作法は先行研究が指摘してきた「非経済的な報酬」として仕事を語ることではなく，自分自身で日本的雇用を選びとり，その一方で流動的な市場に個人で対処するといった現在のサラリーマンに必要とされる二枚舌を持ち合わせた態度だといえる。このことは，20世紀のように戦後日本

4）このことは本書が掲げる人間溯及的アプローチの一つともいえる。

型ライフコースを前提にした産業間や企業規模間の差異に着目するこれまでの社会学的研究だけも，企業への適応を心理学的に議論するだけでも十分に説明できない。本章は，企業のライフコース規範を一つの資源としつつ大学生が自由を語って仕事を選んでいく様子をみてきた。一例にしかすぎないが，労働者もある状況を生きる個人として規範を参照していることを視野に収める社会学的研究によってこそ，21世紀にみられる新たな労働現象への説明可能性がみえてくるかもしれない[4)]。

【付　記】

本章は筆者の博士論文『就職活動とキャリア教育の社会学――大学生からみる企業中心主義の持続と変容』5章と同じデータを使用している。

【引用・参考文献】

岩井八郎，2010，「戦後日本型ライフコースの変容」『日本版総合的社会調査共同研究拠点研究論文集』10: 193–204.
岩内亮一・苅谷剛彦・平沢和司編，1998，『大学から職業へⅡ』広島大学大学教育研究センター.
大島真夫，2012，『大学就職部にできること』勁草書房.
小笠原祐子，2014，「ライフコースの社会学再考: ライフサイクル視点再導入の検討」日本大学経済学部編『研究紀要　一般教育・外国語・保健体育』75: 139–153.
小川慎一，2013，「日本における労働市場の社会学の展開――労働移動の研究を中心に」『横浜経営研究』34(1): 1–19.
苅谷剛彦編，1995，『大学から職業へ――大学生の就職活動と格差形成に関する調査研究』広島大学大学教育研究センター.
苅谷剛彦・本田由紀編，2010，『大卒就職の社会学』東京大学出版会.
苅谷剛彦，2010，「序章 大卒就職の何が問題なのか」苅谷剛彦・本田由紀編『大卒就職の社会学』東京大学出版会，pp.1–26.
久木元真吾，2003，「「やりたいこと」という論理――フリーターの語りとその意図せざる帰結」『ソシオロジ』48(2): 73–89.
経済企画庁国民生活局，1991，『個人生活優先社会をめざして』.
新・日本的経営システム等研究プロジェクト，1995，『新時代の「日本的経営」』日本経営者団体連盟.
青少年研究会，2021，「大学生調査単純集計」〈http://jysg.jp/img/20211101.pdf（2022年2月14日取得)〉
妹尾麻美，2019，「就職活動過程における女子大学生のライフコース展望」『年報教育の境界』16: 1–25.
高原基彰，2009，『現代日本の転機――「自由」と「安定」のジレンマ』NHK出版.
竹内洋，[1995]2016，『日本のメリトクラシー』東京大学出版会.

田中博秀，1980，『日本雇用論』日本労働協会.

中村高康，2014，「日本社会における「間断のない移行」の特質と現状」溝上慎一・松下佳代編『高校・大学から仕事へのトランジッション』ナカニシヤ出版，pp.43–61.

日本経営者団体連盟，1999，『エンプロイヤビリティの確立をめざして——「従業員自律・企業支援型」の人材育成を 日経連教育特別委員会・エンプロイヤビリティ検討委員会報告』.

野辺陽子，2011，「実親の存在をめぐる養子のアイデンティティ管理」『年報社会学論集』24: 168–179.

濱中義隆，2007，「現代大学生の就職活動プロセス」小杉礼子編『大学生の就職とキャリア』勁草書房，pp.17–49.

福井康貴，2016，『歴史のなかの大卒労働市場——就職・採用の経済社会学』勁草書房.

本田由紀 ，2005，『多元化する「能力」と日本社会——ハイパー・メリトクラシー化のなかで』NTT 出版.

本田由紀，2014，『社会を結びなおす』岩波ブックレット.

マートン, ロバート K.／森東吾・森好夫・金沢実・中島竜太郎訳，1961,『社会理論と社会構造』みすず書房.

牧野智和，2012，『自己啓発の時代』勁草書房.

溝上慎一，2014，「学校から仕事へのトランジッションとは」溝上慎一・松下佳代編『高校・大学から仕事へのトランジッション』ナカニシヤ出版，pp.1–39.

Thomas, William I. and Dorothy S. Thomas, [1928]1970, *The Child in America: Behavior Problems and Programs*, New York: Johnson Reprint.

第8章

不妊治療と仕事の両立の葛藤をめぐる計量テキスト分析

職種の違いに着目して

寺澤 さやか

1 不妊治療という盲点

本章では，女性のキャリアと家族形成との間で，新たな葛藤の一つとして顕在化している「不妊治療と仕事の両立」をテーマに，両立をめぐる葛藤について検討することを目的とする。

女性の労働に関する重要な法律として，1986年施行の男女雇用機会均等法，1992年施行の育児休業法，2016年施行の女性活躍推進法という三つが挙げられる。

これらの法律によって，労働市場において女性が性別によって差別されることなく，仕事と家庭を両立することができ，両立できるだけではなく活躍できることが目指されてきたといえる[1)]。そして，日本の両立支援政策は，他国と比較して遜色ないことが指摘されている（濱口 2021）。

それにもかかわらず，日本の労働市場におけるジェンダー格差はいまだ大きい（1章参照）[2)]。特に，女性の年齢別の労働力率が「M字カーブ」を描くという特徴は，かつては多くの先進国でみられたが，現在は日本と韓国以外の国ではみられない特徴である。日本では，近年の調査において，結婚で約19%，第一子出産で約47%が退職していることが明らかにされている（国立社会保障・人口問題研究所 2017）[3)]。

以上を背景として，女性の労働を扱うこれまでの研究では，主に結婚・出産が女性のキャリアに及ぼす影響に焦点が当てられ（中野 2014; 麦山 2016; 安藤編 2020），

1）この点の詳細は松浦（2017）を参照。

2）なお，筒井淳也は，均等法によって，無限定な基幹労働力の働き方が変わらないまま，女性をそれまでの男性的な働き方に引き入れたことで，女性が基幹労働力から排除される結果になったことを指摘し，「均等法のパラドックス」と表現している（筒井 2015）。

育児休業制度などの両立支援制度の効果（脇坂 2018）について検討がなされてきた。

しかしながら，女性のライフイベントとキャリア形成との関連を考えるうえで，近年看過することができないのが，「不妊治療」を行うという期間である。

日本において，不妊治療を受けるカップルの数は増加が続いている。2015 年には夫婦全体の 18.2%，子どものいない夫婦に限ると 28.2%という割合にのぼる（国立社会保障・人口問題研究所 2017）。厚生労働省が実施した調査によると，不妊治療をしたことがある，もしくは予定している労働者の割合は 14%であり，そのうち 16%が両立できずに仕事を辞め，11%は両立できずに不妊治療をやめたという実態が報告されている（厚生労働省 2018）[4]。

そして政策的にも「不妊治療と仕事の両立」に対する公的な支援が始まりつつある。たとえば，東京都では 2018 年から，「働く人のチャイルドプランサポート事業」として不妊治療休暇などを導入する企業に対し，両立支援奨励金を支給するという取り組みを始めている。

しかしながら学術研究において，不妊治療について女性のキャリア形成との関連に焦点を当てたものは限られている（乙部 2015; 寺澤 2020）[5]。「不妊」や「不妊治療」を扱う社会科学の領域の研究は，不妊の社会的構築性を指摘するもの（柘植 1999）や不妊当事者の経験をめぐる時間的な変化を扱うもの（竹田 2018），第三者が関わる生殖技術を用いる者の経験を扱うもの（由井 2015; 白井 2018）など，社会の中での「不妊治療」や「生殖技術」のあり方に焦点が当てられてきた。

すなわち，「不妊治療と仕事の両立」というテーマは，図 8-1 に示すように，「女性の就労研究」と「不妊治療の社会学的研究」のいずれにおいても，盲点であったといえよう。すなわち，女性の就労研究では「不妊治療期」は対象化されず，不妊

3）M 字カーブが解消されることで期待できる効果について，三具淳子は，①労働市場での男女の平等化，②労働力の確保，③少子化の改善，④女性の経済的自立という 4 点に整理している（三具 2015: 55–57）。また，大沢真知子らは，女性が初職を退職するのは，結婚・出産といった家庭要因（プル要因）よりも，キャリアの展望を描けないという職場要因（プッシュ要因）であることを指摘している（大沢編 2019）。

4）不妊治療と仕事の両立の実態報告としては，厚生労働省の調査意外にも，当事者団体が行ったもの（NPO 法人 Fine 2015）や，看護学の領域での調査研究（坪井ほか 2015 など）がある。

5）なお，国外の研究を概観すると，「不妊治療と仕事をいかに両立するか」という日本の問題系とは異なる。たとえばアメリカでは，不妊治療を理由とした解雇（差別）が，公民権法の ADA（障害を理由とした差別）や PDA（妊娠を理由とした差別）に抵触するか否かという議論がなされている（Percy 2009）。

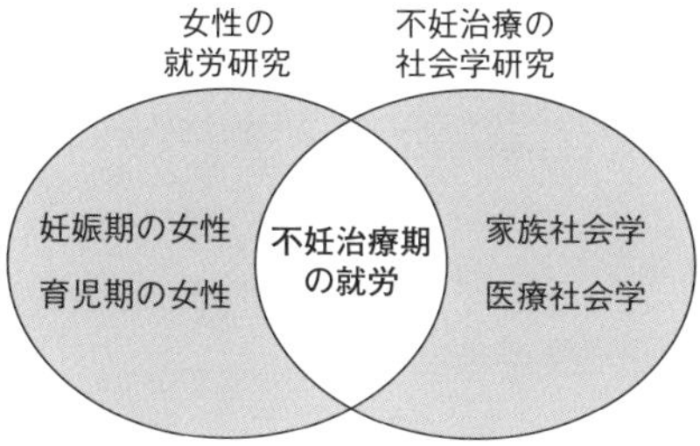

図 8-1　盲点となった「不妊期治療の就労」を扱う研究

治療の社会学的研究においては，不妊治療が女性の就労に与える影響に焦点が当てられることは限定的であった。

2　職種を問う必要性

これまで研究領域間で盲点となりがちであった「不妊治療と仕事の両立」というテーマであるが，近年は研究が始まりつつある。乙部（2015）は，不妊治療と仕事を両立した女性を対象としたインタビュー調査を行い，「医療」「社会」「家庭」という観点から，両立の条件を検討している。本章の関心に沿う知見として，職場では，上司や同僚に不妊治療について正直に話すというコミュニケーションが重要であると指摘された。

両立のために，職場で治療について開示することが重要であると指摘した乙部（2015）に対し，寺澤（2020）では，①不妊治療を開示しないのは，開示することで人事評価に悪影響があることを懸念しているためであり，企業は不妊治療を開示した社員に対する人事処遇の透明性を担保する必要があること，②従来は女性の就労継続にとってポジティブに機能すると考えられた「専門性」が，不妊治療期においてはリスクとなる可能性があるため，職種や業種の特性に焦点を当てた両立支援策を検討する必要があることを指摘した。

また，不妊治療を受ける女性の退職リスクについて計量的に分析した調査からは，大卒未満の学歴，不妊治療期間が 2 年以上，非正規雇用であること，職場でハラスメントを受けた経験があること，会社からのサポートが欠如していることが，退職リスクを高めることが明らかにされている（Imai et al. 2021）。

以上の研究からは，雇用形態や職場環境により退職リスクが異なることをふまえたうえで，その背景について，さらなる検討を行う必要性が浮かび上がる。

寺澤（2020）は，従来の女性労働研究では就労継続がしやすいとされてきた専門性を伴う仕事が退職リスクとなる可能性が指摘したが，ここでのインタビュー調査は職種を網羅的に扱っているものではない。

したがって，不妊治療期の就労継続において，職種によって異なる可能性のある葛藤の内実について明らかにすることで，仕事内容の特性に応じた，より有効な両立支援策を提示することが期待できる。

3 「不妊治療と仕事の両立」という課題の特異性

3-1 「不妊治療」の概要

本節では，「不妊治療と仕事の両立」という課題の検討に先立って，「不妊」および「不妊治療」について，必要な範囲で整理したい。不妊とは，「妊娠を望む健康な男女が避妊をしないで性交をしているにもかかわらず，一定期間妊娠しないもの」と定義され，「一定期間」について「1年というのが一般的である」とされている（日本産科婦人科学会 2018）。

医療人類学的・社会学的な研究では，「不妊」は社会的に構築されてきたことが指摘されてきた（柘植 1999 など）。この議論は，本章の目的からは外れるため，踏み込むことはしないが，「不妊治療と仕事の両立」について検討するにあたり確認しておきたいことは，先の定義に照らすならば，「不妊」であるかどうかには，「妊娠を望む」という本人（とパートナー）の意志が介在するということである。

次に，不妊治療とは，どのような「治療」であるか。不妊治療には，治療段階が存在する。一般不妊治療（タイミング法，人工授精）と呼ばれる，比較的身体への侵襲性が低い治療から始め，一般不妊治療を数周期のあいだ行って妊娠しない場合は，「体外受精」や「顕微授精」という生殖補助医療へと進むという流れが一般的である[6]。日本は現在，「体外受精」と「顕微授精」（併せて「生殖補助医療」という）の年間の総周期数が，世界でもっとも多い（de Mouzon et al., 2020）。2018 年に生殖補助医療を通じて出生した子どもは 55,499 名に上り（日本産科婦人科学会 2020），

6）なお現在，不妊治療は一部の治療にしか保険が適用されない。体外受精，顕微受精には一周期に約 30-80 万円という費用がかかる。体外受精，顕微受精には国の助成金制度が存在するが，所得制限・回数制限・年齢制限がある。ただし，2022 年 3 月現在，人工受精等の「一般不妊治療」および体外受精・顕微授精等の「生殖補助医療」について，2022 年 4 月から新たに保険適用されることが発表されている（厚生労働省 2022）。

2018年の出生児の約6%を占める。

3-2　不妊治療の特性が就労に与える影響

以上をふまえ，仕事との両立という観点から，不妊治療の特性について以下の4点を指摘しておきたい。

第一に，不妊の原因が男性にある場合や不明である場合も，主な治療の対象は女性の身体となる「生殖技術のジェンダーバイアス」（柘植 1996）が存在するということである。つまり不妊治療はカップルで行うものではあるが，通院負担は女性に偏ることになる。

第二に，いずれの治療段階においても，女性の生理周期に基づいた通院が必要になることである。前述の通り不妊治療は「一般不妊治療」から「生殖補助医療」まで，身体への侵襲性が異なるいくつかの治療段階があるが，いずれの段階でも，女性の生理周期に基づいた通院が必要となるという点は共通する。生理のタイミングは，ある程度予測することはできても，完全な予測はできない。そのため，働く女性は，生理周期と連動して（仕事の予定とは無関係に），突発的に通院することが必要となる。

第三に，不妊治療は，治療がいつまで続くかは，事前には予測が不可能であるということである。不妊治療は，行えば必ず妊娠するわけではない。たとえば，35歳の女性が一度の体外受精で妊娠する確率は約25%である（日本産科婦人科学会 2020）[7)]。仕事との両立という観点から確認しておきたいことは，不妊治療は妊娠中の「産休」や出産後の「育休」のように，期間を明確にした休暇制度によって対応がしにくい特性があるという点である。

そして第四に，「育児と仕事の両立」と比較して，不妊治療は「外部化する」ということが，少なくとも現在の医療では不可能であるということである。育児と仕事の両立については，良質な保育サービスの供給や男性の育休取得といった政策的な議論が伴う。一方で，不妊治療は女性本人の身体と分けて扱うことができず，女性本人の身体や時間を確保するほかない[8)]。

改めて整理するならば，「不妊治療と仕事の両立」というテーマは，学問領域の狭間で十分に議論がなされてこなかった。一方で，晩婚化を背景として，不妊治療を受け

7）したがって，仕事との両立という課題の有無にかかわらず，不妊治療をいつまで続けるかという個々の葛藤や判断（子のいない人生を選択する，養子縁組をするなど）が存在する（野辺 2018）。

表 8-1　クロス集計 職種×業種

	建設業	製造業	情報通信業 *1	卸売業	小売業	金融業，保険業	学術研究，専門・技術サービス業 *2	宿泊業，飲食サービス業	生活関連サービス業，娯楽業 *3	教育，学習支援業	医療，福祉	コンサルティング・広告業	マスコミ *4	サービス業 *5	公務 *6	その他	合計
管理的な仕事	4	8	11	3	7	5	3	6	2	5	12	12	3	2	2	8	93
	4.3%	8.6%	11.8%	3.2%	7.5%	5.4%	3.2%	6.5%	2.2%	5.4%	12.9%	12.9%	3.2%	2.2%	2.2%	8.6%	100.0%
専門的・技術的な仕事	20	29	32	4	9	10	33	3	16	81	267	13	20	30	18	28	613
	3.3%	4.7%	5.2%	0.7%	1.5%	1.6%	5.4%	0.5%	2.6%	13.2%	43.6%	2.1%	3.3%	4.9%	2.9%	4.6%	100.0%
事務的な仕事	24	60	39	30	17	82	9	5	10	22	59	17	8	44	56	95	577
	4.2%	10.4%	6.8%	5.2%	2.9%	14.2%	1.6%	0.9%	1.7%	3.8%	10.2%	2.9%	1.4%	7.6%	9.7%	16.5%	100.0%
営業の仕事	2	12	15	5	8	29	2	2	3	1	0	10	4	10	1	12	116
	1.7%	10.3%	12.9%	4.3%	6.9%	25.0%	1.7%	1.7%	2.6%	0.9%	0.0%	8.6%	3.4%	8.6%	0.9%	10.3%	100.0%
販売の仕事	0	1	2	0	43	0	0	7	3	1	1	0	0	10	0	1	69
	0.0%	1.4%	2.9%	0.0%	62.3%	0.0%	0.0%	10.1%	4.3%	1.4%	1.4%	0.0%	0.0%	14.5%	0.0%	1.4%	100.0%
サービスの仕事	0	1	0	1	1	7	2	27	16	6	20	2	2	29	0	10	124
	0.0%	0.8%	0.0%	0.8%	0.8%	5.6%	1.6%	21.8%	12.9%	4.8%	16.1%	1.6%	1.6%	23.4%	0.0%	8.1%	100.0%
その他	1	13	1	3	2	1	0	1	0	18	11	2	4	4	7	34	102
	1.0%	12.7%	1.0%	2.9%	2.0%	1.0%	0.0%	1.0%	0.0%	17.6%	10.8%	2.0%	3.9%	3.9%	6.9%	33.3%	100.0%
合計	51	124	100	46	87	134	49	51	50	134	370	56	41	129	84	188	1694
	3.0%	7.3%	5.9%	2.7%	5.1%	7.9%	2.9%	3.0%	3.0%	7.9%	21.8%	3.3%	2.4%	7.6%	5.0%	11.1%	100.0%

*1　マスコミ除く　*2　コンサルティング・広告業除く　*3　理容，クリーニング，旅行など
*4　新聞・出版・テレビ・ラジオ等　*5　他に分類されないもの　*6 学校・病院・福祉施設を除く

るカップルの数は増え続けている。そこで以下では,「不妊治療と仕事の両立」がいかなる葛藤かについて，質問紙調査の自由記述欄の計量テキスト分析から検討する。

4 不妊治療の経験についての計量テキスト分析

4-1 調査概要

本章では，不妊治療を扱う医療機関に通院する者を対象とした質問紙調査の自由記述欄の計量テキスト分析を行う[9]。調査参加者は，不妊治療を扱う医療機関（関東圏 8 施設，北海道 1 施設，四国 1 施設）に通院する者である。調査実施期間は 2020 年 8 月から 2021 年 1 月，有効回答数は 2,065 である[10]。本章は，女性にとっての不妊治療と仕事の両立をめぐる葛藤を分析することを目的とするため，性別を「女性」と回答した 1,998 サンプルを分析対象とする。

4-2 対象者の属性

分析に先立って，この調査のサンプル全体の特徴を示すため，サンプルの基本的な属性について以下に整理する。

はじめに，回答者の年齢を，年齢階層別にみると，もっとも多いのが 35–39 歳（36.4%）で，30–44 歳で全体の約 9 割（88.8%）を占めるという分布である。

次に，不妊治療を開始した時点で収入を伴う仕事についていた者は 90.7%である。そのうち，従業上の地位を確認すると，正規雇用が 72.8%，非正規雇用（嘱託・契約

8）代理出産という第三者が関わる生殖技術が発展しており，代理出産は不妊治療を部分的に外部化していると捉えることもできるであろう。ただし代理出産は，現在日本では法整備がなされていない。日本産科婦人科学会は，代理懐胎を認めないという見解を示している（日本産科婦人科学会 2003）。なお，第三者が関わる生殖技術を以下に社会が受容すべきか（せざるべきか）は，本章との目的からは外れるが，重要な倫理的問題である。

9）なお，本質問紙調査のデータを用いた，不妊治療を受ける女性の退職の規定要因に関する多変量解析は，別稿で準備中である（寺澤・関沢・坂本 , 未公開データ）。

10）自由記述の設問以外の主な質問項目は以下の通りである。【これまでの出産経験】お子さんの有無，これまでのお子さんについての不妊治療経験，【就労について】不妊治療開始時の就労の有無，雇用形態，業種，職種，勤続年数，企業規模，労働時間，役職，転勤の有無，職場で不妊治療を開示した相手・反応，不妊治療中の退職経験・その理由，両立支援制度の有無とその内容，制度の利用の有無，両立支援制度以外の制度の利用経験，【不妊治療について】不妊開始年月，不妊要因，経験した治療，国の助成金制度の申請，治療費総額，仕事を優先して治療を見送った経験。

表 8-2　職種ごとの自由記述の設問への回答割合

管理的な仕事	73.1%
専門・技術的な仕事	68.3%
事務的な仕事	62.6%
営業の仕事	63.2%
販売の仕事	55.1%
サービスの仕事	61.3%
その他	50.0%

社員，派遣社員，パート・アルバイト）が19.8%，それ以外（自営業，個人業務請負等）が7.3%と，正規雇用が占める割合が高い。国民生活基礎調査によると，女性の年齢階層別の正社員比率は，30–44歳の平均で52.3%である。したがって，本調査のサンプルは，従業上の地位について，正規雇用に偏りがみられる。

そして，不妊治療開始時に就労していた回答者の職種と業種をクロス集計したのが表8-1である。全体の傾向として，職種では「専門・技術的な仕事」「事務的な仕事」の割合が大きい。また，業種については，「医療，福祉」が全体の21.8%ともっとも大きな割合を占める。

それぞれの職種で，割合が多い業種は以下の通りである。「管理的な仕事」は「医療，福祉」(12.9%）と「コンサルティング，広告業」(12.9%)。専門的・技術的な仕事は「医療，福祉」(43.6%)。「事務的な仕事」は，「その他」(16.5%）に次いで「金融業，保険業」(14.2%)。「営業の仕事」も「金融業・保険業」(25.0%)。「販売の仕事」は「小売業」(62.3%)。「サービスの仕事」は「サービス業（他に分類されないもの)」(23.4%）に次いで「宿泊業・飲食サービス業」(21.8%）である。

最後に，今回分析に用いる設問（「不妊治療と仕事の両立に関するご経験やお悩みについて，なんでも自由にご記入ください」）について，以下に回答状況を整理する。女性サンプル全体（N=1,998）のうち，この設問への回答は1,227件であった。KH Coderによる総抽出語数は103,344，異なり語数は4,639，集計された文は4,178，段落は2,600である。

なお，職種別にみた回答割合は表8-2のとおりである。

4-3 計量テキスト分析

本章では，上記のテキストデータについて，計量テキスト分析を行う。計量テキスト分析とは，「計量的手法を用いてテキスト型データを整理または分析し，内容分析（content analysis）を行う方法」と定義される（樋口 2020)。なお，本章ではKH Coderを用いる。

計量テキスト分析を用いる理由は以下のとおりである。計量テキスト分析は，多変量解析で明らかにすることができる変数間の関連にはとどまらない，質的な実態と特定のカテゴリーとの関連を検討することができる。たとえば，質問紙調査の量的なデータを計量的に分析する場合，「退職経験」を被説明変数として，「雇用形態」や「勤続年数」といった説明変数との関連を明らかにすることができる。もちろん，これは「どのような属性の人が退職しやすいか」という問いを検証する基本的かつ重要な分析である。一方で，この分析から「派遣社員よりも契約社員が退職する傾向にある」ということがわかったとして，なぜ派遣社員よりも契約社員が退職するのかという理由は，この分析自体から明らかにはならない。

ここで，質問紙調査の自由回答欄の計量テキスト分析を併用することが有効となる。KH Coder を用いた計量テキスト分析は，テキスト型のデータを単に分類するというだけでなく，「外部変数」とテキストとの関連を探ることができる。つまり，前述の例であれば，「派遣社員」と「契約社員」というカテゴリーに特徴的な言葉の使われ方や，特定の言葉と同時に現れる（共起する）単語などを検証することで，なぜ特定の属性の人が退職しやすいかを探索的に検討することができる。

なお，計量テキスト分析では，「自動抽出した語を用いて，恣意的になりうる操作を極力避けつつ，データの様子を探る段階」（段階 1）と「分析者が，主体的かつ明示的にデータ中からコンセプトを取り出し，分析を深める段階」（段階 2）の二つを接合するアプローチが取られる（樋口 2020）[11]。本章でも，この二つの段階に基づいて分析を進める。

5　職種ごとの特徴

本章では，「不妊治療と仕事の両立に関するご経験やお悩みについて，なんでも自由にご記入ください」という自由記述欄の計量テキスト分析から，職種によって不妊治療と仕事の両立の困難さがどのように異なるかを検討する。

以下では，第一段階として，「頻出語」[12] と「共起ネットワーク」から全体の記述の傾向を確認したうえで，本章が着目する「職種」を外部変数として用い，それぞれの特徴を示す。

11）このアプローチの詳細については，樋口（2020）第二章を参照されたい。

12）なお，語の抽出の際は，KH Coder で抽出された 267 の複合語を強制抽出している。複合語のうち，出現頻度が多い上位 10 語を以下に列記する。「不妊治療」「治療費」「助成金」「保険適用」「不妊治療費」「不妊治療開始」「通院日」「不妊治療休暇」「休暇制度」「体外受精」

5-1　頻出語の要約

出現回数の上位にある語を確認すると（表 8-3），「不妊治療」「仕事」など，この文脈においてごく一般的な語を除くと，「職場」「理解」「通院」「休む」「会社」「上司」といった語が上位に並ぶ。ここからは，通院のために会社を休む必要があるが，職場や上司の理解を得るのが難しいという状況が記述されていることが推察される。

上記の語を用いた記述の一例として，以下の回答が確認できる。

> 仕事と妊活の両立は厳しいとよく耳にしていましたが，想像以上に過酷でした。休む日が 1 ヶ月前にわかれば，割と容易に休めますが，体外受精の場合そうはいきません。そのため 2, 3 日前に休日申請や半休申請をせざるをえません。職場の同僚にも申し訳なく，「なんであの人あんなに休んでるの？」と思われているのかな，と考えるだけでストレスを感じます。

次に，語の結びつきの強さを示す共起ネットワークを図 8-2 に示す。

共起ネットワークの語の結びつきからは，「病院に行く時間」「急に休みを取る」「退職するか続けるか」「精神的に辛い」といった語の結びつきが確認できる。

以上本節では，計量テキスト分析の第一段階として，なるべく主観を排してデータの様子を提示した。次節では，第二段階として，本章の問題意識に基づいてコーディングルールを作成し，分析を進める。

表 8-3　頻出語 50

抽出語	出現回数	抽出語	出現回数	抽出語	出現回数	抽出語	出現回数	抽出語	出現回数
不妊治療	1109	人	286	両立	200	出来る	145	今	116
仕事	1055	会社	254	子供	182	急	143	負担	116
思う	715	病院	246	考える	180	取る	142	不安	115
治療	664	多い	245	自分	170	伝える	131	調整	113
職場	399	時間	242	女性	170	お金	130	助成金	105
理解	378	難しい	242	大変	169	退職	125	場合	98
通院	307	妊娠	237	ストレス	160	必要	121	気持ち	94
休み	296	働く	213	制度	159	辞める	118	周り	94
休む	293	感じる	208	辛い	157	同僚	118	治療費	91
言う	292	上司	205	続ける	151	精神	117	環境	89

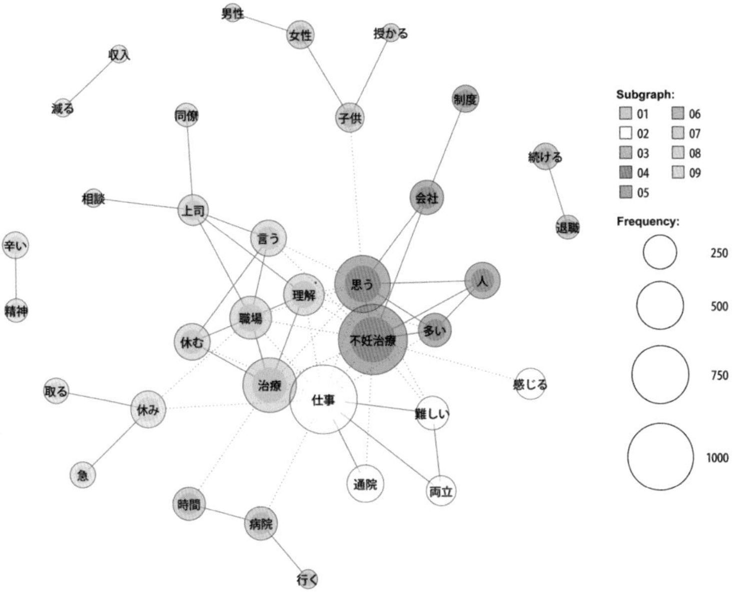

図 8-2　共起ネットワーク

5-2　コーディングルールの作成

本章では，先行研究での知見や頻出語，共起ネットワークを参照しながら，コーディングを行った。コード名とその対象語，各コードの出現頻度を示したのが表8-4 である。

では，これらのコードと「職種」は，どのような関連があるだろうか。コードと外部変数である「職種」のクロス集計をしたものが表 8-5 である。

カイ 2 乗検定の結果，職種によって「職場」「仕事を休む」「柔軟な働き方」「シフト制」「通院」「ネガティブ感情」というコードは出現頻度に有意差があり，「不妊治療と仕事の両立に関する経験や悩み」を尋ねた際の回答に，職種による傾向の違いがあることがわかる。

以下では，職種とコードの関連について，具体的な記述を参照しながら確認する。

はじめに，職種によって出現頻度の差が大きいコードが「シフト制」と「柔軟な働き方」である。

「シフト制」は，販売の仕事，サービスの仕事，専門的・技術的な仕事で出現頻度

表 8-4　コードの出現頻度

コード名	頻度	パーセント	対象語
職場	502	25.13%	上司 or 同僚 or 周囲 or 職場 or 部署 or スタッフ or 回り
仕事を休む	519	25.98%	休み or 休む or 休暇 or 有給 or 休 or 早退 or 遅刻 or 半休
柔軟な働き方	68	3.40%	フレックス or リモートワーク or テレワーク or 在宅勤務
シフト制	51	2.55%	シフト or シフト制
通院	421	21.07%	通院 or 病院 or 通う or 受診 or クリニック or 採卵日 or 移植日
罪悪感	132	6.61%	迷惑 or 申し訳 or 心苦しい
ネガティブ感情	713	35.69%	心配 or 不安 or 悩む or 大変 or 負担 or 辛い or ストレス or 精神 or 厳しい or 難しい or 諦める or あきらめる
年齢	100	5.01%	年齢 or 高齢 or 若い

表 8-5　職種とコードのクロス集計

	*職場	*仕事を休む	*柔軟な働き方	*シフト制	*通院	*罪悪感	*ネガティブ感情	*年齢	ケース数
管理的な仕事	25 (26.88%)	16 (17.20%)	1 (1.08%)	1 (1.08%)	19 (20.43%)	5 (5.38%)	38 (40.86%)	11 (11.83%)	93
専門・技術的な仕事	183 (29.76%)	182 (29.59%)	19 (3.09%)	22 (3.58%)	156 (25.37%)	51 (8.29%)	258 (41.95%)	31 (5.04%)	615
事務的な仕事	151 (26.03%)	178 (30.69%)	30 (5.17%)	4 (0.69%)	116 (20.00%)	44 (7.59%)	195 (33.62%)	25 (4.31%)	580
サービスの仕事	26 (20.97%)	29 (23.39%)	2 (1.61%)	11 (8.87%)	24 (19.35%)	11 (8.87%)	44 (35.48%)	5 (4.03%)	124
営業の仕事	25 (21.37%)	22 (18.80%)	10 (8.55%)	2 (1.71%)	24 (20.51%)	1 (0.85%)	36 (30.77%)	6 (5.13%)	117
販売の仕事	16 (23.19%)	17 (24.64%)	1 (1.45%)	5 (7.25%)	13 (18.84%)	3 (4.35%)	15 (21.74%)	1 (1.45%)	69
その他	11 (11.22%)	18 (18.37%)	0 (0.00%)	1 (1.02%)	11 (11.22%)	5 (5.10%)	25 (25.51%)	4 (4.08%)	98
合計	437 (25.77%)	462 (27.24%)	63 (3.71%)	46 (2.71%)	363 (21.40%)	120 (7.08%)	611 (36.03%)	83 (4.89%)	1696
カイ２乗値	18.951**	19.185**	19.871**	36.389**	13.141*	10.88	23.999**	12.17	

が高い。具体的な回答を確認すると，以下の記述が並ぶ。

生理のタイミングや排卵の時期によって次に病院に行く日が急に決まることも多いので，シフトの仕事をしてると上司に伝えて休みをもらったり誰かに交代してもらわなければいけないのが大変。［販売の仕事］

> 卵胞状態によって予定が変更になった際，直前にシフト交換してもらうのは，相手にも迷惑がかかると思うと言い出せる方は限定されるので，結果，急なお休みをすることになります。［サービスの仕事］

> 夜勤もある病棟勤務の看護師です。シフトは1～2ヶ月前にでます。人員もギリギリのため，不妊治療に合わせたタイミングでの休みが難しいです。そのため，夜勤前，夜勤明けに人工授精を行ったり，タイミングがずれてしまったりと，仕事との両立に難しさを感じています。［専門的・技術的な仕事］

シフト制という働き方をしている場合，突発的な通院が必要となると，仕事に穴を開けないよう代替人員を自分で探したり，仕事を優先してベストなタイミングで通院することを諦めるといった状況が確認できる。

次に，「柔軟な働き方」は，「営業の仕事」で出現頻度が高い。

> 私の場合は，個人主義の営業スタイルで成り立っている会社だったので，営業成績さえ出していれば時間はフレキシブル，且つ営業職ということもあり，2時間くらい日中いなくても誰も気に留めない環境だったからこそ，約3年続けられる事が出来たと思います。［営業の仕事］

個人で売上を上げるというタイプの営業の仕事の場合，勤務時間中も物理的・時間的に自由に動くことができ，通院自体は制度的な休暇を取得せずとも可能となりやすい。一方で，営業の仕事の記述からは，本人が顧客と接点をもつことが売上に直結するため，仕事の成果を上げるという面で葛藤を抱えやすいことがわかる。

> 幸い，営業の仕事で自分でコントロールしやすかったが，毎回通院が入りそうな期間は数日間顧客との大事な打ち合わせは避けるなど，気を遣った。［営業の仕事］

> 営業職なので，顧客接点の量がある程度必要で，売上実績が落ちやしないか，ひいては成果がでなくなり，いつか首になるのではと恐怖。［営業の仕事］

そして，「営業の仕事」に対して「事務的な仕事」は，「通院」「職場」に関するコードの出現頻度が高い。具体的な記述として，以下の記述が確認できる。

> フルタイムの正社員として働いているが突発的に休む必要があるのが職場には申し訳ない。その間のカバーを同僚にお願いするため，心苦しくなることがある。[事務的な仕事]

以上，職種によりコードの出現頻度の有意差に着目しながら，職種ごとの葛藤の違いについて確認した。「販売の仕事」「サービスの仕事」「専門的・技術的な仕事」（特に医療・福祉）の仕事は，シフト制で事前に勤務日程が決まっており，急な通院の必要性が生じた場合，「通院のために仕事に穴を開けてしまう」「仕事を優先して通院を諦める」「同僚や上司と相談して勤務交代をする」といった選択肢の中で，いずれを選ぶのも精神的に負担がかかるという状況がみてとれる。

一方で，フレキシブルな働き方をしやすい「営業の仕事」の場合，制度的な休暇を取得せずとも，営業の合間に通院することが可能な状況がある。「仕事を休む」というコードの出現頻度も，営業の仕事は他の職種と比べて低い。ただし，通院の時間を確保することで，営業の量が減り，収入や雇用が脅かされることが懸念されている。

以上では，女性本人の記述（労働者の視点）から，「不妊治療と仕事の両立」をめぐる葛藤について検討したが，この結果を経営学で近年用いられる「プレゼンティーズム」（presenteeism），「アブセンティーズム」（absenteeism）という概念を使って整理したい。

武藤（2020）の整理によると，「プレゼンティーズム」とは健康問題をもちながら出勤している状態で，2000 年頃から北欧と英国を中心に研究がなされている概念である。「プレゼンティーズム」に先立つ概念が「アブセンティーズム」であり，こちらは労働者が健康問題を抱えることで出勤することができず，仕事の責任を果たせないという状態だ。

「不妊治療」を「健康問題」と捉えるかどうかは議論の余地があるが，プレゼンティーズムの定義には，労働者の健康問題に限定せずに，その原因を広く捉えて「出勤している労働者の生産性低下」と捉える立場もあるため（武藤 2020: 27），本章でもこの概念を援用したい。

「アブセンティーズム／プレゼンティーズム」の枠組みを援用するならば，シフト制で働く労働者や，本人が休暇を取得すると同僚への負担が懸念される労働者が，突発的な通院のために仕事を休む状態を「アブセンティーズム」，フレキシブルな働き方が可能なために通院のための欠勤は必要ないが，十分に成果を出せなくなるという営業の仕事に多くみられる状態は「プレゼンティーズム」と捉えることができる。

6　女性労働研究に不妊治療を位置づける

以上本章では，「不妊治療と仕事の両立」という課題について，両立の困難さや有効な両立支援策は職種によって異なる可能性があるという指摘（寺澤 2020）を背景として，不妊治療を受ける者を対象とした質問紙調査の自由記述欄の計量テキスト分析から，職種による差異を検討した。

分析の結果をふまえ，政策的な含意と今後の課題について整理したい。

6-1　政策的な含意

前述のとおり，現在，企業が不妊治療のための休暇制度を導入する動きがある。頻繁な通院が必要な不妊治療と仕事を両立するうえで，通院のための休暇を後押しする制度は両立の基盤になると考えられる。ただし，本章の分析からは，職種によっては休暇制度の導入のみでは，両立の葛藤が解消されないことが示唆される。

なぜなら，「シフト制」という勤務形態であり，休暇を取得するには代替人員が必要な仕事内容の場合，不妊治療のための休暇制度のみが導入されても，突発的な休暇の取得自体が難しいケースも考えられる。したがって，職種によっては，休暇制度の導入と併せて，代替人員を確保しておくといったマネジメントのあり方が考えられるだろう。また一方で，外回りの営業のような柔軟な働き方ができる職種では，休暇の取得自体は必要がないケースもある。その場合は，不妊治療をしながらの仕事の能率が落ちないような別のサポートが有効であるかもしれない。

3-2 で述べたように，不妊治療はどれだけの期間が必要か事前にはわからず，産休・育休のような期限が定められた休暇制度で両立支援をしにくい。ただし，いつまで続くかわからないという性質は，介護とは共通するものである（池田 2021: 13）。

池田心豪は，「仕事と介護の両立」について，「育児と介護は違う」ということを強調し，仕事と介護の両立には，育児における育休のような「必殺技」は存在せず，多様な制度を柔軟に利用する「合わせ技」を駆使する必要があると指摘する（池田 2021: 20）[13]。不妊治療と仕事の両立も，仕事と介護の両立と同様に，休暇制度だけでなく，状況次第で多様な制度を利用できることが有効であるかもしれない。

6-2　今後の課題

大沢真知子は，高学歴女性のキャリアと結婚や家族形成との関連をみると，キャリアを積み上げている女性ほど結婚や出産の時期が遅くなる傾向があることを指摘する。そして，非婚化や晩婚化という現象の背後にある理由こそ，日本の女性労働者が抱える「統計的差別」の問題ではないかと指摘している。つまり，女性労働者は会社からの統計的差別を回避するために，長時間労働をする，育児休業から早く戻る，結婚を遅らせる，結婚しないなどのシグナルを送っており，それによって仕事へのコミットメントを示しているのである（大沢編 2019: 36）[14)]。

不妊治療の仕事の両立の葛藤を抱える女性のなかには，「統計的差別」を回避するために，出産を遅らせたケースも一定数存在するのではないだろうか。キャリアを積み上げたのちに不妊治療をすることなり，両立が叶わずに就労から撤退する構造があるとすれば，女性の選択肢が狭まるという問題だけでなく，企業は人的資本を失っていることになる。

女性のライフコースに幅広い選択肢が担保されるという観点からも，企業が人的資本を生かすという観点からも，「不妊治療と仕事の両立」というテーマの重要性は，今後ますます重要性を増すだろう。

これまで不妊治療と仕事の両立に葛藤を抱え，仕事を諦める，あるいは通院を諦めるという選択をしてきた女性は，「結婚・出産による退職」という統計上の数字で捕捉されることもなければ，「マミートラックにはまった女性」として可視化されることもないまま，仕事あるいは家族形成から退いてきた。

女性労働者の分析にあたり，これまでの産業・労働社会学は，「未婚／既婚」「子なし／子あり」というカテゴリーで女性を分類することが多かった。不妊治療をしている女性は，「妊娠・出産を目指しながらその状態には至ってはいない」という流動的な状態であり，「子なし／子あり」という二項図式では捉えることができない。

13）なお池田（2021）では，男性介護者にプレゼンティーズムが顕著であることも指摘している（池田 2021: 120–121）。

14）寺澤（2020）では，就労しながら不妊治療を受ける女性が，頻繁な欠勤が必要にもかかわらず職場に治療について開示しない理由の一つには，人事評価への悪影響があることを指摘した。これも，統計的差別を回避するために「会社へのコミットメントを示す」ための行為・選択の一つといえるだろう。

15）たとえば近年の研究では，求められるスキルのレベルが同じでも，女性比率が高い職種ほど賃金が低いことなどが明らかにされている（打越ほか 2021）。

さらに，不妊治療について開示することは統計的差別を被る可能性もあり，不可視化されやすい。それにもかかわらず，利用する者が増加を続ける不妊治療は，女性労働者の就労継続やキャリア形成を大きく左右するライフイベントである。

今後の産業・労働社会学は，この流動的で不可視化されやすい「不妊治療を受ける女性」というカテゴリーを，どのように捉えることができるだろうか。本章では，不妊治療を受ける女性を対象とした質問紙調査の計量テキスト分析から，「不妊治療と仕事の両立」をめぐる葛藤が職種によっていかに異なるかを検討した。

産業・労働社会学において，「職種」という変数は，性別職域分離の問題として議論されることが多かった[15]。したがって次なる課題として，不妊治療における両立の難しさと性別職域分離の関係性を明らかにするといった検討課題が考えられるだろう。

【謝　　辞】

本章で分析した質問紙調査の実施にあたり，昭和大学医学部 関沢明彦教授，昭和大学医学部 坂本美和講師，昭和大学江東豊洲病院 近藤哲郎准教授，加藤レディスクリニック 加藤恵一院長，田園都市レディースクリニック 河村寿宏理事長，ファティリティクリニック東京 小田原靖院長，芝公園かみやまクリニック 神山洋院長，矢内原ウィメンズクリニック 矢内原敦理事長，城南レディスクリニック品川 岩﨑信爾院長，つばきウイメンズクリニック 鍋田基生理事長，おびひろARTクリニック 真井英臣院長にご協力いただきました。記して心から感謝申し上げます。また，本調査にあたりご助力いただきました東京大学大学院新領域創成科学研究科 内丸薫教授に心から感謝申し上げます。

【付　　記】

本研究は，JSPS 科研費特別研究員奨励費（19J14335）の研究成果の一部である。

【引用・参考文献】

安藤史江編，2020，『変わろうとする組織 変わりゆく働く女性たち――学際的アプローチから見据える共幸の未来』晃洋書房.

池田心豪，2021，『仕事と介護の両立』中央経済社.

岩田正美・大沢真知子編著，2015，『なぜ女性は仕事を辞めるのか――5155 人の軌跡から読み解く』青弓社.

打越文弥・麦山亮太・小松恭子，2021，「職域分離とスキルからみる労働市場のジェンダー格差――日本版 O-NET とのマッチングデータから得られる示唆」『理論と方法』36(1): 65–82.

NPO 法人Fine, 2015,『「仕事と治療の両立についてのアンケート」結果』〈http://j-fine.jp/activity/enquate/shigoto_anke2015.pdf（2021 年 9 月 2 日取得)〉
大沢真知子，2015，『女性はなぜ活躍できないのか』東洋経済新報社.
大沢真知子編著，2019，『なぜ女性管理職は少ないのか――女性の昇進を妨げる要因を考える』青弓社.
乙部由子，2015，『不妊治療とキャリア継続』勁草書房.
厚生労働省，2018，「平成 29 年度厚生労働省 不妊治療と仕事の両立に係る諸問題についての総合的調査研究事業」〈https://www.mhlw.go.jp/file/04-Houdouhappyou-11910000-Koyoukankyoukintoukyoku-Koyoukikaikintouka/0000197931.pdf（2021 年 12 月 10 日取得)〉
厚生労働省，2022，「不妊治療に関する取組」〈https://www.mhlw.go.jp/stf/seisakunitsuite/bunya/kodomo/kodomo_kosodate/boshi-hoken/funin-01.html（2022 年 3 月 4 日取得)〉
国立社会保障・人口問題研究所，2017，『現代日本の結婚と出産――第 15 回出生動向基本調査（独身者調査ならびに夫婦調査）報告書』〈http://www.ipss.go.jp/ps-doukou/j/doukou15/NFS15_reportALL.pdf（2021 年 9 月 2 日取得)〉
三具淳子，2015，「初職継続の隘路」岩田正美・大沢真知子編著『なぜ女性は仕事を辞めるのか――5155 人の軌跡から読み解く』青弓社，pp.51–89.
白井千晶，2018，「卵子提供で母になった人の告知に関する態度と経験――縦断的インタビュー調査から」『日本生殖心理学会誌』4: 26–32.
竹田恵子，2018，『不妊，当事者の経験――日本におけるその変化 20 年』洛北出版.
柘植あずみ，1996，「「不妊治療」をめぐるフェミニズムの言説再考」江原由美子編『生殖技術とジェンダー』勁草書房，pp.219–254.
柘植あずみ，1999，『文化としての生殖技術――不妊治療にたずさわる医師の語り』松籟社.
筒井淳也，2015，『仕事と家族――日本はなぜ働きづらく，産みにくいのか』中公新書.
坪井陽子・田中満由美・中村康彦・蔵本武志，2015，「就労女性の不妊治療における困難やストレスの内容と就労と治療の調整を困難にしている要因」『母性衛生』56(2): 391–398.
寺澤さやか，2020，「不妊治療を受ける女性の職場経験――「職場に対する治療の開示」の限界に着目して」『ソシオロゴス』44: 123–140.
東京都，2018，「あなたの会社の「不妊治療と仕事を両立支援」を応援します！」〈https://www.hataraku.metro.tokyo.jp/josei/katsuyaku/childplan/（2021 年 12 月 10 日取得)〉
中野円佳，2014，『「育休世代」のジレンマ――女性活用はなぜ失敗するのか？』光文社.
日本産科婦人科学会，2003，「代理懐胎に関する見解」〈https://www.jsog.or.jp/kaiin/html/kaikoku/H15_4.html（2022 年 3 月 4 日取得)〉
日本産科婦人科学会，2018，「不妊症」〈https://www.jsog.or.jp/modules/diseases/index.php?content_id=15（2022 年 3 月 2 日取得)〉
日本産科婦人科学会，2020，「ART データブック 2018 年」〈https://www.jsog.or.jp/activity/art/2019data_202107.pdf（2021 年 12 月 10 日取得)〉

日本生殖医学会，2013，「不妊症Q&A Q8．不妊症の治療にはどんな方法があり，どのように行うのですか？」〈http://www.jsrm.or.jp/public/funinsho_qa08.html（2020 年 1 月 16 日取得）〉

野辺陽子，2018，『養子縁組の社会学――「日本人」にとって「血縁」とはなにか』新曜社.

濱口桂一郎，2021，『ジョブ型雇用社会とは何か――正社員体制の矛盾と転機』岩波書店.

樋口耕一，2020，『社会調査のための計量テキスト分析 第 2 版――内容分析の継承と発展を目指して』ナカニシヤ出版.

松浦民恵，2017，「企業における女性活躍推進の変遷――3 つの時代の教訓を次につなげる」佐藤博樹・武石恵美子編『ダイバーシティ経営と人材活用――多様な働き方を支援する企業の取り組み』東京大学出版会，pp.83–104.

麦山亮太，2016，「結婚は職業キャリアにいかなる影響を与えるのか？――無業・管理職への移動に関する男女比較分析」『家族社会学研究』28(2): 122–135.

武藤孝司，2020，「プレゼンティーイズム――これまでの研究と今後の課題」『産業医学レビュー』33(1): 25–57.

山口一男，2017，『働き方の男女不平等――理論と実証分析』日本経済新聞出版社.

由井秀樹，2015，『人工授精の近代――戦後の「家族」と医療・技術』青弓社.

脇坂明，2018，『女性労働に関する基礎的研究――女性の働き方が示す日本企業の現状と将来』日本評論社.

de Mouzon, J., G. M. Chambers, F. Zegers-Hochschild, R. Mansour, O. Ishihara, M. Banker, S. Dyer, M. Kupka, and G. D. Adamson, 2020, "International Committee for Monitoring Assisted Reproductive Technologies world report: assisted reproductive technology 2012†," *Human Reproduction*, 35(8): 1900–1913.

Imai, Yuya, Motoki Endo, Keiji Kuroda, Kiyohide Tomooka, Yuko Ikemoto, Setsuko Sato, Kiyomi Mitsui, Yuito Ueda, Gautam A Deshpande, Atsushi Tanaka, Rikikazu Sugiyama, Koji Nakagawa, Yuichi Sato, Yasushi Kuribayashi, Atsuo Itakura, Satoru Takeda, and Takeshi Tanigawa, 2021, "Risk Factors for Resignation from Work after Starting Infertility Treatment among Japanese Women: Japan-Female Employment and Mental Health in Assisted Reproductive Technology (J-FEMA) study," *Occupational & Environmental Medicine*, 78: 426–432.

Percy, E., 2009, "Hall v. Nalco Co.: Redefining Female Infertility," *Louisiana Law Review*, 70(1): 352–385.

第9章

新型コロナウイルス感染症の影響下における年休取得行動

コロナ禍で実施したアンケート調査の計量テキスト分析から

井草 剛

1 日本の年休取得

本章は，新型コロナウイルス感染症の感染拡大以降，人々の年次有給休暇（以下，年休）の取得行動がどのように変化したのか追究する。時間外労働の削減および年休の取得促進がワーク・ライフ・バランス実現のための現実的かつ本質的な課題とされている（石田 2012）。年休の取得については，労働者の健康や心身の疲労の回復，生産性の向上など多くのメリットがあることが明らかにされており，日本人の企業に対するコミットメントにも変化がみられ，この年休未取得に関していえば，「年休を取得しない」ではなく，「年休を取得できない」という認識に変わってきた。

2007 年に政府は，2020 年までの年休取得率の目標値を 70%にすることを掲げており，2019 年は 56.3%とここ数年連続で上昇し，1990 年代以降で最高であった[1]。2021 年 11 月発表の厚生労働省就労条件総合調査の結果では 56.6%となった（付与日数減少による）。年休取得日数については，10.1 日となり前年と比べて変化がなく，年休取得日数に上げ止まりの兆候がみられた（図 9-1）。

アメリカのオンライン旅行通販会社エクスペディア・グループが所有する旅行代理店のエクスペディアでは，過去 10 年以上にわたり「有給休暇の国際比較調査」を行っている。この調査によると，2020 年は世界的に年休取得日数が例年と比較して少なかった。日本では，2020 年は前年から 1 日減って 9 日という結果となった。5 年ぶりに取得日数と取得率がともに減少しており，年間の取得日数が 10 日を下回

1）2019 年の取得率の大幅な上昇は，同年の改正労働基準法の施行で年休取得が義務づけられたことが要因として挙げられる。

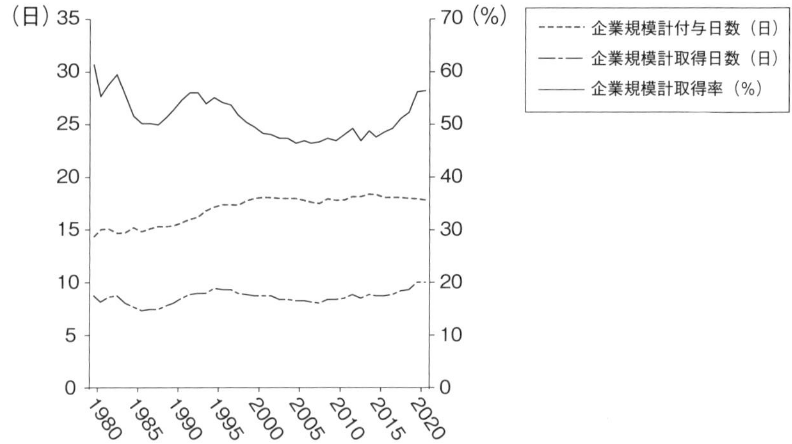

図 9-1　年休の付与日数・取得日数・取得率の推移

注（1）：対象労働者は「常用労働者」から「パートタイム労働者」を除いた労働者である。
注（2）：「付与日数」には，繰越日数を含まない。
注（3）：「取得率」は，全取得日数／全付与日数× 100（%）である。
資料出所：1999 年までは労働省「賃金労働時間制度等総合調査」各年次，2000 年からは
厚生労働省「就労条件総合調査」より筆者作成。

るのは 2013 年以来となる[2]。年休を取得しない最も多い理由は，世界的には「新型コロナウイルスの影響でどこにも旅行できない」であり，取得日数の低下に大きく影響を与えていることがわかった。一方，日本では「緊急時のために取っておく」と回答した人が最も多く，次に多い「人手不足など仕事の都合上難しい」とあわせて，昨年と同様の結果だった（エクスペディア 2021）。

2　コロナ禍で年休を残す理由

2020 年のデータを見ると，世界各国の年休取得日数は，マレーシア，オーストラリ

2) アンケート調査の概要は，サンプルサイズが 9200 で 16 の地域（日本，アメリカ，カナダ，メキシコ，フランス，ドイツ，イタリア，イギリス，オーストラリア，ニュージーランド，香港，マレーシア，シンガポール，韓国，タイ，台湾）を対象に，2020 年 11 月 18 日～ 12 月 9 日に調査を実施。調査方法はインターネットリサーチであり，調査会社は Northstar Research Partners である。なお，本調査は年休付与日数や取得日数の小数点第 1 位で四捨五入している。

ア，アメリカなどでは半減し，欧州でも多くの国で激減した（エクスペディア 2021）。フランスの一般家庭を例にとると，夏の長期休暇は一年の最大行事で，8 月になるとパリなどの大都市の経済活動は休眠状態になる（鈴木 2012）。これは，欧州では珍しいことではなく，「休むために働く」という労働者が多数を占める。このような欧州を含む各国の労働者は，「新型コロナウイルスの影響でどこにも旅行できない」ということで，その取得理由を見失った。2019 年からの減少幅はこれまでに類をみないものであり，コロナ禍での年休未取得は国際的にも重大な労働問題となりつつある。エクスペディアの調査結果は，サンプリング・バイアスや調査情報の開示といった「データの質」でいささか問題があるが，年休の国際比較で信頼できる統計は少なく，さらに毎年調査を行っているものは皆無であることから，継続調査で世界的に年休取得日数の大きな減少がみられたことは，注視すべきことではなかろうか。

西田（2020）によると，コロナ禍はこれまでの日本が経験してきた社会問題とは大きく異なっており，政府／政治から社会まで新しい問題，構造的問題が複雑に絡み合って生じていると指摘し，人々は感染の不安をはじめ，不安が不安を呼ぶ状況（不安の感染）のなかで日々生きているという。日本では 1 節で示したように，「年休は緊急時のために取っておく」と回答した人が最も多かった。選択肢回答なので詳しくはわからないが，このことは人々の「不安」を表しているのではないだろうか。

日本におけるコロナ禍前の労働者を対象とした従来の年休調査（日本労働研究機構 2002; 労働政策研究・研修機構 2011; 2021）では，年休を残す理由は，「病気や急な用事のために残しておく必要があるから」が最も多かった（労働政策研究・研修機構（2021）では，「急な用事のために残しておく必要があるから」がもっとも多く，次いで，「病気のために残しておく必要があるから」である）[3)] [4)]。欧米では病気のとき，私傷病休暇制度が基本的に使われるので，年休の未取得理由に「病気に関すること」は，エクスペディアの調査では選択肢にない。しかし，日本では年休は私傷病などのために使用されるため（小倉 2003; 井草 2009），「病気のために残しておく」は，エクスペディアの調査の選択肢「緊急時のために取っておく」に内包されていると考えられる[5)]。そうだとするならば，私傷病／緊急時のために取り残され

3）労働政策研究・研修機構（2021）は，選択肢の「病気や急な用事のために残しておく必要があるから」は，「急な用事のために残しておく必要があるから」，「病気のために残しておく必要があるから」に分けられている。

4）労働政策研究・研修機構（旧日本労働研究機構）の調査とエクスペディアの調査は，その回答形式に違いがあるので，選択肢を選んだ人の割合は省略した。

る日本の年休の性質上，感染の不安／不安の感染が，コロナ禍での年休取得行動を抑制している可能性があるのではないだろうか。

3 年休に関する先行研究

年休に関する先行研究として，初期のものは日本労働研究機構（2002），小倉（2003），大竹（2001），小林（1995），三谷（1995）が挙げられる。これらの先行研究はすべて就労と非就労の経済学の理論仮説などにもとづく計量分析によるものであった。小林（1995）と三谷（1995）は，年休の未消化と査定評価等の関係を分析し， 年休未取得による昇進の確率が高まることを指摘している。さらに大竹（2001）の研究では，失職コストが高くなると欠勤や休暇は少なくなり，労働市場が良好な場合には年休取得日数が増えることを明らかにしている。日本労働研究機構（2002）及び小倉（2003）も同様に，失業率が年休取得に影響を与えていることを明らかにしている。これらの先行研究から，新型コロナウイルス感染症で雇用環境の悪化があった今日，失職コストが高くなり，年休取得日数減少の可能性があるとみることができる。

上記の先行研究の多くは，年休取得状況の改善には「労使の年休に対する意識の改革（年休権の啓発）」，「業務量管理」，「一定日数の年休の取得義務化」が必要であると訴えており，年休に関する政策への貢献，2019年度までの年休の取得しやすさ向上につながった。

年休という研究対象は鈴木（2012）がいうように把握しづらいものであり，多様な調査法を駆使する社会学でこそアプローチできる対象と考えた井草や高橋は社会学的な研究成果を上げてきた[6)]。高橋（2008）は，時として年休に関する法知識をもつことが年休の権利の行使に正の影響を与えていることを計量分析から明らかにし，井草（2013）もまた，若手医師へのインタビュー調査から「年休に関する権利」の周知の重要性を明らかにしている。

井草（2011a）はインタビュー調査から，年休を取得するローテーション・パター

---

5) 井草（2009）では，病気休暇制度の所得保障の水準までもが年休取得に影響を与えるとしている。

6) 鈴木によると，一般的に年休は労働時間統計の一部とみなされるが，実際に労働している時間ではないので休祭日と区別し，年休の日数を示す国際的な統計はないとしており，日本のように年休の付与数や取得率を系統的に収集している国は例外であるとしている。

ンの特質の違いを明らかにし，「年休取得に関する6類型」という以下の定義づけをした。

1. 分担方式：年休取得者の仕事を少しずつ同僚が分担する。相対的に同じ仕事をしている従業員が多くいる職場で分担方式がみられた。他の方式と比べて，年休が取得しやすい。
2. 順送り方式：年休取得者の次にやさしい仕事をしている者に仕事を任せる。主にキャリアが高い労働者に利用されていた。
3. 逆送り方式：年休取得者の業務を，同一の係，チーム，課などに属する年休取得者の上司などが代替して行う。職場の人員は少なく，相対的に同じ仕事をしている従業員も少ない職場で，この逆送り方式がみられた。
4. 自己負担方式（先行・後日・ホームワークの三種類）：年休取得日の仕事を他の者に代替せずに，年休取得者本人が自分自身で行う。この方式で年休を取得する労働者の年休取得率は相対的に低い。

ここで注目すべきは，6類型のなかの「自己負担方式（ホームワーク）」である。この年休の取得方式は，仕事を年休取得中に自宅や旅行先などで行うものであり，主にこの方式で年休を取得する労働者の年休取得率は低い。これは，年休取得日に制約が課せられてしまうため，労働者が敬遠すると考えられる。また，有給で労働から解放するという年休の趣旨からも外れていることは明らかであり，労働者によっては，ワークライフ・コンフリクトに直面する可能性があると指摘している。仕事の休み方は，働き方と表裏一体である。コロナ禍で浸透するテレワークは，自宅やサテライトオフィス，移動中など，「いつでも・どこでも」場所を選ばず仕事ができるという利点がある一方，年休取得中にも仕事をする・せざるをえない可能性もある。井草（2011a）の指摘が，コロナ禍の年休取得行動にも当てはまるとしたら，テレワークの浸透は，年休取得に対して負の影響を与える可能性があるのではないだろうか。

4　調査の概要と主な集計結果

新型コロナウイルス感染症の影響で急速に浸透した新しい働き方が現在ある。2020年は，働きたくても業績悪化に伴い休業せざるをえない人もいれば，会社から休暇取得を促されるも自宅から外に出られない人もいるなど，これまでとは様相が異なる。状況が変化したなか，網羅的で完全な質問を準備するのは難しい。そこで，本章では自由回答法によって，回答者に思いついたことを自由に記入してもらう。その内容から本章では，年休未取得のコロナ禍でのなにか新しい傾向を見出せるのか，これまでと変化があるのかを中心に実証的に検討するため，アンケート調査を行った。調査を行うにあたって，様々なバイアスが生じることが経験的に知られており，それらに対処することが必要不可欠であり，本調査は最大限この点に注意を払っている。

本調査は，執筆者が調査の設計を行い，楽天インサイトに委託してウェブ上で実施した（2021 年 9 月実施）。配信・回収条件は，『労働力調査』に基づき，性別・年齢階層別の属性分布に合わせて，全国 20 歳～ 69 歳の正社員の男女とした。スクリーニング調査は 10,000 サンプル以内，本調査は 1,100 サンプルとする。自由回答法によって，回答者に「年休取得日数の前年度変化」について記入を求めている。主な質問項目は以下のとおりである [7)]。

①基本属性（配偶者の有無・仕事の有無，子供の有無，学歴，勤務先の業種・従業員規模・所在地・通勤時間，職種，役職，勤続年数，年収，週当たり実労働時間・労働日数），②年休関連項目（年休の取得日数・付与日数，年休取得日数前年度変化，年休取得方式），③病気休暇制度関連項目（病気休暇の有無，賃金の支給，利用状況），④テレワークの実施 [8)]。

本調査の分析対象は，調査モニターであるため，目標母集団を代表していない。しかし，近年のアンケート調査の回答率の低下という趨勢的な問題を念頭に置けば，サンプリングの段階で属性分布に注意を払い，また年休に関係する「余暇に関する価値観」について国勢調査の結果と乖離がほとんどない楽天インサイトのモニターを利用したという意味で，意義のある調査サンプルといえるだろう [9)]。

紙幅の関係で，調査票やその集計結果の全てを本章に掲載することはできないが，WEB 上（https://go1935.wixsite.com/my-site）に公開するので参照いただきたい。

7）調査対象の性別，年齢，住居の所在地は楽天インサイトが把握しており，質問項目には加えていない。

8）自由記述の回答にバイアスをかけてしまわないように，基本属性以外は自由記述の設問の後に配置。詳しくは調査票を参照いただきたい。

9）楽天インサイトモニターの特徴については，楽天インサイト株式会社（2018）を参照いただきたい。

ここでは，次節以降での分析と関わる主要な集計結果のみ紹介する。年休取得日数は，平均10.30日，標準偏差7.06であった。労働政策研究・研修機構（2021），エクスペディア（2021）の調査と比較して，年休取得日数は1.3日多かった。また，2021年の就労条件総合調査の結果と比べると0.3日多く，前者よりも乖離が小さい。病気休暇の有無（Q17）では，「ある」との回答が最も多く52.5%で，次いで「ない」が30.9%となった。全回答者の11.4%が2020年度にこの制度を利用したと回答した。2020年度のテレワークの実施では，「実施した」46.2%，「実施していない」43.6%となっている。

5　アンケートの分析

5-1　自由記述回答のテキスト分析

テキストマイニングによる手法により分析を行った[10]。以下，共起ネットワーク分析（単語間のネットワーク構造を明らかにしようとするもの）を通じて，「年休取得行動の変化」について検討を行った。章末の付表9-1には，頻出語を上位150語まで示した[11]。これらの単語間の共起関係を測定し，単語間の関係性を図示したものが図9-2である[12][13][14]。また，図中にedgeの濃さのもととなったJaccard係数を表示し，共起ネットワーク図の色は「語」と「年休取得日数」との相関をあらわしている。

この図9-2から，年休取得日数の前年度からの変化について，自由記述回答を読

10）分析にあたって，KH Coder（Ver.3.alpha.17k）を使用した。本章は教科書としての利用も想定したものである。様々な機能追加が行われた文錦®シリーズの利用は分析の精度を高めるが，このシリーズは高価なため，学生が購入するのは難しい。このため，テキストに含まれる否定表現を検出し分析するといった，詳細な分析方法による研究は別稿に譲ることとした。

11）複合語の検出方法として，KH Corderに同梱されている「Term Extract」を利用し，複合語は随時強制抽出を行った。

12）丸の大きさはその単語が出現する頻度を表している。それぞれの丸は，サブグラフ検出によってグループ化されている。

13）分析に利用しにくい名詞・形容詞・動詞などのなかでも平仮名のみからなる語は除いた（KH Coderのデフォルト設定）。

14）最小出現数は8，特定の語との結びつきの基準としてJaccard ≧ 0.1を共起ネットワーク分析の基準とする。Jaccard係数の値については0.1であれば関連がある，0.2であれば強い関連があるという目安で通常判断することができる。

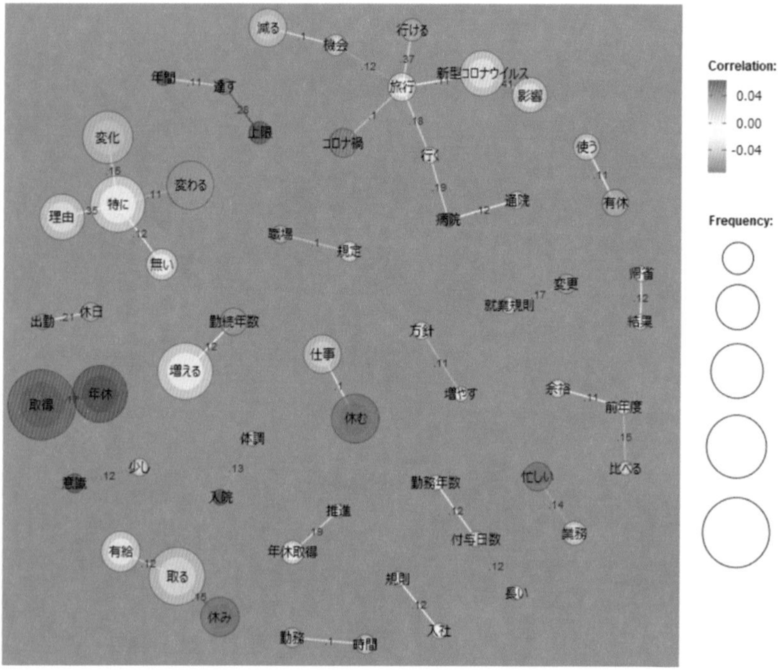

図 9-2　自由記述（年休取得日数前年度変化）についての共起ネットワーク分析

み解く。3 語以上の結びつきのあるコミュニティは六つであった。もっとも丸の数が多い上方中央のグループは，「コロナ禍での旅行機会や通院」を理由とする年休取得行動の変化に関するものと捉えられる。共起関係，ならびに KWIC コンコーダンスによる実際の自由記述の確認を基に具体的な記述を挙げると「新型コロナの蔓延により旅行を取りやめ，延期したから」（50 代男性・製造業）「有給休暇は普段，通院のために取得している。平日でなければ予約を取ることができない病院への通院日が多かったため，有給休暇の取得日数も増えた」（30 代男性・学術研究，専門・技術サービス業，病気休暇あり（賃金支給不明）[15]）などであり，取得日数の増減に関する話題として代表的なものと考えられる。

次に丸の数が多い，図の左斜め上のグループは，変化がなかったことに関する

15）自由記述に私傷病や体調に関するものがある場合，病気休暇や賃金支給について記載した。

ものと捉えられる。このグループに関しては「コロナ禍だが業務内容に変化がなく，在宅勤務ができる業務ではないので，休日は変わらない」(30代男性・製造業)「特に変化するようなことがなかったため，有給の取得日数に変化はなかった」(30代男性・製造業）などの回答が多い。

このほか，2ないし3個の単語が結び付いた小さなグループは，それぞれ個別のイシューに関する言明である。具体的には，「年休付与日数の上限」や「休日出勤」「年休取得の促進」「勤続年数と付与日数」「職場規定」「就業規則の変更」「意識（年休に関するもの)」「帰省」「業務量過多」などである。以上が自由記述での話題のまとまりである。

年休取得日数との相関を表した共起ネットワーク図の色を確認すると，私傷病関連の語「病院，通院，入院」は濃い黄色や赤色になっている。このことから，上記の語と年休取得日数との相関は比較的高く，日本ではコロナ禍においても年休は私傷病などのために使用されている可能性がある。

次に「年休取得日数の変化」の度合いによる，その理由の違いを実証的に確認できるのか，同じく自由回答項目について，「前年度から見た年休取得日数の増減」との対応分析を行った[16)]。ここでは，「あなたの2020年度の年休の取得日数は2019年度と比べて増えましたか，あるいは，減りましたか（調査票のQ16)」の問いに関する回答を使用する。結果が，図9-3である。図の原点（0, 0）から見て左上方向の年休取得日数の減った人，左下方の増えた人，右方向の変化のない人に特徴的な語が布置されたことがわかった。

平面上で比較的近くにプロットされた年休取得日数の減った人（「1～2日減った」「3～4日減った」「5日以上減った」）に布置された特徴的な語は，増減の理由をあらわす語として，「テレワーク」「機会」「出かける」「必要性」「在宅勤務」「外出」「体調」「旅行」「帰省」などであった。これらの語を用いた実際の回答には，「テレワーク中心になったため，多少体調が悪くても無理できたため」(50代男性・情報通信業，病気休暇なし)「休んでもコロナの影響で旅行，帰省などの外出を控えた結果，在宅で働いた」(60代男性・情報通信業)「テレワークになって，普段から自由度が増したから，休暇取る必要性が薄れた」(50代男性・製造業)「一部リモートワークが導入され，家の用事のために休まなければならないことが減った。また，

---

16) 共起ネットワークは，データ中に多く出現していた語を確認するとともに，語と語のつながりからデータ中のトピックないしテーマを探索できる便利な手法である。グループの比較には，対応分析が役立つ。

多少体調が悪くても自宅にいれば仕事ができてしまうから」(50代女性・情報通信業，病気休暇なし）などがあった。

一方，年休取得日数の増えた人（「1～2日増えた」「3～4日増えた」「5日以上増えた」）に特徴的な語は，「通院」「入院」「子供」「推進」「上司」「強制」「言う」「方針」「積極」「働き方改革」などである。これらの語を用いた実際の回答には私傷病に関することで「入院とその後の経過措置での通院のために有給休暇取得が増えた」(30代男性・建設業，病気休暇あり（賃金支給あり））「年末から整形外科に通院することになり，精密検査とかもするようになったため，病院に行くために取得日数が増えた」(20代女性・情報通信業，病気休暇あり（賃金支給あり））などが

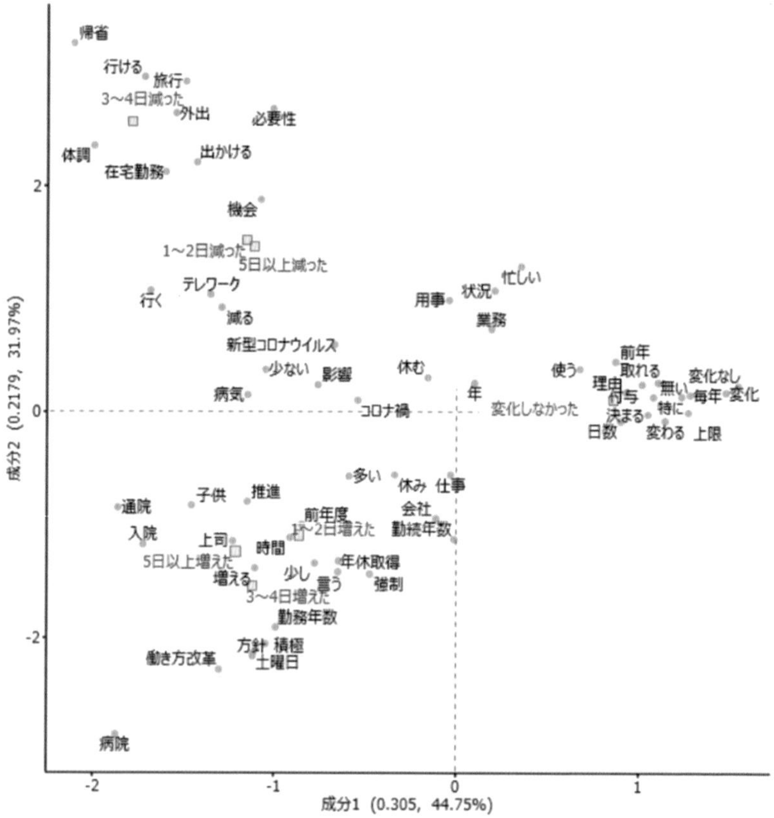

図 9-3　年休取得日数の変化と頻出語の対応分析

あった。職場に関することでは「働き方改革で，有給休暇の取得について見直されるようになりました」(60代男性・金融業，保険業)「最低5日間は取るようにと人事課から通達があり，積極的に取得するよう努力したため」(50代女性・医療，福祉)「有給を取ろうという雰囲気が広まり，上司から取得をしろと命令があったから」(20代男性・製造業）などがあった。その他には「コロナの影響，子供が保育園に登園できなくなり家で世話をすることとなった」(40代男性・製造業）などがあった。

年休取得日数の変化のなかった人に特徴的な語は，「付与」「上限」などである。これらの語を用いた実際の回答には「勤続年数による有給休暇日数の付与がすでに上限に入ってしまったため」(30代男性・製造業)「年間に付与される有給休暇を毎年使い切っているため」(30代男性・不動産業，物品賃貸業）などがあった[17)]。

これらの語からは，年休取得日数の変化の増減によって，その理由として想起する内容に違いがあることがわかった。年休取得日数の減った人が想起したのは主に「新型コロナウイルス感染症の影響下における事象（旅行・外出の機会の減少，テレワーク)」である。それに対して，年休取得日数の増えた人が想起するのは主に，従来の先行研究が指摘または提言し続けてきた「上司の理解（職場の雰囲気)」「計画年休」「休暇の普及促進」などであった。コロナ禍で世界中の人々の年休取得日数が減少するなか，先行研究での提言を実施している企業の労働者の取得日数が増加していることから，これまでの研究は年休取得の推進に貢献していたと考えられるだろう。

5-2　多重比較から見る病気休暇と年休取得日数

小倉が，私傷病のための休日を年間に数日程度設置する必要があると指摘してきたが，前項のテキスト分析の結果から病気による年休の利用が確認された。本調査では年休取得日数の増減だけでなく，その日数自体も回答者に尋ねている。そこで，病気休暇の有無などが年休取得日数に与える影響を分析するために，病気休暇の有無と賃金支給を組み合わせたグループの年休取得日数で一元配置分散分析を行った（図9-4)。その結果，有意な差が認められた（$F(4,1095) = 14.25, p < 0.001$）[18)]。

17）本節では，分析結果として意味がない語や本章の問題意識と関係ない語に関しての解釈はしていない。

18）分散が等しいことを仮定できないためWelch検定を行った。

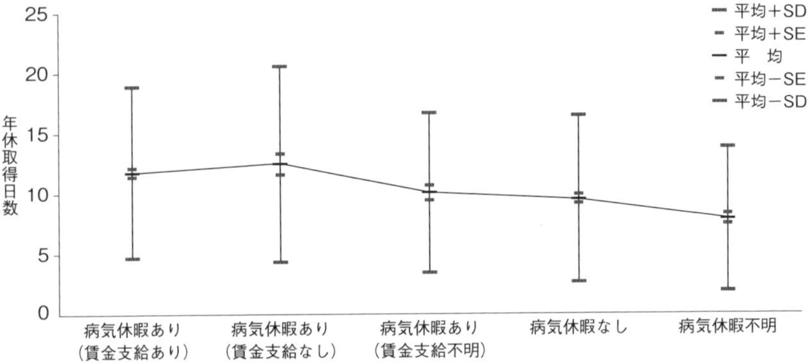

図 9-4　病気休暇の有無などが年休取得日数に与える影響

表 9-1　多重比較検定（Bonferroni）$p < 0.05$ ** : $p < 0.01$

VS		平均値の差	標準誤差	P　値	
病気休暇あり（賃金支給あり）	病気休暇あり（賃金支給なし）	0.681	0.835	1.000	
病気休暇あり（賃金支給あり）	病気休暇あり（賃金支給不明）	1.722	0.746	0.212	
病気休暇あり（賃金支給あり）	病気休暇なし	2.259	0.513	p < 0.001	**
病気休暇あり（賃金支給あり）	病気休暇不明	3.947	0.621	p < 0.001	**
病気休暇あり（賃金支給なし）	病気休暇あり（賃金支給不明）	2.403	1.003	0.168	
病気休暇あり（賃金支給なし）	病気休暇なし	2.940	0.845	0.005	**
病気休暇あり（賃金支給なし）	病気休暇不明	4.628	0.914	p < 0.001	**
病気休暇あり（賃金支給不明）	病気休暇なし	0.537	0.757	1.000	
病気休暇あり（賃金支給不明）	病気休暇不明	2.225	0.833	0.077	
病気休暇なし	病気休暇不明	1.688	0.634	0.078	

さらに，Bonferroni を用いた多重比較により，「病気休暇あり（賃金支給あり）」と「病気休暇なし」，「病気休暇あり（賃金支給あり）」と「病気休暇不明」，「病気休暇あり（賃金支給なし）」と「病気休暇なし」，「病気休暇あり（賃金支給なし）」と「病気休暇不明」の間に有意な平均値の差があり，賃金支給に関わらず病気休暇があることで年休取得日数が有意に高くなることが確認できた（表 9-1）[19]。これは，病気休暇があることで，私傷病のために年休を残しておく必要がなくなることから

年休取得日数が増えたと考えられる。いつ感染するかわからないコロナ禍においては，病気休暇の設置がより求められる。

6 年休取得行動の変化と今後の課題

2019年に労働基準法が改正され，年休5日の消化が義務づけられた。このことを表す特徴的な語も分析結果で散見されるなど，私たちの働き方は少しずつ変化していたことがうかがわれた。他方「休み方」を知らない，「休暇を積極的」に過ごしていない日本人という指摘が多くの先行研究でいわれ続けてきたが，自由記述回答のテキスト分析では「旅行」が重要なトピックとなっていた。働き方と同様，「休暇に対する思い」も変化しているのではないだろうか。世界的には「新型コロナウイルスの影響でどこにも旅行できない」という理由が取得日数の低下に大きく影響を与えていたが，テキスト分析の結果をみると，エクスペディアの調査に反して，世界的な潮流と日本も同じような印象を受ける。

新しい働き方（テレワーク）は年休を不要のものとする可能性がある。テレワークは，時間的自由度の拡大，仕事と家事・育児との両立の道を拓くと佐藤（2006）は指摘してきたが，「年休という労働からの解放による自由」はこのテレワークという働き方に内包されてしまっていることが，5節の分析からうかがわれた。しかし，年休取得によるメリットをテレワークという労働形態が内包するべきものではない。年休は本来労働の義務のある日についてその労働義務を特別に免除する制度である。つまり，時間的自由度の増した労働日上に（または重なり合うように）年休は存在するべきではない。

分析結果が示しているように，新型コロナウイルス感染症が年休取得行動を根本から変えたというよりは，これまでの研究結果と関連して実施された施策などの影響は年休取得が増えた層を中心に残っている。これは，年休に関する多くの先行研究が政策提案を行い，それらの研究成果が社会に還元されたことを表しているのではないだろうか。年休取得行動を把握しようとするとき，本章で示した項目を含めて追える項目は無数に存在するが，なかでも「労働者の意識の変化」「趣味の変遷」は重要な項目といえる。なぜなら「年休」が「労働」と「余暇」の区別を支えてい

19）病気休暇あり（賃金支給不明）についてはどのグループとも有意な差は確認できなかった。

付表 9-1　自由記述回答の頻出語（上位 150 語）

抽出語	出現回数	抽出語	出現回数	抽出語	出現回数
取得	252	規定	18	例年	10
取る	168	在宅勤務	18	規則	9
増える	163	病気	18	勤務年数	9
特に	163	勤務	17	自由	9
年休	163	使用	17	上司	9
変化	137	時間	17	増やす	9
会社	134	雰囲気	17	体調	9
休む	118	変更	17	調整	9
変わる	116	意識	16	年間	9
理由	105	関係	16	必ず	9
新型コロナウイルス	101	休日	16	タイミング	8
有給休暇	93	自分	16	可能	8
有給	81	人	16	外出	8
休み	75	積極	16	業務内容	8
仕事	72	用事	16	今	8
日数	72	テレワーク	15	仕事内容	8
減る	71	強制	15	推進	8
毎年	63	前年	15	生活	8
影響	61	変化なし	15	前年度	8
必要	51	予定	15	長い	8
休暇	48	月	14	定期	8
思う	48	少し	14	土曜日	8
消化	48	状況	14	同様	8
年	47	職場	14	特別	8
無い	47	余裕	14	比べる	8
取れる	45	休暇取得	13	必要性	8
取得日数	41	仕事量	13	病院	8
コロナ禍	39	出かける	13	分かる	8
忙しい	38	前	13	問題	8
旅行	38	通院	13	利用	8
勤続年数	35	方針	13	2019 年度	7
決まる	34	最低限	12	と	7
多い	34	指示	12	以前	7
有休	34	就業規則	12	家族	7
使う	33	体調不良	12	介護	7
環境	30	働き方改革	12	海外旅行	7
休める	30	働く	12	義務化	7
業務	27	行く	11	緊急事態宣言	7
年休取得	26	推奨	11	元々	7
付与	26	他	11	行う	7
計画	23	達す	11	在宅ワーク	7
行ける	23	帰省	10	時期	7
少ない	22	結果	10	出る	7
上限	22	使い切る	10	奨励	7
決める	21	社員	10	数	7
機会	20	出勤	10	発生	7
出来る	20	入院	10	すべて	6
言う	19	入社	10	夏休み	6
子供	19	付与日数	10	家	6
制度	19	法律	10	会社規定	6

たが，労働者の意識の変化，趣味の変遷により，この線引きのされ方が変わる可能性があるからである。現在，新型コロナウイルスの感染拡大の影響で，密集・密接を避けてリゾート地などで働く「ワーケーション」（「work」と「vacation」の複合語）が広がりつつあり，働きながら休むのか，またはその逆となるのか，「労働」と「余暇」の区別，境界線が曖昧となってきており，年休取得（paid vacation）も，今後益々ワーケーションなどの影響を受けることになるであろう。年休取得行動の研究の中心は，「所得と余暇」から「労働と余暇」に移り，ここに公私の境界に関心をもつ社会学の果たす役割はきわめて大きいといえる。

【謝　辞】
本研究は2020年度松山大学特別研究助成を受けたものである。

【引用・参考文献】

井草剛，2008，「年休運用に関する一考察」『九州経済学会年報』46: 1–8.
井草剛，2009，「Annual Paid Holidays and Labor Union: Quantitative Analysis on Characteristics and Operations of Labor Unions」『九州経済学会年報』47: 13–21.
井草剛，2011a，「年休取得の6類型――職場レベルでの年休運用に関する一考察」『日本労働社会学会年報』22: 75–105.
井草剛，2011b，「Goal Oriented Rational Behavior on Paid Holidays for Female Workers: Empirical Analysis of Influence to Income by Using Paid Holidays」『年報社会学論集』24: 50–61.
井草剛，2013，「若手医師の年次有給休暇取得を困難にしている要因について」『労働社会学研究』14: 105–132.
石田光男，2012，「日本の雇用関係と労働時間の決定――労使関係論の深化」石田光男・寺井基博編著『労働時間の決定――時間管理の実態分析』ミネルヴァ書房.
エクスペディア，2020，「世界19ヶ国 有給休暇・国際比較調査2019」〈https://welove.expedia.co.jp/infographics/holiday-deprivation2019/（2021年8月29日閲覧）〉
エクスペディア，2021，「世界16地域 有給休暇・国際比較調査2020」〈https://welove.expedia.co.jp/press/50614/（2021年8月29日閲覧）〉
大竹文雄，2001，「失職コスト・休暇・労働組合」橘木俊詔・D. ワイズ編著『日米比較・企業行動と労働市場』日本経済新聞社.
小倉一哉，2003，『日本人の年休取得行動――年次有給休暇に関する経済分析』日本労働研究機構.
小林良暢，1995，「課長への道」橘木俊詔・連合総合生活開発研究所編『「昇進」の経済学』東洋経済新聞社.

佐藤彰男，2006，『テレワークの社会学的研究』御茶の水書房.
鈴木宏昌，2012，「フランスのバカンスと年次有給休暇」『日本労働研究雑誌』54(8): 45-54.
高橋康二，2008，「年次有給休暇に関する法知識の所在と機能」『大原社会問題研究所雑誌』597: 50-66.
西田亮介，2020，『コロナ危機の社会学——感染したのはウイルスか，不安か』朝日新聞出版.
日本労働研究機構編，2002，『年次有給休暇に関する調査研究』日本労働研究機構.
三谷直紀，1995，「ホワイトカラーの賃金・昇進制度と労働インセンティブ」橘木俊詔・連合総研編『「昇進」の経済学』東洋経済新聞社.
楽天インサイト株式会社，2018，『モニター特性調査——2015年7月実施結果』〈https://insight.rakuten.co.jp/download/PanelCharacteristicSurvey.pdf（2021年9月23日取得)〉
労働政策研究・研修機構，2011，「年次有給休暇の取得に関する調査」.
労働政策研究・研修機構，2021，「年次有給休暇の取得に関するアンケート調査（企業調査・労働者調査)」.

第10章

日本の外国人労働者問題

単純労働力としての留学生労働者を中心に

朴 知遠

1 少子高齢化と外国人労働者の受け入れ，そして留学生

近年，少子高齢化の進展に伴って外国人労働者の受け入れが増加している。2020（令和2）年10月に発表された「外国人雇用状況の届出状況」によると，全国の外国人労働者数は1,724,328人で，前年比65,524人（4.0%）増加となった。コロナ禍にもかかわらず，この結果は2007（平成19）年に届出が義務化されて以降，過去最高を更新した記録であり，人手不足に対しての日本社会の悩みを明らかにしている。特に人手が足りないと思われる産業は介護，農業，製造業，サービス業などで，これらのセクターは「技能実習生」や「留学生」などの在留資格をもつ外国人労働者を積極的に受け入れようとしている。

日本は原則として移民政策における外国人単純労働力を受け入れないという方針を保持しているが，1993年に在留資格「技能実習」を新設して以降，暗に外国人単純労働力の受け入れを認めている。しかしながら外国人単純労働力の定住化を防ぎつつ，外国人労働力を短期間効率よく活用するため，いわゆる循環政策（Circulation Policy）と呼ばれる滞在期間の厳格な制限を行ってきた。一方，安倍政権が行った在留制度の変革は滞在期間の制限を緩和し，在留資格「技能実習」の場合には在留期限を3年から5年までに，在留資格「介護」は最大5年までにするうえに更新も可能としている。このような変化は外国人労働者の長期滞在はもちろん，場合によっては定住化する可能性を高めることになっている（上林 2015）。

文部科学省は2008（平成20）年から「グローバル戦略」を展開する一環として2020年までに外国人留学生の数を30万人まで増やす計画を発表し，目標より3年早い2017年には既に311,505人の受け入れを達成している[1]。2020年5月1日

に発表された「2020年度外国人留学生在籍状況調査結果」によると，調査時点で279,597人の留学生が日本に滞在しており，パンデミックの影響にもかかわらず日本に残留している者が多い。彼らは留学生でありながら資格外活動許可による日本内でのパートタイム就労活動，すなわち非正規パートタイマーとして働くことを容認され，潜在的労働力として市場に参入する可能性が高い存在である。また，その一部は留学を終えた後にも日本で就職し，外部労働市場を支える一つの新たな労働力供給源になると予想される。

日本で仕事をしている在留資格「留学」保有者の多数は，在学中，サービス職に代表される非正規単純労働者を要する産業で働く傾向が強くみられており，新しい未熟練労働者として安価に活用されている。2017（平成29）年独立行政法人日本学生支援機構（JASSO）が実施した「私費外国人留学生生活実態調査」によると，調査対象のうち約7割の学生がパートタイム仕事（いわゆるアルバイト）に従事し，そのうち7割弱が飲食店・小売店（コンビニなど）で働いていることが判明した。

技能実習生と留学生パートタイム労働者は，単純労働力として安価に雇用され，一定期間が過ぎると仕事をやめることを前提としているところに共通点をもつ。しかし彼らの間には制度的に大きな差が存在する。技能実習生は入国する時から最大在留期限が定められており，在留期間を終えてからの帰国が確実視される一方，留学生は就職や高等教育機関への進学という形で在留期間を延長することができる。すなわち，留学生のほうが定住化する可能性が高いといえる。

明石ら（2015）は，グローバル人材をめぐる奪い合いのなかで日本政府が留学生を「高度人材」の予備群として位置づけ始めたことを指摘する。在学中は不安定な身分であるのと同時に将来潜在的高度人材として労働市場への参入を目指す矛盾的存在である留学生は，他の外国人労働者とは異なる特性をもつ。すなわち留学生は外国人労働者のなかで日本社会が抱えている人手不足や少子高齢化問題を打破する手段として選ばれる可能性が最も高い。必要に応じて単純労働力にも，高度人材にも活用できる柔軟性をもっているからである。

以上の点をふまえて，最近の留学生労働者研究は主に①留学生労働者に対する搾取，②留学生の就職と高度人材化という二つのテーマに着目して行われている。そのうえ，コロナ禍以後の留学生受け入れ政策の変化や留学生の労働形態変化に関しても，数は少ないが議論されている。本章は留学生と移民労働をめぐる先行研究を

1）法務省入国管理局（2018）を参照した。

まとめて考察し，それをふまえて，留学生がもつ重層的存在としての属性を参与観察を通じて研究する事例を紹介する。また，コロナ禍による外国人受け入れ政策の変化とともに，パンデミックにおける留学生労働者に対する学際的研究の必要性を論じる。

2　先行研究分析

2-1　移民労働を説明する理論

外国人労働者，特に留学生のような重層的存在を分析するためにはまず移民労働を説明する理論を理解する必要がある。人はなぜ国境を越えて移民労働者になるのか。今まで社会学をはじめとして経済学，歴史学，経営学など，様々な学問がその理由を説明するためモデルを形成してきた。カースルズとミラーは『国際移民の時代』（カースルズ・ミラー 2011）で，移民労働に関する理論を三つの類型として分類し，紹介した。まず，移民労働を分析する経済学の新古典派アプローチは外国人労働者市場を需要と供給という視点から考える傾向をもっている。Doeringer and Piore（1971）が提唱した二重市場論がその代表例である。次いで，従属理論に代表される歴史－構造アプローチ（A. Frank，F. Cardoso）は，移民労働が，構造化された国家間搾取に当てはまり，世界システム論（World-System Theory，Immanuel Wallerstein が提唱）のように世界を中心（先進国，第１世界）と周辺（貧困国，第３世界）の関係として把握し，主に貧困な国の人々が金を稼ぐために先進国に来て，底辺労働者となり，先進国のために搾取されているという，マルクス主義的構造論で説明している。最後に，移民システム理論と移民ネットワーク論は移民個人の意思決定を重視する立場で，マクロ構造として世界市場の動向，国家間関係，移民政策などを，ミクロ構造としてその国の慣習，資本，情報，ネットワークを観察し，両者の関係性をみることで総合的に移民労働を理解しようとする試みである。

様々な理論のうち，今までに日本における外国人労働者受け入れ，特に単純労働力を受け入れる際最もよく使われてきた理論は冒頭で言及した Doeringer and Piore（1971）の二重市場論である。先行研究を理解するため，まず彼らの二重労働市場論の内容を『渡り鳥』（*Birds of Passage*）（Piore 1979）という著作を中心にまとめてみよう。二重労働市場におけるもっとも社会的，経済的位置の高い市場は内部労働市場（第１次労働市場）である。中核労働者である熟練工から構成され，企業忠誠心をもつ長期間勤続してくれる者を優先的に採用し，安定的かつ長期間雇用する形の労働形態が持続されている。内部労働市場は景気変動の影響から相対的に影響を受けず，随時必要とされる人材で構成される。一方，外部労働市場（第 2 次労働市場）は周辺労働者で構成されており，熟練度も低く，短期勤続で転職を繰り返す労働者を含めて雇用形態が不安定になっている。そのうえに景気変動の影響を非常に受けやすく，生産量調節のため存在するともいわれる。この理論によると，外国人労働者，特に単純労働力として受け入れられる者は第 2 次労働市場に所属している。第 2 次労働市場（外部労働市場）はただ外国人だけで構成されるわけではなく，若者，主婦，農村からの季節労働者なども含めて成り立っている。

日本でどうやって外国人単純労働者が生じたのか。工業化が進む過程で自動化や資本の拡張的投資が行われると，熟練が解体され，一部のセクターに未熟練労働者を必要とする職種が生じる。このような仕事は賃金が低く，不安定なため，国内労働者は仕事を拒否し，そこから移民需要が発生する。Doeringer and Piore（1971）の理論は職務のなかに階層差が存在することを前提としている。これを社会レベルに拡張する際に二重市場が形成され，階層性によってそれぞれ異なる性質をもつ市場が一つの構造に統合されるのである。二重労働論のもう一つの特徴は移民の労働供給は無限であると前提するところである。すなわち彼らの理論は外国人労働者受け入れを移民受け入れ国の労働市場側要因，つまり需要側要因から説明しているのである。

前述したように，日本は表面的に外国人単純労働力の受け入れを許可しないスタンスをとりながら，技能の移転，開発途上国への貢献という名分でサイドドア政策として農村からの季節出稼ぎ労働者を代替する存在として外国人労働力を受け入れてきたのである。すなわちサービス職でのパートタイマー留学生労働者はサービス業の季節出稼ぎ労働者として理解することができる。

2-2　日本の外国人単純労働力受け入れに関する研究

外国人労働者に関する研究は経済学，法学，文化人類学，社会学などを中心に様々な研究分野から取り組まれている。そこでは外国人労働者の人権，就労状態のようなキーワードとともに，移民や移民政策が重要な概念として取り扱われている（明石 2010）。原則として日本は移民を許可していないにもかかわらず，技能実習生や留学などのバックドア政策を経由し，暗に認めている。上林（2015）によると，バックドア政策とは，表向きには単純労働力の受け入れを認めていないが，事実上受け入れている形の政策を意味し，少子高齢化社会による人口減少に伴って単純労働力を補充する必要性があるにもかかわらず，①西洋諸国が経験してきた外国人問題の深刻さからの教訓，②外国人労働者受け入れをめぐる国内での合意が未形成だという理由で，在留資格を付与し，管理する形の一連の政策を指す。

初期外国人労働者への分析の大半は，外国人の不法就労状況把握，もしくは人権侵害問題を明らかにし，救済策を求める告発性の強いものであった（鈴木 2009）。日本の外国人労働者受け入れは，高度成長期に人手不足政策として外国人受け入れが論じられたものの，1968 年，1973 年，1976 年の 3 度にわたり，雇用対策基本計画の閣議決定で受け入れをしないという口頭了解がなされてきた。つまり，それまでの日本は出移民政策をもっていても，移民受け入れのための入移民政策をもっていなかったのである。しかし 1990 年に入管法改正によって外国人の在留資格が認められ，受け入れた外国人労働者をいくつかの資格によって分類し，管理する一方，不法就労への厳罰化を規定するといった二つの異なる政策を実施し始めた（上林 2015）。このような 1990 年代以後の入管法の特徴を明石（2010）は「管理型」だと名づけている。

2-3　留学生，外国人の就労についての研究

サービス業セクターで単純労働力として使われ，最近その数が急増している留学生の就労についての先行研究を確認してみよう。留学生には最初から在学中労働が許可されたわけではなく，政策の変遷過程を経て労働できるようになった。まず明石（2010）は『入国管理政策――「1990 年体制」』の「第 5 章「留学生」の受け入れ」で外国人留学生受け入れの歴史，政策をまとめて紹介している。彼によると 1983 年に留学生のアルバイトが承認された背景には，政策目標として日本内における留学生数を増やすためということがあったが，ビザ発給要件を緩和した結果，1988 年の上海事件のように留学ビザを受けた後，不法に労働する外国人が増えてしまった。政府はそのような不法行為を効果的に規制するため，留学生の就労に関して規則を設定し，管理し始めた。最初は留学生が労働をする際身元証明書など厳格な資格確認が要求されたものの，1990 年代半ばに行われた「留学生 10 万人計画」のふりかえりにおいて，留学生が日本に来ない理由の一つとして生活コストの高さが指摘され（1997 年 7 月提出された留学生政策懇談会の第 1 次報告，「今後の留学生政策の基本的方向について」より），1998 年 9 月からは留学生の資格外活動許可の取り扱いがより簡略化された。大学など担当機関を介して留学生がアルバイトをする際，それが勉学の差し支えない旨を「副申書」に記載して提出することなどによって簡単に

できるようになった。2009（平成21）年からは在留カード制度が導入され，今は留学生であれば誰でも資格外活動申請書を書いて提出するだけで簡単にアルバイトができるようになっている。学校からの許可や身元証明書を提出しなくても週28時間以内であれば働けるようになったのである。しかしながら大半の留学生は前述したような出稼ぎ労働者であり，週28時間以上働いている（出井 2017）。

アルバイトで生計を立てている留学生をめぐる既存の研究，たとえば労働政策研究・研修機構（2013）や志甫（2015），出井（2017）などは学期中週40時間を超える労働をしながら働いている留学生を「出稼ぎ留学生」として想定し，彼らの目的は日本での学業遂行ではなく，出稼ぎであることを主張していた。しかしながら留学生が単なる出稼ぎ目的で来日すると想定するならば，なぜ留学よりコストの安い技能実習生制度を選ばないのか，説明できない。来日までにかかる費用という面で考えてみると，身元保証金はあるものの，帰国時返金される技能実習生制度に比べ，留学する場合，学費はたとえ中退しても返金されないので，より高額な費用となるリスクを有する。それにもかかわらず留学生として来日し，出稼ぎに近い形で労働することには経済的理由以外にどのような理由があるのだろうか。朴（2020）の研究はこの点に着目し，留学生の労働を一面的な搾取の観点で解釈するのでなく，本人たちの立場に立って，参与観察を通じて解明しようと試みた。

3　先行研究の問題点と解決策：重層的存在としての留学生

以上の点をふまえて，最近の留学生労働者研究は主に留学生を①潜在的高度人材の予備軍（明石など）とみなすか，それとも②学業を口実にし，実際単純労働力として働きながら搾取される存在（出井，鈴木など）とみなすか，両極端の議論を展開してきた。しかしながら実際の留学生は単一な属性をもつ集団ではなく，重層的属性をもつ集団として，その両者（①高度人材の予備軍と②単純労働力としての存在）が混在している集団に近い。留学生はどのような学校・大学に所属し，どのような形の進路をとるのかによって，極めてその性質が変わる異質的な存在の集まりに該当する。さらに，国際的な労働市場の変化や移民政策の変化のような外生変数の影響を強く受ける。また，アンケート調査やインタビューだけでは，調査対象である留学生労働者の言語的能力不足によって回答の妥当性が欠如してしまうおそれがあるし，日本語で表現されない現象，たとえば作業方式や留学生同士のコミュニケーションの特徴を正確に把握するには限界がある。したがってこのような限界点を克服するため現場中心の参与観察と，パンデミックのような国際的変化や入国政策の変化を反映した学際的研究が求められる。本章はこのような問題を解決しようと試みた事例として①朴（2020）の参与観察の研究と，②コロナ禍以後労働市場の変化を説明する新しい研究傾向について説明する。

4　現場研究の具体例：サービス職パートタイマー留学生に対する参与観察研究

なぜ留学生の労働に関して現場をみる必要があるのか。答えは研究対象として彼らがもつ特殊性である。通常であれば労働の研究はアンケート調査，インタビュー調査などで労働者が置かれている環境や意味などを間接的に確認することが可能である。しかし，留学生労働者の場合，言語能力が不十分であり，インタビューやアンケートだけでは確認しきれない「言語化できない振る舞い」があると考えられる。すなわち彼らは普通の日本人労働者に比べて自分の意見を言語で表現するのに限界をもつ。彼らの言語で表現されたことと実際の労働の間に乖離をもつ可能性がある。朴（2020）はそのような特徴を研究に反映するため，次のような方法で参与観察を行った。

①日本人労働者と留学生が共に働いている繁華街のサービス業の店，特に留学生の採用が活発に行われている飲食店や居酒屋を参与観察のターゲットに設定した。
②筆者本人が２ヶ月間参与観察した後，筆者と共に働いていた労働者に参与観察の事実を知らせた。
③参与観察を終了した後，個別の労働者にインタビューを行った。

この研究で参与観察が行われたＺ居酒屋は東京の繁華街に位置し，常に客で満席になっている所であった。店舗側は，客から注文を受け，料理の材料や原産地などを十分説明できるほど日本語が上達していない留学生を雇用し続けていた。この背景には，日本人労働者では，過重労働に耐えられず早期に離職するので，日本語能力に問題をもつ留学生であっても採用し，労働力として活用しないと店舗運営に支障をきたすという現実があった。

留学生労働者が現場で働きながら感じる困難は，まず人によって業務指示内容が違うということと，業務優先順位の相違することである。店が混雑している時に留学生労働者に向けて，A さんは「先に料理を出して」と指示したのに，B さんは「料理を出すより先にテーブルを片づけろ」と指示する場合である。また客がレジに立って会計をお願いしているのに，同時に他の客から頼まれずっと待たせていた料理が出てくる。こういう時，どちらを優先すればいいか，日本人の上司たちは明確に教えてくれない。「空気を読んで，場合に応じて優先順位を決めて，とりあえずお客様のことを優先しろ」と，繰り返して話すだけである。

客を優先するとしても，待たせた料理の配膳が先か，会計が先かは，その時によって違う。料理が熱く，冷めやすいものであれば，レジに立って待っている客に了解を得て，先に料理を運ぶほうが正しい判断である。しかし同じ状況でもキッチンから完成されて出ている料理が冷める心配のないものであれば，先に会計を済ませて運ぶほうがいいかもしれない。このような判断基準はあくまでも「労働者自らが悟らないといけない」ものとなっている。注意すべき点として，そうして自ら判断した結果間違ってしまい，客に迷惑をかけてしまった場合の責任は，全て労働者本人がとることである。

Z 居酒屋で働いている留学生労働者たちによると，この点が日本のサービス労働について一番理解し難いところである。彼らによると，ミスして叱られるのが嫌なのではなく，同じ事態に対して，人や状況によって対応が異なるのに，どのようにして対応するのかが「謎」なのである。なぜ，叱責されるのかすら理解していない場合も多い。何に対して叱責されているのか，説明すらしてもらえない。なぜならば，そもそも理由そのものが絶対的に正しいものでなく，状況に応じて変化する「曖昧な基準」だからである。

もう一つ，留学生労働者たちが納得していない点は店舗で行われるパートタイマー同士のコミュニケーション言語の制限であった。基本的に彼らの日本語の能力は低く，業務に必要な内容を留学生従業員同士で速やかに伝えるため，日本語以外にベトナム語や英語で伝えようとする場合がある。しかしながら，Z 居酒屋では従業員に対して外国語の使用を制限している。店側としては「客からのクレームを防ぐため」だと説明しているが，留学生側はそう思っていないようであった。留学生労働者たちは勤務中の母国語禁止措置を彼らに対する差別，ないしは「自分ら（=管理者側）が聞きとれない言語で話されることが怖くて」留学生労働者の口を塞ごうとする態度として受け止めているようであった。

本来であれば，日本語能力の低い留学生労働者が，レシピに基づき日本語能力をそれほど必要としないキッチンでの調理業務を担当するべきである。そして，日本語コミュニケーション能力を必要とするホールでの接客業務を，日本人労働者が担当するべきである。これが最も合理的な労働力配置であろう。しかしながら店側は留学生がキッチンに入ると食材の衛生管理などをきちんと行うかどうか信頼できないという理由と，レシピ通りに料理を作れば良いので相対的に日本人のパートタイマーでも働きたがるキッチンに比べ，常に混んでいて労働強度が高く，人手不足で悩まされているホールのほうに働いてくれる人が必要であるという理由で，人材配置を変えていない。

このような問題点があるにもかかわらず，なぜ留学生はＺ居酒屋で働くのか。そのヒントはＺ居酒屋の労働時間保障システムにある。Ｚ居酒屋は全国チェーン店で，本社により他の支店に派遣するなどして労働者の希望する勤務時間を必ず満たし，一定金額以上のアルバイト収入を留学生労働者に確実に保障するシステムをもっている。したがって一定額以上の所得を絶対必要とする外国人留学生はＺ居酒屋での仕事がきついというのをわかっていながら，働くことになる。つまり「収入の安定性」と「(相対的に悪い) 労働条件」が交換されているのである。

留学生労働者たちが悪い労働環境を我慢しながらこの店で働くことを選んだ理由は，安定的に収入が保障されるからだという。他の企業の場合，週 4–5 回のシフトを希望しても店舗の事情により，シフトに入れない場合が多く，収入の変化が頻繁に発生する。しかし，Ｚ居酒屋は客の減少などにより働く時間が短くなり，予想収入が希望収入に満たない場合には本社を通じて他の支店に派遣するなどして，目標収入を必ず満たしてくれる。

しかし，彼らが金銭的なことだけを考えてアルバイト先を決めているわけでない。Ｚ居酒屋で働く留学生労働者たちによると，ホテルの清掃など，日本語を使わなくてもできる他の仕事があるにもかかわらず，この店で働くことを決めた理由は，「働きながら言葉が学べる点」であった。彼らは，日本語学校で学ぶより，仕事を通じて覚える日本語のほうがより実用的であり，将来日本で就職を希望する時にも役立つと思い，日本語でコミュニケーションを取らないといけない職場をあえて選んだのであった。それにもかかわらず，彼らの日本語能力は勤務期間や日本滞在期間に比べて高くない。その要因として，労働強度の強い仕事をするため疲れて学校の授業に集中できない点，そもそも接客業務で必要とされる日本語が非常に限定された範囲である点などを指摘できる。

つまりＺ居酒屋で働いている留学生は，何も知らず搾取されているのでない。彼らは，様々な理由で毎月一定以上の金額を必要とし，かつ低い日本語能力であっても雇ってくれそうなところを探して，悪い労働条件を「我慢」しながらこの店で働いている。

Z 居酒屋で働いている留学生サービス労働者たちは，わざと作業スピードを落としたり，日本語が聞きとれてもわからないふりをしたりして指示を無視するなど，それなりの抵抗を試みている。怠業や指示無視は，外国人だからこそできる特殊な形での抵抗である。外国人だから不当な指示を受けた時，日本語で抗議しても自分に不利になるということを理解するがゆえに，あえて「知らないふり」「理解できないふり」をし，言語を経由しない抵抗のあり方を認められる。管理者としては，これらの抵抗が本当に日本語を理解していないから生じたものか，それともわざとしているものか，区別し難い。外国人留学生労働者はこの点をよく理解している。そのうえで，抗議の手段として適切に用いている。また，彼ら留学生労働者は店内で従業員同士の外国語使用禁止に対抗するため個人的に電話番号やメールアドレスなどを交換し店外で会ったり，仕事が終わった後管理者への不満や店に対する不満をシェアしたりする形で連帯感を高めている。こうして共有された不満などは，Z 居酒屋の留学生労働者たちにとって今後どう対抗していくかという「集団的知識の形成」を促した。その結果が「怠業・指示無視」として現れたのである。

5　パンデミック以降の外国人受け入れ政策の変化：留学生を中心に

5-1　パンデミック以降留学生労働に関する研究

まだ数は少ないが，新型コロナウイルス感染症が外国人に与えた影響に関する研究結果が何件か発表されている。滕（2020）は在日中国人を対象とし，コロナウイルスが彼らの生活に与えた影響に関する体系的なアンケート調査を行った。この調査には有効回答者 744 名のうち，約 20％にあたる 154 名の在留資格「留学」保持者の回答が含まれており，中国国籍の留学生が新型コロナウイルス感染症による緊急事態宣言以後どのような生活の変化を経験したのか，間接的ではあるが確認することができる。滕（2020）によると，調査対象のうち緊急事態宣言が発令された 4 月の月収額が最も減少したのは在留資格「留学」の保持者であり，全体の 54.4％に該当する 79 名が収入の 5 割以上が減少したと回答した。また，同調査によると，出勤頻度が最も減少したのは「パート・アルバイト」（67.4％），「正社員・職員」（64.8％），「自営業・フリーランス」（63.3％）に従事するグループであり，おそらくパートタイマーとして働く割合が高い留学生が最も大きな経済的打撃を受けたと考えられる。最後に，この調査で外国人であることを理由に差別された経験について尋ねたところ，744 人中 105 人（14.0%）が「ある」と回答し，差別内容に関する自由記述において，公共の場で中国語を使用する際に周りの人に避けられる経験が語られる場合が多かったという（滕 2020）。

一方，斉藤（2020）によると，コロナ禍の始まりが卒業シーズンと重なったことにより，学校を卒業し，アパートも解約・退去した状態のまま，在留期限が終わった後も出国できない留学生が多数現れたという。斉藤（2020）は主にベトナム人を中心に，学校を退学してから新型コロナウイルス感染拡大の影響により帰国困難になっている留学生の事例分析を行った結果，分析対象の大半が 3 ヶ月の「短期滞在（就労不可）」のみ在留資格の延長を認められ，アルバイトなどができなくなったために，生活が困難になった点を指摘している。同論文で分析された 4 人のベトナム人留学生は入国管理局に在留資格延長を求める理由とそれを証明する書類を提出し，再申請する手続きを行ったが，そのうち 2 人は日本語能力が不足し，退学時期が早すぎたという理由で拒絶されたという。

この研究から明らかになったことは，コロナ禍以後，職場や居場所を失い在留資格の延長を求める留学生が入国管理局からの審査をクリアする際に最も大事なのは「日本語能力」と「退学時期」だという点である。すなわち留学生の中でコロナ禍の前（一般的に，2020 年 3 月以前）に退学した，あるいは日本語の能力が低い者は在留資格の延長や救済すら受けにくい現実に置かれており，不法滞在者になる可能性が高いと推測できる。同じ在留資格「留学」を有する者だとしても，いわゆる難関大学に通い日本語能力が上昇している者とそうでない者の間には大きな格差が存在するし，コロナ禍によってその差はより広がったと考えられる。

5-2　政策的変化

コロナ禍以降留学生に対する日本の受け入れ政策は①新規入国者に対する入国停止，ビザ発給中止などの封鎖策，②既に日本に滞在している留学生に対する救済策という，二つの柱で構成されている。政策立案・発表の主体となるのは主に文部科学省と出入国在留管理庁の二つである。まず，文部科学省は学校側が学生を管理する際に生じる法的問題に対して主にガイドラインを提供する。たとえば新型コロナウイルス感染症拡大防止のために日本語学校などの外国人教育機関が休校した場合の学生の出席率管理の新たなルールを提供するなどの役割を果たしているのである。

文部科学省と法務省は「留学」という在留資格をもちながら事実上出稼ぎ目的で入国する外国人留学生を取り締まるため，彼らの出席率を記録し，留学ビザを更新する際に参考資料として使ってきた。それゆえ，新型コロナウイルスの感染拡大に伴う授業のオンライン化と休校措置は学生の出席を管理する際に現場に大きな混乱をもたらしたのである。新型コロナウイルス感染症の流行によって従来の留学生受け入れ政策が大きく変わり，その中では入国許可が出ず，日本国外で待機している学生も多かった。文部科学省はこれらの待機者に対しても新規措置や判断基準を用意した。

一方，出入国在留管理庁は法務省所属の機関で，在留資格の延長や変更など，外国人の入国と滞在に必要な法的資格を管理する業務を担当している。出入国在留管理庁は新規入国者による新型コロナウイルスの拡散を防ぐため，徹底的な水際政策を展開すると同時に帰国が困難になった留学生に対する救済措置を行った。たとえば卒業後に「特定活動」の資格を得て週に28時間以内のアルバイトをしながら日本での求職活動ができるよう許可するなどの措置がある。しかしながら前述したようにその許可の基準がコロナ禍の影響で日本に残留している留学生の経済力ではなく，日本語の能力や卒業時期，学校がもつ名声などになってしまい，実効的な救済措置になっていない。

これらの措置はただの温情主義ではなく，新型コロナウイルスの拡散により景気が低迷したにもかかわらず人手不足に悩んでいる日本で，既に滞在している留学生を最大限活用するための策の一環でもあった。ここで注目すべきは，帰国が困難になった際，留学生と技能実習生がともに申請できる在留資格の枠が「特定活動」として設定されている点である。本来在留資格「特定活動」はある資格を有しながらも低賃金で人手不足の業種に従事する者，たとえば建設業の労働者や介護士などに与えられる資格であった。

文部科学省や法務省が想定している留学生は「高度人材の予備軍」であり，在留資格「技術・人文知識・国際業務」を獲得し，学んできた専門分野の延長線にある企業に就職して働くことを前提としている。したがって卒業後の在留資格更新や変更も留学生本人の専攻やスキルにふさわしい職に就いているかどうかを集中的に審査し，ビザを発給してきたのである。しかしながらコロナ禍の中で数多くの留学生が内定取り消し，卒業遅れ，単位取得の失敗などを経験し，学費や生活費を稼ぐために自分の専攻と無関係の仕事に就いてしまうケースが増えたのである。これらの事実を認めざるをえなかった出入国管理庁は留学生と技能実習生の在留期間満了後に救済措置として発行するビザを同じカテゴリの「特定活動」に設定し，事実上両者の類似性を認めたのである。

6　結論：今後の変化と留学生労働研究の課題

前述したコロナ禍以後の留学生管理政策，入国政策の変化と Pak（2021）の研究を合わせてみると，第１次・第２次緊急事態宣言によりサービス業でのパートタイム職を失った留学生の一部が学費や生活費を稼ぐため製造業，運送業に移って働いていると推測できる。彼らの大半はオンライン授業に形式的に参加するか，あるいは授業参加に必要不可欠であるデジタルデバイスを持っていないなどの事情で，授業を欠席して仕事をしている。その一部は行方不明になり，今後不法滞在者になるおそれがある。一方，いわゆる難関大学に入学し，多額の仕送り金を貰いながら性能のよいデジタルデバイスを持って勉強している留学生は，オンライン授業により節約できた時間をうまくいかして自己開発や就職活動の機会を増やす形で過ごしている。

つまりパンデミックのために技能実習生と同様に低賃金で人手が足りない産業の臨時労働者として使われるようになった留学生（出稼ぎ留学生に近い）と名門大学に通いながらオンライン授業の長所をうまく活用している学生（高度人材に近い）の間にさらに大きな格差が生じると予想される。今後の研究は，コロナ禍以降留学生の働き方がどう変わり，彼らが日本で教育機関を卒業してからどのような進路を選ぶかという点に焦点を当てると予想される。このような変化は入国政策や世界各国のコロナ禍対策に強く影響を受けるため，政策変化を分析したうえに労働研究を組み合わせる形で学際的研究がなされるほうが望ましい。また出稼ぎ留学生の一部が製造業労働者や不法滞在者として変わる可能性が高い点を考えると，より具体的な実態把握のため現場中心の参与観察研究を増やすべきである。

【引用・参考文献】

明石純一，2010，『入国管理政策――「1990年体制」の成立と展開』ナカニシヤ出版.

明石純一・五十嵐泰正著，駒井洋監修，2015，『「グローバル人材」をめぐる政策と現実　移民・ディアスポラ研究』明石書店.

出井康博，2016，『ルポニッポン絶望工場』講談社.

出井康博，2017，「深層リポート ベトナム人留学生は泣いている――外国人労働者急増の裏側」『週刊東洋経済プラス』03/11号.

伊藤欣士，1994，『技能実習制度』労務行政研究所.

稲上毅，1992，「経営戦略・外国人労働市場・雇用管理――事例からみたスペクトラム構造」稲上毅・桑原靖男・国民金融公庫総合研究所『外国人労働者を戦力化する中小企業』中小企業リサーチセンター，pp.114–181.

猪木武徳・大竹文雄，2001，『雇用政策の経済分析』東京大学出版社.

ウォーラーステイン, I.，川北稔訳，1997，『史的システムとしての資本主義』岩波書店.

カースルズ, S.・M. J. ミラー著，関根政美・関根薫訳，2011，『国際移民の時代』名古屋大学出版会.

上林千恵子，2015，『外国人労働者受け入れと日本社会――技能実習制度の展開とジレンマ』東京大学出版会.

斉藤善久，2020，「日本で働く外国人と（第8回）事例研究（5）コロナ禍における退学留学生の就労制限」『労働法学研究会報』71(22): 44–47.

志甫啓，2015，「外国人留学生の受入れとアルバイトに関する近年の傾向について（特集外国人労働の現状と課題）」『日本労働研究雑誌』57(9): 98–115.

鈴木江理子，2009，『日本で働く非正規滞在者――彼らは「好ましくない外国人労働者」なのか』明石書店.

鈴木江理子，2013，「特集 留学生をとりまく環境と課題 留学生と日本社会――誰のための受入れなのか?」『Migrants network――移住労働者と連帯する全国ネットワーク情報誌』161: 3–6.

鈴木宏昌，1990，「国際労働移動に関する理論展開について」『早稲田商学』340: 1–18.

滕媛媛，2020，「新型コロナウィルス感染拡大が在日華人に与える影響に関する調査の結果報告――全回答者，労働者，中国人留学生の集計結果」『TERG Discussion Papers』431: 1–34.

朴知遠，2020，「外国人留学生労働者のエスノグラフィー――Z居酒屋の参与観察を通じて」『労働社会学研究』21(0): 1–22.

法務省入国管理局（2018）.「平成29年末現在における在留外国人数について（確定値）」〈https://www.nisshinkyo.org/news/L-29-1.html（2022年3月24日取得）〉

労働政策研究・研修機構，2013，『資料シリーズNo.113　留学生の就職活動――現状と課題』独立行政法人労働政策研究・研修機構

Doeringer, Peter. B. and Michael J. Piore, 1971, *Internal Labor Markets and Manpower Analysis*, Lexington, Mass: Heath.

Pak Jiwon，2018，『日本におけるサービス職留学生労働者の就労状況――混合法的アプローチを中心に』一橋大学学位論文（修士）.

Pak Jiwon，2021，『災害が若者の就職に及ぼす影響――コロナウィルスパンデミック下における留学生の就労を中心に』一橋大学学位論文（博士）.

Piore Michael J, 1979, *Birds of Passage: Migrant Labor and Industrial Societies*, Cambridge: Cambridge University Press.

第11章

労働時間の弾力化と「リズムの専門性」

フリーランス労働における無収入リスクへの対処を事例として

松永 伸太朗

1 労働時間の弾力化と個人による労働時間管理

労働をめぐる社会科学において主要なトピックであり続けてきた対象として，労働時間の問題がある。労働時間をいかにして規制し削減するかという問題は，充実した労働者生活を実現するにあたって避けては通れないトピックである。とりわけ近年は，ワークライフバランスの整備や労働者の家族形成と関連して労働時間の問題が関心を集めている（久本 2018）。さらに，副業・兼業やワーケーションなどに代表される働き方の多様化，テレワークや在宅勤務に代表される働く場所の多様化によって，労働時間に対する管理はきわめて複雑化している。こうした動向は，「労働時間の弾力化」と呼ばれ，そのなかではたとえば裁量労働制の導入などによって，労働時間管理が企業のものだけではなく，労働者自身によっても担われるようになっていくことが指摘されている（佐藤ほか 2019）。

このような労働時間制度の観点で労働者自身による労働時間管理をどう確立するかといった問題の重要性は高まっているが，より広く働き方をめぐる社会的変化をふまえたときに重要となるのは，労働時間管理のあり方が単なる労働条件の良し悪しにとどまらず，生活の維持に直結してしまうような不安定性を抱えた労働者の浮上である。非正規雇用やフリーランス労働においては，制度的な雇用保障が乏しいことを背景として，一定の収入を得るために労働時間を短くするというよりもむしろまとまった時間を働くことの方が労働者にとって課題となる場合がある。これは場合によっては複数の仕事を掛けもちすることによって達成される。しかしもちろん，過度な長時間労働も持続可能性を損なうリスクがあることから避けなければならない。こうした労働者にとって労働時間管理は単に時計で計れる（時計時間としての）時間上の労働時間をどう削減するかといった問題に限られない複雑かつ切迫した問題となる。

こうした問題意識のもとで，本章では企業と雇用関係を結ばずに働くフリーランサーがいかにして自らの労働時間を組織しているのかについて議論する。フリーランサーは，雇用労働者を中心的な対象としてきた労働基準法の保護外に置かれることもあることから，弾力化の動向と関連なく，従来から自ら労働時間を管理しなければならない労働者である。さらに，複数の企業と契約を結ぶことも多く，かつ一つひとつの契約期間が長くないことから，複数の仕事をこなしつつ次の契約が得られるように活動するというプロセスを巧みに組織していかなければならない。本章では日本のアニメ産業で働くフリーランスのアニメーターを事例として，こうした労働者がいかにして不安定性に晒されるなかでも複数の仕事を巧みにこなしているのかについて明らかにする。

2 産業・労働社会学における労働の「時間経験」と「リズムの専門性」

労働時間をめぐる日本の社会科学的な研究は，産業・労働社会学も含めて日本の長時間労働が生じさせる過労死や社会的孤立などの問題について関心を集中させてきた（小倉 2007; 森岡 2013）。労働研究においてはあくまで時計時間を前提にし，いかにして労使関係のなかで労働時間をより短く設定するかといった問題に関心が払われてきた（石田・寺井編 2012）。

このように時計時間としての労働時間は依然として重要であるが，産業・労働社会学は時計時間に還元できない労働時間の側面にアプローチすることも試みてきた。たとえば下田平裕身（1993）は，1987 年の労働基準法改正によって所定内労働時間が 48 時間から 40 時間に削減されたことを受け，それから数年経過した 1990 年代初頭においてホワイトカラー労働者が労働時間についていかなる認識を有していたかをアンケートの自由記述から明らかにしている。そこでは，労働者は労働時間の長さを量的に問題視しているというより，労働時間に対する裁量が依然として組織に握られており，個別の労働者による主体的な仕事と時間の管理ができないことに問題意識を有していることが明らかにされている。

こうした時間経験の水準で労働時間を捉える方針をさらに発展させた近年の労働社会学の研究として，ベンジャミン・スナイダーによる労働者による時間的秩序の組織に関するエスノグラフィーがある（Snyder 2017）。スナイダーは，金融専門職・トラック運転手・求職者という複数の対象においていかなる時間経験がなされているかを描いている[1)]。

トラック運転手の議論がここでは重要である。走行距離に応じた出来高賃金制のもと働くフリーランス運転手には，1日の休憩時間・睡眠時間の下限や走行時間の上限が産業的な規制によって厳格に定められており，労働者側としては必要もないのに休憩しなければならなかったり，急ぎの仕事がないのに移動しなければならなかったりする。しかし，熟練した運転手はこうしたリズムの不一致に徐々に順応していく。たとえば，荷物の積み込み等で待機を強いられているときに，睡眠を取っている時間としてその時間を記録しておき，その時間を実際には起きていることによって待機が終わり次第すぐに輸送に向かえるようにしたり，逆に自らの疲労のピークを感じたときは走行時間が残っていても休息を取ったりする。このように複雑なリズムのなかでも仕事上の熟練としてそれらを組織するスキルが，「リズムの専門性 rhythm expertise」と呼ばれる。

この「リズムの専門性」は，複雑化した労働時間管理における時間経験や，それへの労働者自身の対処がいかにしてなされているのかを捉えるうえで重要な意味をもつ。労働時間が弾力化していくとき，仕事と私生活のリズムや，複数の仕事がもつ契約から納品までのスパンなどといったリズムが同時並行することになり，労働者はこれらを巧みに調和させる必要性に迫られる。

とくに出来高で働くフリーランサーは，この調和に失敗した場合直接的に収入の減少に直面することになる。さらにフリーランス労働においてはこうした収入の減少が契約相手や分業関係にある他者の影響で生じることがある。契約が突然打ち切られたり他者の作業が遅延して労働したくてもできない時間が生じる場合などである。しかも，あらかじめそうした時間がいつどのように生じるか予測できるとは限らない。こうした予測不可能性が高いなかでも一定のリズムをもった働き方を実現する必要がある。スナイダーは優れた視点を提示しているが，こうしたフリーランス労働の特徴がいかなるリズムの専門性によって対処されているかについては十分論じていない。

そこで本章ではそれぞれ異なる契約期間や納期をもつ複数の仕事を掛けもっているアニメーターを事例に，個人が労働時間における大きな裁量をもつなかでのリズムの専門性を記述することを試みる。こうした作業から，いかに労働者が無収入の

1）スナイダーの議論の理論的前提としてマイケル・ブラウォイの労働過程論がある。その意義については本書第13章を参照。

第1部
第2部
第3部

リスクを減じていたり，不測の変化に対応しているのかを明らかにする。

3 アニメーターの仕事の特徴

3-1 アニメ産業の概要とアニメーターの仕事

日本のアニメ制作は細分化された工程間分業に基づいている。その工程間分業は大きくは三段階に分けることができる。作品の企画などが行われるプリプロダクション工程，作品に必要な素材が制作されるプロダクション工程，アフレコなどの編集作業が行われるポストプロダクション工程の三つである。

アニメーターが担当しうる職務は多岐にわたる（表11-1)。このうち監督・キャラクターデザイン・演出・演出がプリプロダクション工程にあたり，作画監督・原画・動画がプロダクション工程にあたる。多くのアニメーターはプロダクション工程の業務を担っているが，一人のアニメーターが作品ごとに別の工程を担っていることも多くある。

アニメーターの就業形態については，2019年に日本アニメーター・演出協会が公表した実態調査によれば約7割がフリーランスないしは自営業と回答している。報酬制度については，基本的には描いた枚数・場面（カット）数・話数などの単位ごとに定められた単価に基づいて，こなした作業単位数に基づいて報酬を支払われる完全出来高制のもとで働くことが多い。

本章の議論でとくに重要な点として，工程の分業関係は一つの組織でかつ一方向的に進行しないことの方が多い。制作工程をすべてこなす一部の大手企業を除き制作会社はまれであり，部分ごとに別の下請企業が担っていることもある。さらに，とくにアニメーターがかかわる作画工程については工程の間に監督・演出・作画監督等によるチェックが入り，場合によっては次の工程に進まずに元の作業者が修正を要求される場合もある。さらにこうしたチェック担当者と原画マンなどの作業者は別々のスタジオで働いている場合もあるため，なおさら作業にタイムラグが生じやすくなる。出来高制の場合，このチェック待ちの状況ではアニメーターに報酬は発生しない。このように，単なる契約期間の問題だけではなく，アニメ産業が複雑な工程間分業を前提としているために，予測し得ない無収入状態が生じるリスクに常にアニメーターが直面していることには留意が必要である。

表11-1　アニメーターの担当する工程・職務内容・年収

（出所：職務内容については日本アニメーター・演出協会（2009）を，平均年収については日本アニメーター・演出協会（2015）を参考に筆者作成）

工程	職務内容	平均年収(万円)
監督	作品の内容について最終的な責任をもつ。演出や絵コンテと兼任することも多い。	648.6
キャラクターデザイン	アニメ作品中に登場するキャラクターを創作する。ライトノベルや漫画などの原作の絵がある場合でもアニメーションとしてより制作しやすいように修正を行う。	510.4
演出	監督の意図に基づいて作品を構成し，キャラクターの演技をつける。	380.3
絵コンテ	作中の各場面作りとなる画付きの台本を作成する。監督・演出の意図に基づいたうえで，台詞・効果音・レイアウト・演出指示・カメラワーク・効果及びBGMなどの指示を書き込む。	372.3
作画監督	原画に修正を入れ，動きや絵のクオリティを必要水準まで引き上げる。場合によっては原画に描き直しを指示する(リテイク)。作画監督が複数配置される場合はそれらを統括する役職が置かれる場合もあり，その役職は総作画監督と呼ばれる。	393.3
原画	絵コンテに従って画面を設計(レイアウト)し，演出が要求する演技に従って場面のキーポイントとなる絵を作成する。さらにレイアウトが作画監督のチェックを受けた後にそれを清書する。清書の作業は第二原画とも言われる。	281.7(第二原画のみでは112.7万円)
動画	原画が作成した絵の間を埋める絵(中割)を作成する。	111.3

3-2　作画スタジオへのフィールドワーク

筆者は，上記で述べたような不安定な労働条件に対して職場の成員たちがどのように対処しているのかという点を検討するために，東京都内の作画スタジオX社において2017年1月～4月と2020年2月～3月にかけて職場観察を中心とする合計330時間のフィールドワークを行った。フィールドワークは，職場の成員の活動についてのフィールドノートへの記録に加えて，許可の得られた方へのインタビュー，労働条件等に関するアンケート調査，作画業務や成員間のコミュニケーションについてのビデオ撮影を含んでいる。

X社ではアニメーターと事務担当者を合わせて40名が働いている。社長を除くアニメーターは就業形態上は独立自営であり，X社を介して，もしくは自身で直接他社の仕事を請け負って働いている。

X社ではアニメーターに仕事の裁量が大きく与えられており，出退勤時間（そもそも出勤するかも含めて）や，仕事の受注先，スケジュール等についてアニメーターが原則定めてよいことになっている。

本章の分析は，主に2020年の調査で取得したフィールドノートへの記録に基づいている。2020年調査は，3週間程度，週1回の休みを除いて連続して訪問しており，記録内容は成員の業務内容に踏み込み，どのような作品・職務にどれだけ時間をかけているかを捉えることに注力している。こうしたデータを用いて，X社のアニメーターの実践からみられる「リズムの専門性」を捉えることを試みる。

4 「リズムの専門家」としてのアニメーター

本節では，X社の中堅からベテランアニメーターの実践を記述し，彼女らがいかにして日々の業務の予測可能性を組織化しながら仕事を遂行しているのかを明らかにする。

4-1 アニメーターのスキルとしての「リズムの専門性」

「リズムの専門性」はアニメーターとして働き始めてすぐに身につくものではない。実際，2020年調査時に働いていた新人アニメーターは，同時に進行している2作品のスケジュールを上手く両立させて仕事を遂行することや，その仕事が切れることを見越して次の仕事の契約を獲得しておくことなどに苦労していた。こうしたアニメーターに対しては組織として支援がなされる（松永2020）。

たとえば，アニメーター2年目の近藤は，作品BとWという二つの作品の仕事をバランスよくこなしていたが，それぞれの元請制作会社におけるチェック作業が遅れたために2～3日以内に無収入の状態（「手空き」）が生じてしまう状況に突然直面した。この例では，X社内でアニメーターの支援を行っているマネージャーが，他社からX社宛てにあったオファーのうち近藤の状況に適した仕事を斡旋することによって，目下の手空きを回避しつつ，かつ近いうちに戻ってくる作品BとWの仕事にもシームレスに戻れるように配慮していた。しかしこれは，経験の浅いアニメーターの場合にのみ行われることであり，「リズムの専門性」を身につけた中堅からベテランアニメーターは，原則的に個人で常に予測可能性を切らさないように業務を行っていた。以下ではそうした実践として，他社の制作進行が成果物回収に来ることが予想されるなかでの業務遂行の事例と，手空きが予測された際のアニメーターの対処の事例を取り上げる。

4-2 「手空き」への個人的対処と版権イラスト作業

すでに述べたように「手空き」は，アニメ産業における協働のシステムから生じる問題であるため，経験を積んだベテランであってもそのリスクをゼロにすることは難しい。しかしベテランの場合，手空きが生じるリスクを先読みして，自ら対処を行う場合がよくある。その際，ごく短期的な仕事を挿入的に請け負うことによって，次の長期的な契約を得るための時間を稼ぐということが行われる。

以下は，継続的に行っていた作品S（D社制作）作画監督の作業が終了するにもかかわらず次の仕事が判明していない状況において，X社内で持ち回りで担当されている版権画の仕事を行いながら，次の仕事を得るための依頼を行うベテラン（脇坂）の例である。作品Sは，脇坂が継続的に作画監督の業務を請け負っている作品で，これが途切れることは大きな収入減につながる。ここにおいて脇坂は，あらかじめ取得してあった数時間で終わらせることのできる版権イラストの仕事を進め，手空きになる時間を埋めつつ，次の契約を得るための動き（下線部）に着手する。

FN20200217

脇坂さんは，2月13日から数日かけてD社制作の作品Sの作画監督作業を継続的に行っている。2月17日も，15時ごろまで作品Sのキャラクターを描いていることを確認していた。しかし，15時57分の時点で，別作品Hのイラスト作成作業に切り替わっていることが観察された。この作品Hの作業はスマホゲームのイラスト制作の作業で，X社がM社から継続的に請け負っている作業である。

この作業を遂行しながら，16時27分に脇坂はD社に電話をかけ，担当プロデューサーに「そろそろ次のスケジュールを…」と述べて目下手空きになりかけていることをほのめかし，追加作業の日程を伝えるよう要請している。

18時40分，M社からX社に電話がかかってきて，M社が版権作業の回収が22時でよいか尋ねてきた。電話をとったマネジャーはそれでよいか脇坂に尋ね，脇坂は了承した。

脇坂は19時47分から15分ほど自身がキャラクターデザインを担当する作品Gの他社プロデューサーの応対をするが，21時29分に作品Hの版権イラストを封入したカット袋を上り棚に提出している。このカット袋は22時07分にM社制作進行によって回収された。

2月17日の脇坂の行動をみると，15時57分の時点では作業している作品がS（作画監督業務）からH（イラスト作成業務）に切り替わっており，その後16時27分に作品Sの制作元であるD社に次の仕事のスケジュールを伝えるように要請していることから，15時前後に作品Sに関する仕事が尽きていたと考えられる。何も対策をしていなければ，この時点で脇坂は手空きの状態になっていた。しかし，X社が他社（M社）から継続的に請け負っている版権イラストの作業を取得しておくことにより，手空きの状態が生じるのを先延ばしにすることに成功している。こうした対策自体が，脇坂が自らの仕事がいつ途切れるかをある程度予想できていることを示している。

このように目下の手空き状態を回避したうえで，脇坂は下線部にあるように次の長期的な仕事を得るために他社とのやりとりを進めている。第一に，それまで行っていた作品Ｓの制作元であるＤ社に追加作業の日程を伝えるように求めている。「次のスケジュール」の有無自体を確認せず，追加作業があることを前提とした形式で問い合わせていることから，Ｄ社による脇坂への発注がここでは滞っていた可能性が高い。この問い合わせは，それまで脇坂の仕事のリズムの大部分を規定していた作品Ｓの作業にいち早く戻るための方法になっている。第二に，19時47分からは作品Ｇという，別の作品の担当プロデューサーとの打ち合わせを行っている。この作品におけるキャラクターデザインの業務も脇坂が以前から関わっていたもので，一度脇坂が成果物を納品していたが，いくつか修正を行ってほしい点があることがプロデューサーから伝えられていた。ここでも次の仕事につながるやりとりがなされていることを確認できる。

脇坂はこのように，版権イラストという数時間でこなせる仕事を遂行することによって収入を確保しつつ，その作業の合間を縫って次の仕事を得るための活動を行っている。これらの活動はそれぞれ成功し，2月20日時点では作品Ｓの作画監督の仕事がＤ社から戻ってきてその仕事を行っており（FN20200220:0915），2月21日には作品Ｇのキャラクターデザインを行っていたことを確認している（FN20200221:1215）。なお脇坂は，上記のフィールドノートの記録の翌日である2月18日に一日休暇を取っており，ここで述べたように結果として作画監督とキャラクターデザインという重要な役割が並行する状態であったこともあり，後に筆者がこの数日の状況を尋ねたところ，「この時期は仕事が少なかった」という認識だったことが述べられた（Interview20200303）。

このように脇坂は，長期的に継続していた作品Ｓの仕事が途切れた際に，ごく短期でこなせるイラストの仕事を挿入して，手空きを回避するとともに長期的なルーティーンを再構成することに成功している。「リズムの専門性」との関連では，あらかじめ作品Ｓに手空きのリスクがあることを予測しつつ，次の仕事を得る活動を行う時間に無収入にならないために巧みにイラストの仕事を取得し，しかるべきところでそれをこなしていたことに脇坂のスキルが見て取れる。ここで脇坂は，それぞれの作品の契約期間や作業に要する時間を巧みに予測することによって，巧みにリズムを構成していたのである。

4-3　他社との協働と作業の同時進行

脇坂の事例は手空きへの直面が理解しやすいものだったが，そうしたリスクが常にあるのであれば，はっきりと手空きが目下にないような状況においても，アニメーターの活動のなかにリスクに対処する志向がみてとれるはずである。そうした実践として，中堅アニメーター権田が成果物提出・回収に用いられる「カット袋」を用いて行った一連の活動に着目する。

アニメーターは一般に，作業を終えた成果物を「カット袋」と呼ばれる封筒に封入し，X社ではそれを提出場所である「上り棚」に提出することによって作業完了となる。提出されたカット袋は，制作進行と呼ばれる元請制作会社で進捗管理を行う担当者が回収し，作画を行ったアニメーターが提出したカット袋に手をつけることはあまりない。しかし，以下の事例では，上り棚に置かれたカット袋が変則的な運用をされていた。

権田は，2020年2月14日の時点において，主たる作業として作品F（T社が元請）の19話における原画兼作画監督を担当しており，それと同時に三つの別作品（作品A・B・C）の原画作業を請け負っている状態にあった。作品A・B・C・Fの4作品の元請制作会社は別々である。このように四つの仕事を掛けもっている状態は，どのようにそれぞれの〆切を破らずにシームレスに時間を配分するかが実践的な課題となる。そうしたなかで権田の活動の流れに着目してまとめたのが以下のフィールドノートである。

FN20200214

T社宛ての上り棚に，権田さんが提出した作品F19話の作監上がりのカット袋が置かれている。観察した時点で，カット袋には申し送り事項として「すみません，全体の進捗状況把握したいので表があったらいただきたいです」と書かれている。さらに11時18分に，権田さんはすでに提出したカット袋を一度棚から取り出し，「あと修正用紙の追加お願いします」と加筆して棚に戻した。

なお，カット袋は観察を開始した当日9時16分の時点でカット袋には置かれていたが，権田さんは午前中からF19話の作監作業を進めていた。12時53分には，上り棚に置いてあるカット袋を一度開けて午前中に作業したカットを再封入している。

昼食から戻ってきた午後は，権田さんは別会社の作品Bの第二原画作業に着手し，16時31分にはその成果物を上り棚に提出していた。

作品Fのカット袋は，観察を終えた17時時点では回収されておらず，翌日14時の時点ではすでに回収されていた。

権田は筆者が観察をし始めた朝9時すぎの時点ですでに作品F19話のカット袋

を上り棚に提出していたが，権田は作品 F19 話の作業を午前中続けていた。つまり，権田はその時点で自身が請け負っている作業をすべて完遂してはいない状態にある。このような仕方でとりあえず出来上がっているカットを提出するという行為自体は，それほど珍しいことではないが，作画作業を並行してカット袋を用いたいくつかの行為を遂行している。

一つは，11 時 18 分にカット袋に記載する申し送り事項を加筆していることである。もう一つは，昼食を取りに外出する直前に午前中作業したカットをカット袋に追加封入していることである。ここで重要なのは，これらの二つの活動を一度に行わず，別々のタイミングで行っていることである。論理的には，午前中に作業したカットを封入する際に，合わせて申し送り事項を記載すればよい。しかし権田は実際には申し送り事項の追記だけは，おそらく当人がその必要性に思い至った段階ですぐ，作画作業が終わる前に行っている。

こうしたことからわかるのが，権田が T 社の制作進行が午前中に回収しにくる可能性に強く志向しているということである。もし昼食前にまとめて申し送り事項を記入しようとしたときにそれ以前に回収が来てしまうと，相手の制作進行に申し送りが伝わらないことになる。しかもこのケースでは追加の申し送り事項は「追加の修正用紙」という，作画監督の作業に必須の素材が不足していることを伝えるものであり，これが伝わらなかった場合はそれ以降の仕事の作業進行に悪影響が及ぶ可能性がある。こうしたことから，申し送りの追記がカットの提出とは別個になされたのだということができる。

このカット袋への申し送りの追記という行為は，脇坂の例とは違い，手空きが目下に差し迫った対処としてなされているものではない。しかし，その業務を行うために必要な素材が不足した場合には手空きのリスクが高まることになる。まず，そもそも素材が尽きてしまえば作業を行うことができないし，より重要なこととして，素材を運搬している制作進行は他社におり，かつ物理的に移動してくることから，依頼してから実際に素材が手元に届くまでにはどうしてもタイムラグが生じることになる。こうした意味で，素材の追加についての申し送りは，手空きが目の前に生じる状態を避けるための，事前の予防策なのである。

この事例においては，脇坂が行っていたように仕事ごとにかかる作業時間をうまく組み合わせることも行っている。権田は午前に作業したカットを終えても，まだ作品 F19 話の作業をすべて完遂したわけではなかった。実際，翌日の 2 月 15 日には作品 F19 話の成果物を別のカット袋に封入して提出している。つまり，権田は作品F19話の作業はまだ数日かかることを前提としたうえで，午後に別作品の作業を挿入的に行っている。作品Bの〆切がいつであったかは定かでないが，作業内容は第二原画の作業であり，作画監督と比べれば短時間で遂行可能な作業である。実際この作業は3時間程度で完遂されている。

この権田による一連の活動は，このように脇坂が行っていたような長期的／短期的な作業の組み合わせに加えて，結果として自らのリスクを高める可能性のある他社との協働においてトラブルが生じるリスクを軽減するための布石を打っておくということを行っている。手空きを避けるための実践は，自分自身のリズムを適切に保つことだけではなく，このように他者の仕事のリズムと自らのリズムを調整するということも含んでいるのである。

こうした事例を通してわかるのは，フリーランサーが抱えるリスクはそのリスクが顕在化して対処されているのではなく，日頃からその可能性をできる限り減じるような方法を労働者がスキルとして身につけており，それを一見するとトリヴィアルな行為とともに遂行しているということである。「リズムの専門性」という視点は，そうしたスキルの重要な一側面を示しているのである。

5　労働時間の社会学的記述

本章では，フリーランス労働の一事例として日本のアニメ産業におけるアニメーターの労働を取り上げ，彼らがいかにして不安定性に対処しているのかについて明らかにしてきた。そのなかで，中堅・ベテランアニメーターが自らの複数の仕事の契約期間を組み合わせたり，他社との協働のなかで手空きが生じるリスクを軽減する活動を行っていることを明らかにした。こうした作業を通して労働時間の弾力化が進行する社会においていかなるスキルが労働者に求められるか，その一端を明らかにすることを試みた。

本章が描いた「リズムの専門性」は，絶えず予測しきれない変化が起きる仕事に対していかにして予測を行い，変化に対処するかという問題にかかわるものである。この点は，本章と対象こそ異なるが，製造現場における作業工の知的熟練を描いた小池和男の議論ともつながる。小池は，日本の製造現場における労働者のスキルとして，問題発生時に原因を特定したりするための「問題をこなす技能」と工程に変化が起こったときに対応するための「変化をこなす技能」があり，製造労働者がOJTを通してこうしたスキルを獲得していると指摘した（小池 2005: 第1章）。本章でアニメーターが発揮していた「リズムの専門性」は，この知的熟練とも連続性をもつものである。小池の議論は労働者が幅広いスキルをもつに至るキャリア形成に焦点を当てていくが，本章の議論は小池がいうところの知的熟練を，労働時間の弾力化の文脈でより直接的に労働者の行為に即して記述する方針を与えるものでもある。

そのうえで本章が示唆することは，労働時間管理が労働者の手に委ねられていくということは，小池が論じたよりも広い層の労働者に「リズムの専門性」という形で知的熟練が求められるようになるということである。本章は労働時間管理が本来的に労働者に委ねられているといえるフリーランサーを対象としたが，近年の労働時間管理の弾力化は，一次的な労働時間管理の責任が使用者にあると考えられる雇用労働者において生じている。時間の使い方を皆がそれぞれに定めるということは，職場の他者の行動についての予測が立てにくくなることを意味する。これによって，これまで組織的に労働時間を定めていたことにより生じなかった調整のコストが生じ，それも含めて労働者が担う可能性がある。

さらに，とくにアニメーターの事例からみえてくるのは，複数の職種や企業が高度に協働することによって事業が成り立っているような業界・企業で働く労働者において「リズムの専門性」がより強く求められる可能性である[2)]。もともと，こういった労働現場では一定の「リズムの専門性」を熟練労働者が獲得していると思われるが，労働時間の弾力化が求められる専門性をより複雑化させることも考えられる。

ここまでの議論でも明らかなように，「リズムの専門性」は現代的な職場における労働者の重要なスキルであると同時に，労働時間の弾力化が生じさせるリスクを背景にしたものでもある。他者の行動が予測しにくくなることは，協働上のトラブルなどによって過度に圧縮された時間のなかで多くの業務をこなさなければならないなど，時計時間に表現されない労働時間問題を生じさせるかもしれない。時計時間のみを基準にしていると，こうした場合における労働者の葛藤は見過ごされる可能性がある。「リズムの専門性」は，こうした状況に対処する労働者の能力に社会学的記述を与える視点であると同時に，その専門性が内包する複雑性を解明することによって，新たな労働時間問題への批判の資源ともなる。本章は無収入へのリスクに

2）労働時間問題がワークライフバランスの議論を密接に関係している現状においては，仕事と私生活を構成するリズム同士の関係性を考察することも重要になってくるだろう。仕事と家庭における時間経験の葛藤を描いた代表的な議論として，Hochshild（1989=1990）を参照。

対処するアニメーターを事例にその端緒的な議論を行ったが，多様な対象においてリズムに焦点化した記述を積み重ねていくことが産業・労働社会学の一つの課題であるといえるだろう。

【引用・参考文献】

石田光男・寺井基博編，2012，『労働時間の決定――時間管理の実態分析』ミネルヴァ書房.

小倉一哉，2007，『エンドレス・ワーカーズ――働きすぎ日本人の実像』日本経済新聞出版社.

小池和男，2005，『仕事の経済学 第3版』東洋経済新報社.

佐藤博樹・藤村博之・八代充史，2019，『新しい人事労務管理 第6版』有斐閣.

下田平裕身，1993，「ホワイトカラー労働者の労働時間意識――「組織の労働時間」と「個人の労働時間」」『経済学論集』30: 1-20.

日本アニメーター・演出協会，2009，「アニメーター労働白書2009」.

日本アニメーター・演出協会，2015，「アニメーション制作者実態調査報告書2015」.

日本アニメーター・演出協会，2019，「アニメーション制作者実態調査報告書2019」.

久本憲夫，2018，『新・正社員論――共稼ぎ正社員モデルの提言』中央経済社.

松永伸太朗，2020，『アニメーターはどう働いているのか――集まって働くフリーランサーたちの労働社会学』ナカニシヤ出版.

森岡孝二，2013，『過労死は何を告発しているか――現代日本の企業と労働』岩波書店.

労働政策研究・研修機構，2018，「「独立自営業者」の就業実態」

Hochschild, Arlie R., 1989, *The Second Shift: Working Parents and the Revolution at Home*, New York: Viking（田中和子訳，1990，『セカンド・シフト 第二の勤務――アメリカ共働き革命のいま』朝日新聞社.）

Snyder, Benjamin H., 2017, *The Disrupted Workplace: Time and the Moral Order of Flexible Capitalism*, New York: Oxford University Press.

第3部

企業・労働市場と労働者をめぐる理論と学説

第3部　イントロダクション
社会学はいかに「働くこと」を捉えるのか

園田 薫

第1部・第2部では，それぞれ企業と労働者，組織と個人というアクターを対象とした「働くこと」に関する社会学的な議論を通して，「21世紀の産業・労働社会学」として扱うべき研究の境界線について示唆を与えてきた。それを受けて第3部では，社会学がいかなる学術的な環境と蓄積のなかで「働くこと」を捉えてきたのか，そして過去の議論がどのように私たちの研究知見や分析の枠組みに影響を与えているのかを振り返ることで，「21世紀の産業・労働社会学」としての視座を構築する契機としたい。まずはこれまで社会学が「働くこと」をいかに捉えてきたのかという歴史的な流れを概括しながら，日本の産業・労働社会学が考察してきた課題とその知見についてまとめ，それらを現在どのような形で継承すべきかについて検討していく。

1　社会学で「働くこと」はどのように捉えられてきたのか

労働概念は，仕事の対価として賃金を得るという賃労働の広がりとともに普及していった。言うなれば，労働者が自身の時間と労力を売り，企業や使用者がそれをお金で買い取るという雇用の契約が発生することで，労働が成立しているのである。それは人々が同じものさしで評価する貨幣が存在し，それを得るために大半の人間が雇用によって生計を立て，生存を支える社会的なサービスや保障が労働と結びつけられている賃労働社会（Castel 1995=2012）が前提となっている。しかし賃労働は，様々な形で働く人間に差をつける。労働者が提供するサービスは，貨幣というものさしで序列化され，労働の結果が資本蓄積という差となって現れる。マタイ効果と呼ばれるように，一度多くの資本を与えられたものは，ますます多くの資本を獲得しうるという累積的な優位性をもっている。多くの財を投資されたものは，より良いサービスを生み出す人間になりやすく，さらなる資本蓄積の差を生む傾向が知られる。こうして働くことは，様々なプロセスによって労働者の間に格差を生み出している。

さらに賃労働社会において，労働者間だけでなく，雇う側と雇われる側の間にも不均衡が生じている。多くの場合，労働者は資本家が決定した賃金報酬を受け入れる形で雇用契約が発生するのであり，そこには資本をもつ側が権力を握るという非対称な関係性が存在する。こうした資本主義社会の構造に目を向け，その問題性を指摘してきたのが，カール・マルクスである。マルクスは資本主義という社会のあり方に対し，共産主義という新たな可能性を提示することで，より良い社会の仕組みを構築する必要性を訴えた（Marx and Engels 1848=1951）。こうしてマルクスとエンゲルスの思想を中心に体系化された社会主義という考え方は，社会学全体の歴史においても欠かすことのできないものとなった。「働くこと」の社会学に限定すると，マルクスの登場以降，労働者がいかに企業・使用者によって搾取されているのか，労働者はどのように資本主義に対抗すべきなのかという議題が，労働社会学という分野における主要な争点の一つとなっていった。

「働くこと」が格差や搾取を生むというネガティブな視点の一方，働くことで連帯と生きがいを得られるとするポジティブな見方が存在する。同じ職業や組織に属する人々と協働するなかで，ともに働く人間への仲間意識や同族意識が芽生えることも多い。また働くことで，自分が達成したいことを成し遂げる自己実現が可能になり，人生における生き甲斐を得ることも可能である。こうした視点は，「禁欲主義的エートス」や「資本主義的エートス」をプロテスタントという特定の宗教に帰依する人々の社会倫理とすることで，自己充足を目指すある社会集団の労働観から資本主義社会の成り立ちを明らかにしたウェーバーの職業研究（Weber 1920=1989）によく表れている。働くことを通して人々が共同性を獲得し，人生を充足させていくという発想は，人々の職業選択や労働観，企業のコミュニティとしての性質，労働者のキャリアに目を向けた研究などへと派生していった。

以上の研究背景をまとめると，大きな社会の存立基盤に目を向けつつ，格差や搾取という苦しみから労働者を解放し，連帯と生きがいを得るための方策を見つけていくことこそが，「働くこと」を検討してきたこれまでの社会学の営みである。換言すれば，社会学は労働にかかわる諸現象を分析しながら，私たち人間がよりよい状況・状態で働けるような方法を模索してきたといえるだろう。たとえば，よりよい労働条件や雇用契約の下で働くために，経営側の視点では労働者に不満を残さないための管理方法（＝労務管理）が，労働者側の視点では待遇の改善を訴える対抗手段としての労働組合の組織化（＝労使関係）が，それぞれ検討されてきた。労務管理論・労使関係論は，経済学や経営学，心理学などの多様な領域が関わって研究を深化させてきた，社会学に限定されない学際的な学問領域である。当該領域における社会学の独自性とは，社会集団に所属する個人・組織という観点から労働者や企業を分析し，その内実を全体社会の一部として記述することにこだわってきた点にあるだろう。

2 日本の社会学は何を明らかにしてきたのか

なかでも日本社会学の試みに焦点を当てると，社会政策や企業の経営を改善するためというよりも，労働現場に横たわる事実を淡々と見つめ，それを社会の仕組みとつなぎ合わせて理解することに学としてのアイデンティティを見出してきた。たとえば企業＝資本家との対抗手段であり，共同性を有した存在として，労働組合は社会学における重要なアクターと認知されてきた。労働組合は様々な背景をもった個別の労働者を代表し，資本家との間に生じる階級闘争を緩和すること，そして労働者がより良い状態で働くことができるような権利を獲得することを目的とした運動組織として描かれる。労働組合は労働者文化の一つの発露であり，労働者の団結を生み出すための集団だという枠組みから分析されてきた。

しかし日本は，同じ職業集団の権利団体として組織される産業別労働組合が力をもったイギリスやアメリカと異なり，それぞれの企業の従業員ごとにメンバーシップが与えられる企業別労働組合が影響力をもっていた。それゆえに日本の労働者は，労働者の立場を代表する労働組合だけでなく，労使交渉をめぐって対峙するはずの企業組織に対しても同時にシンパシーを抱いているという特徴が明らかになった。マルクスの考えと相反するこの二重帰属意識の発見は，ときに御恩と奉公によって成り立つ封建社会の名残として，ときに集団活動を個人に優先させようとする日本人の心性として，ときに体制のなかで日々真面目に働くことを目指す勤勉力行型の労働エートスの結果として解釈された。

日本的雇用慣行として抽象化されるこうした諸特徴は，第1部で論じたように，他にも様々な学問領域の労働研究者によって明らかにされてきた。なかでも社会学の大きな貢献は，集団としての企業と労働者の意識を浮き彫りにし，それを社会の仕組みから説明したことにあるだろう。たとえば日本的な雇用慣行の成立に対する説明として，農村社会に根づいていたイエの論理が企業経営の方式に持ち込まれたと解釈する経営家族主義（松島 1962; 間 1964），労使双方が経済的な利害関係を超えた相補的な関係性を目指すことによって生成される生活共同体（津田 1976; 稲上 1981）などの論理が導入された。以上の議論は企業コミュニティという概念に昇華され，私生活を犠牲にして仕事を優先する「会社人間」像，企業のウチとソトを明確に区別する企業の規範，それにともなって特定の企業へのメンバーシップを得ることを志向する「就社」意識など，企業と労働者がもつ規範と関連する様々な現象を明らかにしていった。

そしてこれまで浮き彫りになってきた日本の労働現象がもつ一連の特徴は，様々な角度から日本社会特有のものであるのかどうかが検討されてきた。20 世紀の日本は，戦後の復興から劇的な経済成長を遂げ，世界有数の資本主義大国へと変容した。まさにその変化のなかで，日本企業のもつ諸特徴にスポットライトがあたり，日本国内だけでなく世界各国からの注目を集めた（Abbeglen 1958=2004; Dore 1973=1987; Inagami and Whittaker 2005）。日本の企業と労働者のもつ特徴が精緻化され，研究が活発に行われるようになると，「働くこと」を扱う社会学はいくつかの領域にまたがって分化・発展していく。主に社会のマクロな変動と産業組織の構造に着目した研究は「産業社会学」と呼ばれるようになり，労働者の意識や労働組合に着目した研究は「労働社会学」として区別されるようになった。産業社会学は近代化にともなって組織や制度が似通った形に発展していくとする収斂理論と経営組織が人間関係によって規定されるとする人間関係論を，労働社会学は資本の論理への抵抗と従属というマルクスの理論的考察を一つの軸としながら，それぞれの学説を豊かなものにしてきた。

3　社会構造の変容と「21 世紀の産業・労働社会学」の構築に向けて

「20 世紀の社会学」において顕著であった以上の様相は，21 世紀に向けて少しずつ変容している。とりわけ大きな点として，冷戦体制の終結にともなって共産主義という資本主義社会のオルタナティブが実質的に喪失したこと，不確実性の増大とグローバル化の進展が労働・雇用の仕組みの再編を促していることなどが挙げられる。社会構造の変容は，資本主義社会の前提をより強固なものにする一方で，自明視されてきた既存の仕組みの安定性を揺るがしている。これまでの長期安定的で固定的な労使の関係性は徐々に変化し，非正規労働者やメンバーシップをもたない労働者が増加した。国家という枠組みに代表されるような空間的な縛りを超えた企業・労働者の移動が容易になったことで，企業と労働者はさらなる資本主義の競争に晒されるようになり，競争に負けるリスクを個人に背負わせるような新自由主義的な価値観も広がりを見せている。企業と労働者はその都度適切なパートナーを自らの判断で能動的に求める必要があり，両者のマッチングの最適解はより流動的なものへと変化している。

こうした状況において，もはや各人にとって望ましい労働のあり方は一意に定まらず，より企業・労働者の多様性に目を向けた社会分析が必要とされている。これが序章で示したような「働くこと」をめぐる社会学の多様化・拡散状況にもつながっている。同時にそれは,「働くこと」を中心となって考察してきた産業・労働社会学の理論や学術的な視座だけでは，必ずしも現実をうまく素描できなくなってきたことを意味している。資本主義の多様性（Hall and Soskice 2001=2007）が叫ばれる昨今では，収斂理論による国家の段階的な発展の説明図式は維持しにくい。さらに産業社会学の理論的支柱であった人間関係論は，組織による戦略的な人材管理に関心が寄せられるなかで後景に退いている。マルクス主義への注目度と労働組合の組織率が低下している昨今では，労働組合を資本の論理に抵抗する中心的な存在として位置づける労働社会学もまた，新たな視座をもって労働者の論理に切り込まなくてはならない。

これまでの議論をまとめると，ますます多様な視点からの検討が必要不可欠になっている「働くこと」の分析をふまえて，産業・労働社会学は多様性の着目に関心が注がれている現在の状況とその知見を理解したうえで，再度その学問的支柱がどこにあるのかを同定し，これまでの分析的視座をアップデートしていかなくてはならない。学問領域が時代に合わせて伸縮してきたように，産業・労働社会学の中心的な問いと視座もまた同時に動いていくものなのである。以降の章では，時代を通して変化したもの，変化していないものをそれぞれの学問領域から検討し，その歴史のなかに現在改めて問うべき課題とその行く末を見出すことにしたい。

【引用・参考文献】

稲上毅，1981,『労使関係の社会学』東京大学出版会.

津田真澂，1976,『日本的経営の擁護』東洋経済新報社.

間宏，1964,『日本労務管理史研究——経営家族主義の形成と展開』ダイヤモンド社.

松島静雄，1962,『労務管理の日本的特質と変遷』ダイヤモンド社.

Abegglen, James C., 1958, *The Japanese Factory: Aspects of Its Social Organization*, Glencoe: The Free Press.（山岡洋一訳，2004,『日本の経営 新訳版』日本経済新聞社.）

Castel, Robert, 1999, *Les métamorphoses de la question sociale: Une chronique du salariat*, Paris: Fayard.（前川真行訳，2012 年,『社会問題の変容——賃金労働の年

代記』ナカニシヤ出版.)

Dore, Ronald P., 1973, *British Factory, Japanese Factory: The Origins of National Diversity in Industrial Relations*, Berkely: University of California Press.（山之内靖・永易浩一訳, 1987,『イギリスの工場・日本の工場――労使関係の比較社会学』筑摩書房.)

Hall, Peter and David Soskice eds., 2001, *Varieties of Capitalism: The Institutional Foundations of Comparative Advantage*, Oxford: Oxford University Press.（遠山弘徳・安孫子誠男・山田鋭夫・宇仁宏幸・藤田菜々子訳, 2007,『資本主義の多様性――比較優位の制度的基礎』ナカニシヤ出版.)

Inagami, Takeshi and D. Hugh Whittaker, 2005, *The New Community Firm: Employment, Governance and Management Reform in Japan*, Cambridge: Cambridge University Press.

Marx, Karl and Friedrich Engels, 1848, *Manifest der Kommunistischen Partei*.（大内兵衛・向坂逸郎訳, 1951,『共産党宣言』岩波書店.)

Weber, Max, 1920, *Die protestantische Ethik und der Geist des Kapitalismus, Gesammelte Aufsatze zur Religionssoziologie*, Tübingen: J. C. B. Mohr.（大塚久雄訳, 1989,『プロテスタンティズムの倫理と資本主義の精神』岩波書店.)

第12章

日本の産業・労働社会学の学説史的反省

経済現象を捉える領域社会学との関係性に着目して[1)]

園田 薫

1 問題関心と先行研究の整理：多様化する領域社会学の俯瞰と学説史的分析の意義

序章や第3部の関心を受け，本章では「21世紀の産業・労働社会学」を社会学的視座から多角的に労働現象を捉える学問として再構築するため，これまでの研究を振り返りつつ，労働をめぐる／労働研究のなかの社会学としての輪郭を反省的に考察する。産業・労働社会学にかかわる学説史的研究では，領域社会学内部の関係性（ヨコのつながり）とそこで論じられてきた研究内容の軌跡（タテの歴史）に注目する必要性が，それぞれの文脈から指摘されてきた。

労働現象を扱う社会学には，実に多様な連字符が含まれている。小川（2006）は職業社会学，労働社会学，産業社会学，経済社会学，経営社会学を「労働を研究対象に含む社会学分野」とし，藤本（2020）はさらに加えて社会階層論や組織社会学などの領域社会学に言及している。これ以外にも，教育社会学や家族社会学，地域社会学，ジェンダー論などの労働現象の分析を第一としない研究領域においても，優れた労働研究が蓄積されている（小川 2006; 伊原 2021）。労働を扱う社会学領域は，労働現象の多様化にともなって拡大している[2)]と考えられ，今後もさらなる広がりをみせるだろう。しかしそれぞれの領域社会学は，その境界設定がなされている以上，必然的に他の領域社会学とは異なる独自性とアイデンティティをもっているため，そうした立場の違いが労働現象をどのように多面的に明らかにしてきたのかは

1）本章は，園田（2021a）を大幅に修正したものとなっている。

2）この現状は，対照的にこれまで伝統的に労働を扱ってきた産業・労働社会学が，労働現象に関する革新的な知見を産出できていないという認識形成（山田 1996; 小川 2006）に拍車をかけていると考えられる。

検討の余地があるだろう。にもかかわらず，労働現象を扱う社会学間の違いに関する研究では，産業社会学と労働社会学における関心やイデオロギーの差異ばかりが取り上げられてきた（上田 1983; 河西 2003）。

その背後には，労働現象を扱う社会学を「産業・労働社会学」（小川 2006）や「産業社会学」（藤本 2020）と総称することが多い点からもわかるように，産業社会学と労働社会学が労働現象を扱う社会学のなかで特別な地位を占めるものだと認識されてきた歴史的経緯がある。たとえば間（1975）は 1970 年代の労働をめぐる社会学について，経済の一般的問題を理論的に扱う経済社会学と労働現象を実証的に扱う産業社会学のみが存在感を示す現状を指摘し，産業社会学から経営社会学，労働社会学，労使関係論という 3 領域を切り分けるべきだと主張している。ここからわかるのは，少なくとも 1970 年代の産業社会学は，現在では異なる領域として認知される複数の領域社会学が含まれており，労働現象を扱う社会学の一大領域として認識される，いわば「繁栄期」にあったということである。産業社会学に関する学説史的研究では，その後の産業社会学の「衰退」がいかなる知的営みのなかで生じたのかに関する分析が中心であり，研究内容の変遷に関する歴史的検討の重要性が指摘されてきた（稲上・川喜多編 1987; 山田 1996; 富永 2004; 藤本 2020; 中川 2020; 園田 2021a）。しかし，関連する領域社会学との関係性のなかで，産業・労働社会学がいかにして一大領域として認識されるに至ったのかという点までは，ほとんど考察が及んでいない。

以上をふまえ，本章ではこれまで産業社会学と労働社会学に限定されていた領域社会学間の関係性（ヨコのつながり）を拡張し，労働現象を扱う多様な領域社会学がどのようなヨコの関係性のなかで学知を産んできたのかを，そこで論じられてきた研究内容の軌跡（タテの歴史）とともに検討する。ヨコのつながりとタテの系譜がどのように絡み合い，その領域社会学が営まれてきたのかを考察することが，それぞれの領域が労働研究にもたらす貢献を知悉し，社会学としての労働研究のあり方を考えること，つまりは私たちの目指す「21 世紀の産業・労働社会学」の構想につながると考えられる。紙幅の都合上，本章では互いに様々な位相で影響関係があり，労働現象を第一に扱う連字符社会学[3)]として経済社会学，組織社会学，社会階層論，労働社会学，経営社会学，職業社会学，産業社会学という七つの領域に焦点を絞り，試論的に学説史的な整理を行う。領域社会学の存在を振り返るには様々な方法があるが，本章では領域社会学の名を冠した学術書や論文の刊行，学会の成立に着目して議論を進めていく。まずは，現在いかなる独自性・アイデンティティをもとにそれぞれの領域社会学で研究がなされているのかをまとめ，現状を概観する見取り図を得たのちに，領域社会学間での協働を促す「21 世紀の産業・労働社会学」の構想のヒントを，産業・労働社会学の歴史に遡って考察する。

2　労働現象を扱う領域社会学の現在

2-1　経済社会学

経済社会学という領域は，マクロな経済現象における社会的な側面に目を向けるという目的性において主張され，日本では高田保馬の思想などにその源流がみられる。高島善哉や中山伊知郎などの経済学者が経済現象の社会的一側面を切り出して「経済社会学」と呼んでいたように，概念としては戦前から登場するものの，日本の社会学の内部で本格的に経済社会学という領域が形成されたのは戦後からである[4]。他領域との差異化という点から経済社会学を振り返るときに重要なのは，経済学，そして産業社会学との関係性である。日本の経済社会学の発展に寄与した人物として，富永健一が挙げられる。富永は高田の経済学的考察に関心をもちつつ，マルクス主義と距離をとる学問的なスタンスをとる[5]なかで，産業社会学の祖である尾高邦雄の薫陶を受ける。富永（1965）は当時の産業社会学において重要性が指摘されていた近代化理論を扱いながらも，消費・投資・生産などの経済過程の分析に重きをおき，自らの目指すべき学問領域を経済社会学だと宣言する。1966 年には経済社会学会が誕生し，富永もそこに携わるようになった。しかし経済社会学会は高田の門下生を中心に作られた経緯があり[6]，経済学の影響が強く，十分に社会学としてのディシプリンを共有していたとはいえなかった。そこで富永は独自にウェーバー

3）たとえば既存の労働研究が公的領域に注視するあまり，労働にかかわる私的領域を十分に扱っていないという Pettinger ら（2005）の主張のように，「経済現象としての労働」という見方や「働く人間を「労働者」として捉えること」自体に疑義を呈するような議論も存在する。「21 世紀の産業・労働社会学」を構想するうえで，労働が関わる私的領域の社会学的研究を参照する必要性は増していくと考えられるため，そうした研究を含めた体系的な整理は今後の課題としたい。

4）学問におけるマルクス主義の取り締まりと経済社会学がマルクス理論を含めるかどうかという領域設定の問題も，その定式化が遅れた一因として考えられる。

5）この点について富永は，「日本社会学に「マルクス主義社会学」が形成された時，私は自分の著書や論文でそれらには言及しないという態度をとり続けた」（富永 2004: v）と記述している。

やジンメル，スメルサーなどの経済現象に対する社会理論的な考察を取り入れ，日本の経済社会学を確立させていった（富永編 1974; 富永 1997）。こうして日本において経済社会学は社会学の一般理論との接合を重視し，産業社会学と一定の距離を保ちながら発展してきた（間 1975）。

さらに 1980–90 年代には，今までの経済社会学の理論に対し，人々が埋め込まれた社会関係に着目して経済現象を読み解こうとする新しい経済社会学（New Economic Sociology）の研究がアメリカで勢いを増していく（Granovetter 1990; Smelser and Swedberg 1994）。この潮流は，原子化された行為者（atomized-actor）を仮定するこれまでの新古典派経済学と社会学による経済行為の説明図式のどちらもを批判したグラノヴェッター（Granovetter 1985）を起点に始まっている（Swedberg 1997）。新しい経済社会学では，主体に対する社会関係の埋め込み（embeddedness）がその経済行為を規定しているという仮定にその学問的な特徴があり，日本でもその受容が進んでいる（渡辺 2002; 若林 2006 など）。

2-2　組織社会学

日本における組織社会学は当初，佐藤ら（1968）や小林・梅澤編（1988）によるテキスト執筆などを通して，近代組織の構造を扱う学問としてその学知を深めてきた。しかし日本において，組織社会学という領域の動向の俯瞰と評価は難しい。なぜならば，ウェーバーやブラウ，セルズニックらによって論じられてきた官僚制などの組織構造に関する（旧制度派の）議論が組織社会学として受容されて以降，日本では組織に関する社会学的論考は多いものの，客観的に実体化された「組織社会学」が存在しないからである（高瀬 2014）[7]。その一因に，組織社会学と組織理論そのものを区別する境界が曖昧であることが挙げられる（斎藤 1997）。日本における組織社会学は，組織を扱う社会学的考察だという以上の独自性を強調してこず，場合によっては経営学の一領域として認識されることもある[8]。こうした実態は，客観化された実在として日本の組織社会学が可視化されず，ひいては日本の組織社会

6）その一方，経済社会学会設立の発起人には尾高も含まれていることに留意する必要がある（経済社会学会編 1976）。

7）本章では扱わないが，官僚制と対置されるアソシエーションの研究群（佐藤 1982 など）もまた組織社会学的な論考に入りうる。

8）組織社会学を専門とする社会学者が多く所属する組織学会は，経営学や経済学などの研究者が中心となって運営される学際的なものである。

学的研究がメタ理論であった機能主義やポストモダニズムの衰退に伴って「挫折」したという評価と直結している（竹中 2013）[9]。あえて今日までの「組織社会学」の展開をまとめるならば，旧制度派の議論を展開した新制度派組織社会学，組織・システムに関する純理論的な考察を深めた組織理論研究がそれぞれ存在感を示しているといえる。

組織が制度化される過程を機能的に描いた旧制度派の組織論に対し，新たな方法論的立場からの批判が生じた。それが，環境への認知が組織の制度化を方向づけるとする，新制度派の組織理論である。マイヤーとローワン（Meyer and Rowan 1977），ディマジョとパウエル（DiMaggio and Powell 1983）などの嚆矢的研究を皮切りに，組織における組織構造や慣行，戦略などの最適解が社会との相互作用のなかで作られていく様子に焦点を当てた新制度派の組織理論は，主にアメリカで高い関心を集めていった（Scott 2008）。新制度派の伸張をうけ，日本でもこうした研究を導入しようとする機運が高まっており，90 年代以降徐々にその理論的な輸入が進められている[10]（佐藤・山田 2004; 渡辺 2007; 山田 2017）。

これに対し，日本では理論社会学的な側面から組織理論を考察する研究が根強く存在する。たとえば個別の組織ではなく組織群集が社会変動にともなっていかに変容するのかという関心から組織エコロジー概念を導入した高瀬（1986; 2015），メタ理論として存立構造論を導入し，経営と支配，行為と構造という二つの両義性を有した存在として組織システムを理論化した舩橋（2010），アプリオリな組織の実体，秩序，目的性を理論的に批判した竹中（2013）の論考などが挙げられるだろう。

2-3　社会階層論

社会階層論とは，構成員が社会的地位の差異に基づいて序列化される社会全体の構造を明らかにする学問である。これまでの研究では，集団間で社会的資源が不均等に分配される様子が，主として計量的に描き出されてきた。様々な不平等の源泉となる社会構造を分析するために，しばしば個人の生涯，もしくは各家族の世代間における社会的地位の推移がその検討に用いられる。欧米を中心に発展してきた社

9）この点に関して詳しくは，竹中の著作に対する高瀬（2014）の書評とそのリプライ（竹中 2014）を参照。

10）新制度派組織社会学の分析枠組みは，労働領域の研究（小川 2021 など）にとどまらず，他領域の社会学的研究（中村 2020 など）にも応用されている。

会階層論では，マルクスやウェーバーの階級論に基づいて，主に職業や学歴といった指標から現実の社会を実証的に分析してきた。日本でも階級論の理論的導入は行われていたが，実証的な分析は社会階層と社会移動調査（以下，SSM 調査）を中心に展開した。初期の SSM 調査では主導した尾高の影響もあって職業への関心が強かったが，後続の研究者がその後の調査を引き継ぐと，社会構造の変動を示す社会移動（安田 1971），そして地位達成の過程分析（富永編 1979）へと焦点が移り，そのなかで徐々に社会階層論独自の知見が導入されていった。

第 3 回目の SSM 調査では，欧米の社会階層研究の理論を用いた計量分析の手法も本格的に導入された（富永編 1979）。不平等の生成過程に関しては地位達成モデル（Blau and Duncan 1967），社会移動に関しては産業化命題（Treiman 1970）など，様々な概念の因果連関を計量的に検討する手法が開発されたためである。日本には社会階層論固有の学会などはないが，断続的に多くの社会学者が動員され，組織化される SSM などの社会調査を通して，独自の領域社会学としてのアイデンティティが形成されていったと考えられる。第 4 回 SSM 調査では麻生や潮木などの教育社会学者も加わり，以降は教育や性別など，より多くの変数を含めて包括的に日本の社会階層を論じている（原・盛山 1999）。社会階層論は欧米圏を中心に独自の発展を遂げており，日本でも不均等な社会構造と不平等の生成メカニズムの解明を目的とする一大領域となっている[11]。

2-4　労働社会学

一時的に産業社会学と未分化な形で存在していた労働社会学は，松島静雄を祖とし，アメリカの労働過程論（Burawoy 1979; Bravarman 1974=1978）を取り込む[12]ことで，労働者の主体性に着目した独自の学問領域として再度確立された（河西 2003）。尾高と松島の関係性において労働社会学と産業社会学は親和的であったが，両領域のイデオロギー的な対立構図は根深い。河西（2003）は産業社会学が①研究対象が経営組織に偏っており，②従業員を経営機能に統合されるべき存在だとみなすイデオロギーをもち，③アンケートを用いた従業員意識研究に偏重していると指摘し，その批判から独立した労働社会学の領域構想を立ち上げる。つまり，労働社会学で

11）労働現象の検討を中心とした階層論的な研究として，今井（2021）などが挙げられる。
12）Burawoy（1979）は産業社会学の研究動向を批判し，労働現場の実証研究を重視することを主張している点において，日本の労働社会学と親和性が高かったと考えられる。

は労働者の意味世界を質的に記述しながら，その共同性や企業・組織に対する抵抗を描くことに重点が置かれている。

また産業・労働社会学が影響力を失いつつあった1980年代は，日本の社会学において理論研究志向が強まっていたこともあり，現場に密着した労働調査という社会学の伝統が途絶えうるという認識があった（河西 2003: 160）。こうした危機意識から，1982年には労働を研究する社会学の拠り所として労働社会学研究会が発足し，1988年には日本労働社会学会へと転身した。日本では今日に至るまで，主に質的調査による労働調査を基調とした労働社会学的研究が，その学会メンバーに限らず脈々と蓄積されている。特に近年は伝統的な労働調査に基づく研究（たとえば小川 2021）だけでなく，周辺的労働力とされてきた女性・外国人・若者などの就業や不安定化する特定の業種・業態などに焦点化したうえで，その労働意識を取り上げる試みが盛んになされている（伊原 2021）。

2-5　経営社会学

経営社会学という概念は，より企業経営の動向に焦点化した領域社会学として研究を蓄積すべきだと主張する間（1989）や野瀬（2020）によって明示されているが，一つの領域社会学として日本で完全に根付いたとは言い難い。ブリーフスやゲッグに代表されるドイツで開拓された経営社会学という領域と思想は，主に学際的な研究関心である人事・労務管理の一領域として行われてきたためである。研究対象を同じくする経営学などの諸領域と接近するために社会学としての独自性が発揮しにくくなることに加え，1980年代以降に人事・労務管理を中心とした枠組みから組織の戦略的な人的資源管理に関心が移行すると（平野・江夏 2018），労働者や経営者の全人的側面を考察に含める社会学の分析視角は当該領域のなかで一層影響力を示しにくくなった。こうした背景の下，経営社会学の独自性とアイデンティティは，人的資源管理論の隆盛にともなって，組織を主体として考察する経営学的視点に埋没している。社会学に自身のルーツやアイデンティティをもちながら経営学の分野で活躍する人材も多く（渡瀬 1970; 塚本 2003），いまや経営社会学と経営学の境界は限りなく曖昧だといえる。

2-6　職業社会学

職業社会学とは，尾高によって最初に構想された労働研究領域であり，人々の職業生活に注目することを企図した領域社会学である。尾高（1941）は職業生活のあるがままの事実を探求することの重要性を指摘し，個性の発揮・役割の実現・生計の維持という三要素から職業を捉えることを提起する。尾高は職業概念を通して，勤労エートスや職業集団の共同性などを考察の対象とし，日本の労働現場を実証的に検討することを試みた。

しかし尾高の職業社会学的な関心は，職業経歴と社会移動という階層論を下地にしたキャリア研究へと部分的に継承されるも，その後「職業社会学」という看板の下で継続的に知的生産が行われることはなかった。ただし，尾高の職業社会学的構想を引き継いで専門職における職業意識・帰属意識を検討した藤本（2005）など，現在ではホワイトカラー労働者に関する研究のなかに，尾高の職業社会学的関心に近いものが含まれている（藤本・池田 2019）。

2-7　産業社会学

産業社会学は，ホーソン実験に代表される人間関係論を軸とした領域社会学としてアメリカで誕生し，日本では尾高邦雄によって導入され，普及した。尾高（1981）によると，産業社会学とは近代組織における関係性を検討することであり，組織と人間行動の関係性，経営者と従業員の関係性，そして産業と社会における関係性が主な考察対象となる。日本の産業社会学において尾高が捉えようとしたものは，幅広く産業の問題を扱うなかで浮かび上がってくる「人間共同生活の究極の生きた実態」（尾高 1981: 12）であった。

しかし産業社会学はこれまで述べた諸領域との重なりが大きく，現状では上記の領域の残余として語られることが多い[13)]。産業社会学としての研究活動はほとんど見られないものの（藤本 2020），その学問的立場を部分的に引き継いだ研究は存在し[14)]，これまでの産業社会学という領域設定と独自性自体が見直されているといえるだろう。

13）例外的に園田（2021b）は産業社会学の概念と雇用関係という個別的な関係性を基礎とした枠組みを用い，日本の大企業と専門的外国人の間で形成される雇用関係を分析している。

14）たとえばドーアの研究視角を引き継いで，日英百貨店の人事管理を比較した佐野（2021）の研究が挙げられる。

3 「産業・労働社会学」はいかに形成されたのか

経済現象を扱う領域社会学の現状だけを取り上げても，解明すべき課題や意識される学問領域などが異なり，独自に研究を深化させていることがわかる。しかし，これらの領域を横断した，「社会学」として労働現象を捉える独自性はどこにあるのだろうか。また，これらの領域で蓄積された知見をいかに共有し，発展させることが可能なのだろうか。その考察のヒントは，1970年代に向けて拡大し，一枚岩的存在としてみなされた産業・労働社会学の形成の歴史のなかにある。

3-1　産業社会学・労働社会学の接近（1940–1950年代）

産業社会学と労働社会学は尾高と松島によってそれぞれ創始され，両者の乖離を指摘する議論[15)]もあるが，特に黎明期においてその内実はほとんど共通している。

尾高は自身の関心の移行にともなって，標榜する連字符を「職業」から「産業」社会学へと変えた。そこには職業を考察の対象に含めながらも，より大きな枠組みで人々の職業生活を捉えようとする意図があった（尾高 1970）。一方で尾高の門下生であった松島は，階級闘争という尾高とは異なる視点から労働現象を社会学的に検討する必要性を訴えた。松島（1951）や北川編（1965）の主張する労働社会学とは，マルクス主義の視点から労資対立を前提として労使関係や労務管理，労働者の共同性を検討することに意義があった。

とはいえ産業社会学と労働社会学の違いは，それを生んだ両者の間では些細なものとして認識されていた[16)]。むしろ問題意識の違いよりも，両者ともに労働者の共同性への着目という同様の関心を有することが強調された。尾高と松島は，あるがままの職業生活の探求に重きを置き，人間による共同生活の要因に着目していた。そこで尾高は，松島の労働社会学の構想と自身の職業社会学的視座を統合し，アメリカの人間関係論を新たな支柱として日本の産業社会学を再編成する。

その結果，日本における産業社会学の特徴は主として労働者の視点に立ち，行為者である人間の社会性を中心に，産業における関係性を考察する点に帰着された。

15）初期の尾高と松島に研究上の共通点はないと論じるものに上田（1983）などがあるが，それは尾高が導入を試みたアメリカの産業社会学と松島の構想する労働社会学という対象に着目した際の差異である。また上田（1983）は，徐々に松島の関心が労働社会学から離れ，産業社会学へと転換したと指摘している。

16）詳しくは尾高編（1952）などを参照。

近代化・産業化というマクロな命題は，労使関係や労務管理，労働者意識などのミクロな実証的調査から検討すべき課題として認識され，そこで働く人間の姿を通して把握すべきものと理解された。

尾高（1958）は集団を構成する人々の意味や生活実相への着目こそが，労働を対象とした隣接分野と差別化された，（産業）社会学が独自にもつ〈人間溯及的〉視点だと主張する。この指摘は，「二面的な性格を持った労働現象を対象とし，人間的な，しかもそれを社会的な現象として理解し，問題とするところに労働社会学の性格を定めるのである」（松島 1952: 58）という松島の記述とも親和性が高い。こうして尾高は人間関係論を理論的下地とし，人間溯及的視点をもって産業社会学を特徴づけることで，アメリカにおける産業社会学とは異なる独自性を提示した。

本書で「産業・労働社会学」と名指されるものとは，ここで尾高によって提示された産業社会学（「広義の産業社会学」（三浦 1988: 109）と呼ばれるもの）とほぼ同義である。労働現象に対する戦後日本の関心は，労働者のミクロな視点から共同性を検討することに重きがあったために，尾高と松島はともに同一枠組みのなかで協働しえたのである。

3-2　産業・労働社会学の発展とプラットフォーム化（1960–1970 年代）

こうして広義の産業社会学では，「産業」と名指されることでマクロな社会変動を射程に含めながらも，主にミクロな労働者の主体性と近代組織との関係性を議論することが重視された。学問的関心は，徐々に日本企業という組織との間で築かれる労使関係・雇用関係へと集まり，労働者が組織に対していかなる意識をもつのかが主な争点となった。なかでも労働者意識に着目した研究群が描き出した，組合と企業に対する労働者の二重帰属意識の発見は，産業・労働社会学の学術的評価を高めた。労働研究の根底にあった労資の関係性を検討するというマルクス的関心，日本の遅れた近代化に対する焦燥感も，日本の労働者の特異性を示す二重帰属意識に関心を抱かせる原動力となった。日本における労働者意識やそれを惹起する労務管理の異質性は，封建遺制との関連という近代化にかかわる問題として，そして労資対立を前提としていたマルクス主義的な枠組みを再考させる端緒として，それぞれ日本社会のマクロな文脈とつなげて議論されるようになった。

こうして戦後日本において，産業社会学は階級闘争という労働社会学的論点（松島 1957; 1962）や経営家族主義という家族社会学の視点を含んだ議論（間 1964），さらには農村社会学によって蓄積された封建遺制や近代化との関連（中野 1978）といった異なる理論的背景や関心をつなぎ，様々な社会学者が協働できるようなプラットフォームとして意味をもった。社会学者が抱いていた学問的・時代的な関心の最大公約数として，広義の産業社会学に労働者意識を研究する人々が集い，労働者の内的世界から近代産業社会を見通すという学問的視点が共有されたのである（石川 1988）。それぞれの研究者が分析の中心に据えた理論体系は異なるも，ミクロな行為者に着目する人間溯及的アプローチという方法論的視座を共有することで，産業社会学という枠組みのなかでの協働が可能になっていた。

さらにこのアジェンダ設定は，隣接分野の経済学者や経営学者，海外の社会学者などとの議論や協働も促進した。社会学者には労働者意識や組織間・集団間の関係性を捉えることが求められ（石川 1988），氏原正治郎など東大社研の労働経済学者らとともにいくつもの調査が行われた。また近代化が組織・制度の同型化を促すという収斂理論の世界的流行をうけ，日本の産業・労働現象は世界全体の行く末を占う格好の材料として，海外の研究者から注目を集めた（Abbeglen 1958=2004; Dore 1973=1987 など）。さらに高度経済成長を迎えるなかで日本的経営に対する国内外からの関心が高まると，歴史的・国際的な比較のなかで日本人の勤労意識や労働倫理を問う学問的な動きはますます活発化する。そこで示されたのが，会社人間と揶揄されるミクロな日本人の勤労観は経済成長のなかで変化するも（岡本 1970; 石川 1975 など），国際的には特異なものだ（稲上 1981; 川喜多 1985）という知見である。

産業社会学は近代組織における関係性に学問としての焦点があるが，それは同時に近代組織そのものがもつ構造や，組織を運営する経営体としての側面にも関心があることを意味する。そこには組織社会学や経営社会学と呼ばれる領域社会学を考察対象に含む余地が存在していた。

たとえば経営重視という産業社会学と同様の批判により導入が遅れていた経営社会学（濱嶋 1952）[17]は，その再定義の過程で，「労務管理の社会学」（尾高 1981: 6）として産業社会学に組み込まれた。同様に，尾高は近代組織の理論的検討を考察の範疇とし，官僚制[18]（佐藤 1968）や組織理論（萬成 1968）にかかわる研究などを産業社会学の一領域に含めている[19]。また尾高にとって，国際比較を意識して導入したSSM調査に代表される社会階層論は，日本人の職業観の検討という職業社会学

17）たとえばドイツの経営学を専門としていた市原季一は，積極的に経営社会学の構想を日本へ導入することを試みたが，主に経営学のディシプリンのなかで活動していたために，その成果が日本の社会学に反映されることはほとんどなかった。市原が日本の社会学に与えた影響については，渡瀬（1966）などから断片的にうかがうことができる。

的関心を惹起するものであり，緩やかに産業社会学の枠内に捉えられるものであった（尾高 1970）。このように産業社会学のプラットフォーム化は，概念として既に存在していた複数の領域社会学を，その潜在的な対象領域に含めていく役割を果たしていた。

4 「21 世紀の産業・労働社会学」の構築に向けて

本章では経済現象をめぐる領域社会学の多様性を示しつつ，それらはいかにして協働しうるのかを探るために，1970 年代に向けて一大領域となっていった産業・労働社会学の営みを学説史的に検討した。

労働をめぐる現在の社会学は，イデオロギー・研究対象・研究関心・分析方法などに応じて，多様な連字符が存在している状況にある。領域社会学での議論が深まることで，多角的な視座から「働くこと」に関する知見が創出されているのは間違いない。しかし，このような研究の分化が進む現状では，各領域社会学の間の差異化が強調されるあまり，労働現象を扱う「社会学」としてのアイデンティティと独自性はみえにくくなっている。潜在的には類似の関心を有する領域でも，それぞれの研究者が固有の領域内部に閉じて議論を進めていくならば，研究領域はさらにガラパゴス化していくだろう。今はまさにその過渡期にあると考えられる。社会学としての労働研究のあり方を考えるためにも，それぞれの領域社会学が協働するためのヒントを反省的に検討する必要があった。

本章の分析で明らかになったのは，産業社会学と労働社会学の統合によって形成された産業・労働社会学が，隣接する領域社会学の関心を抱えこんだ協働の場として機能していたことである。対象とアプローチを拡大するなかで，潜在的には他の領域社会学でありえたような多様な研究が，広義の産業社会学のなかに包摂されていったことがわかる。この傾向は，産業社会学という領域自体のアイデンティティを定め，それが拡大・発展していくとともに顕著になる。とりわけ 1960–70 年代にかけて産業社会学は経営社会学，組織社会学，社会階層論などの領域と類似した関

18）佐藤慶幸は同時期に吉田裕・吉川栄一とともに『組織社会学』（佐藤ほか 1968）を刊行しており，並行して産業社会学と独立した形で組織にかかわる社会学的検討を試みている。

19）ただし産業社会学に組織理論を取り込む構想は，失敗したと評価されている（富永 2004）。

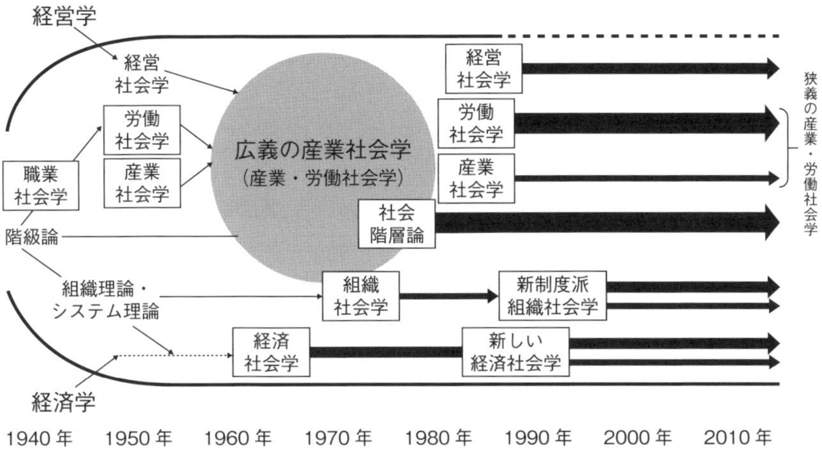

図12-1　日本における産業・労働社会学と関連する領域社会学の学説史的整理

心を抱えながら，ミクロな労働・経済現象とマクロな社会構造の関係性を検討してきた。これは産業社会学という看板の下に多様な目的や関心，ディシプリンをもった研究者が呉越同舟していたことに他ならず，それゆえに産業社会学という領域は内部で生じる様々な相互交流によって優れた研究実績を生み出しやすい環境にあったとも評価できる。

本章で扱った領域社会学の関係性を学説史的に整理したものが，図12-1である。本章における重要な示唆は，それぞれの領域社会学は必ずしも独立して閉じたものではなく，それぞれの関心をつなぐプラットフォームを整備しさえすればうまく協働が進むのであり，それによって間（1975）が指摘する1970年代の産業社会学のような存在感を示すことが可能だということである。「21世紀の産業・労働社会学」の構想は，筆者の言葉に置き換えるならば，これまでの産業・労働社会学に代わる新たなプラットフォーム化の道筋を模索し，それぞれの領域社会学を位置づけ直す作業だと捉えられる。

ここで意図しているプラットフォーム化とは，各領域社会学がもつ独自性を捨象し，一つの連字符に集約させるといった総合社会学的な試みではない。むしろ各領域社会学の強みを残し，それを「社会学」一般における独自性に昇華することで可能になるものである。産業社会学の構想も，人間生活の様相を労働現象から把握するという尾高の人間遡及的アプローチが社会学としての共通課題を示したがゆえに，プラットフォームとして機能したと考えられる。それならば，労働現象を分析する社会学としての独自性を再度見つけ出し，それを掲げることが，プラットフォーム化に向けた取り組みとして重要になるだろう。

最後に，「21 世紀の産業・労働社会学」におけるプラットフォーム化の課題を述べておきたい。本書はまさに現代におけるプラットフォームをどのように構築すべきか検討し，産業・労働社会学の人間遡及的視点にそのヒントを見出した。しかし，人間遡及的視点とはあくまで尾高の提起した「20 世紀的視座」であり，今後は新たな軸を模索していく必要があるだろう。しかし現時点では，まだ「21 世紀的視座」を定めるどころか，それを十分に論じられる状況にない。まずは一旦尾高の視座を継承し，①労働現象を捉えるそれぞれの領域社会学の議論を共有して，それらが相互に影響を与えるような場を整備し，②個別の研究（者）が他領域との連携を意識するなかで，③領域社会学の知見を社会学としての独自性につなげて考える営みを続けることが，最終的に 21 世紀において労働現象を分析する社会学の独自性を浮かび上がらせる近道となるだろう。本章，そして本書全体を通した試みは，まさにその礎石になると信じている。

【引用・参考文献】

石川晃弘，1975，『社会変動と労働者意識――戦後日本におけるその変容過程』日本労働協会.

石川晃弘，1988，「産業社会学とは何か」青井和夫監修，石川晃弘編『産業社会学』サイエンス社，pp.3–15.

稲上毅，1981，『労使関係の社会学』東京大学出版会.

稲上毅・川喜多喬編，1987，『リーディング 日本の社会学 9 産業・労働』東京大学出版会.

伊原亮司，2021，「分野別研究動向（労働・産業・経営）」『社会学評論』72(1): 37–57.

今井順，2021，『雇用関係と社会的不平等――産業的シティズンシップ形成・展開としての構造変動』有斐閣.

上田修，1983，「戦後初期の労働社会学――松島労働社会学について」『エネルギー史研究』12: 29–45.

浦野和彦，1992，「労使関係と労働組合」安藤喜久雄・浦野和彦・小山田英一・小玉敏彦編『産業社会学』学文社，pp.93–139.

岡本秀昭，1970，「社会変動と労働組合運動」『季刊労働法』78: 82–101.

小川慎一，2006，「分野別研究動向（労働）――産業・労働社会学の現状と課題」『社会学評論』56(4): 964–981.

小川慎一，2021，『日本的経営としての小集団活動――QC サークルの形成・普及・変容』学文社.

尾高邦雄，1941，『職業社会学』福村書店.
尾高邦雄編，1952，『労働社会学』河出書房.
尾高邦雄，1958，『産業社会学』ダイヤモンド社.
尾高邦雄，1970，『職業の倫理』中央公論社.
尾高邦雄，1981，『産業社会学講義』岩波書店.
川喜多喬，1985，「「労働倫理」の先進国間比較のために」『日本労働協会雑誌』316: 2–13.
河西宏祐，2003，『日本の労働社会学 新装版』早稲田大学出版会.
北川隆吉編，1965，『労働社会学入門』有斐閣.
経済社会学会編，1976，「経済体制と自由——経済社会学会年報Ⅰ』新評論.
小林幸一郎・梅澤正編，1988，『組織社会学』サイエンス社.
斎藤美雄，1997，「組織社会学の発展段階に関する一考察（1）——W. R. スコットの所説を中心に」『商経学叢』44(2): 151–173.
佐藤郁哉・山田真茂留，2004，『制度と文化——組織を動かす見えない力』日本経済新聞社.
佐藤慶幸，1968，「産業官僚制」松島静雄・岡本秀昭編『産業社会学』川島書店，pp.61–78.
佐藤慶幸・吉田裕・吉川栄一，1968，『組織社会学』学文社.
佐藤慶幸，1982，『アソシエーションの社会学』早稲田大学出版部.
佐野嘉秀，2021，『英国の人事管理・日本の人事管理——日英百貨店の仕事と雇用システム』東京大学出版会.
園田薫，2021a，「日本の産業社会学における隘路と今日的課題」『年報社会学論集』34: 108–119.
園田薫，2021b，『日本企業と外国人労働者の雇用関係』東京大学大学院博士論文.
高瀬武典，1986，「組織変動と環境変動——個体群生態学モデルの社会変動論への応用をめざして」『社会学評論』37(1): 64–78.
高瀬武典，2014，「書評」『ソシオロジ』59(2): 113–116.
高瀬武典，2015，「組織進化とエコロジカル・パースペクティヴ——「組織エコロジー」のエコロジー」『組織科学』49(2): 4–14.
竹中克久，2013，『組織の理論社会学——コミュニケーション・社会・人間』文眞堂.
竹中克久，2014，「書評に応えて」『ソシオロジ』59(2): 117–120.
塚本成美，2003，「雇用多様化の社会的帰結——雇用問題の経営社会学的考察」『日本経営学会誌』10: 83–98.
富永健一，1965，『社会変動の理論——経済社会学的考察』岩波書店.
富永健一編，1974，『社会学講座（8）経済社会学』東京大学出版会.
富永健一編，1979，『日本の階層構造』東京大学出版会.
富永健一，1997，『経済と組織の社会学理論』東京大学出版会.
富永健一，2004，『戦後日本の社会学——一つの同時代学史』東京大学出版会.
中川宗人，2020，「戦後日本の産業・労働社会学における問題構成の一側面——教科書の分析を通して」『年報社会学論集』33: 192–203.

中野卓，1978，『下請工業の同族と親方子方――高度成長期前におけるその存在形態』御茶の水書房.
中村知世，2020，『地方公立進学高校の受験指導――ミクロレベルから見る文化－認知的制度の確立と変容』東洋館出版社.
野瀬正治，2020，『経営社会学――その視座と現在』大学教育出版.
間宏，1964，『日本労務管理史研究』御茶の水書房.
間宏，1975，「産業社会学の再考と展望」『社会学評論』25(4): 102–116.
間宏，1989，『経営社会学』有斐閣.
濱嶋朗，1952，「經營社會學の問題點――産業社會學に關聯して」『社会学評論』2(3): 100–109.
原純輔・盛山和夫，1999，『社会階層――豊かさの中の不平等』東京大学出版会.
平野光俊・江夏幾多郎，2018，『人事管理』有斐閣.
藤本昌代，2005，『専門職の転職構造――組織準拠性と移動』文眞堂.
藤本昌代，2020，「日本の産業社会学における戦後から現在に至るホワイトカラー研究経緯」『同志社社会学研究』24: 1–24.
藤本昌代・池田梨恵子，2019，「日本の社会学における2000年以降のホワイトカラー研究経緯（1）――尾高邦雄の職業社会学的視点の再確認と現代の傾向分析」『評論・社会科学』130: 107–141.
舩橋晴俊，2010，『組織の存立構造論と両義性論――社会学理論の重層的探求』東信堂.
松島静雄，1951，『労働社会学序説』福村出版.
松島静雄，1952，「労働社会学の構想と課題」尾高邦雄編『労働社会学』河出書房，pp.3–66.
松島静雄，1957，「労資関係」福武直編『講座社会学 第六巻 階級と組合』東京大学出版会，pp.167–190.
松島静雄，1962，『労務管理の日本的特質と変遷』ダイヤモンド社.
萬成博，1968，「産業社会学の体系」萬成博・杉政孝編『産業社会学』有斐閣，pp.210–226.
三浦雄二，1988，「労務管理と産業社会学」松島静雄・中條毅・武澤信一・石坂巖編『現代労務管理の課題と展望』日本労働協会，pp.107–123.
安田三郎，1971，『社会移動の研究』東京大学出版会.
山田信行，1996，『労使関係の歴史社会学――理論的体系化にむけて』ミネルヴァ書房.
山田真茂留，2017，『集団と組織の社会学』世界思想社.
若林直樹，2006，『日本企業のネットワークと信頼――企業間関係の新しい経済社会学的分析』有斐閣.
渡瀬浩，1966，「経営社会学論」『社会学評論』17(2): 101–107.
渡瀬浩，1970，『経営学全書 第36巻 経営社会学』丸善.
渡辺深，2002，『経済社会学のすすめ』八千代出版.
渡辺深，2007，『組織社会学』ミネルヴァ書房.
Abegglen, James C., 1958, *The Japanese Factory: Aspects of Its Social Organization*, Glencoe: The Free Press.（山岡洋一訳，2004，『日本の経営〈新訳版〉』日本経済新

聞社.）
Blau, Peter M. and Otis D. Duncan, 1967, *American Occupational Structure*, Glencoe: The Free Press.
Braverman, Harry, 1974, *Labour and Monopoly Capital: The Degradation of Work in the Twentieth Century*, Monthly Review Press.（富沢賢治訳, 1978,『労働と独占資本――20世紀における労働の衰退』岩波書店.）
Burawoy, Michael, 1979, *Manufacturing Consent: Changes in the Labor Process under Monopoly Capitalism*, Chicago: The University of Chicago Press.
DiMaggio, Paul J. and Walter W. Powell, 1983, "The Iron Cage Revisited: Institutional Isomorphism and Collective Rationality in Organizational Fields," *American Sociological Review*, 48(2): 147–160.
Dore, Ronald P., 1973, *British Factory, Japanese Factory: The Origins of National Diversity in Industrial Relations*, Berkely: University of California Press.（山之内靖・長易浩一訳, 1987,『イギリスの工場・日本の工場――労使関係の比較社会学』筑摩書房.）
Granovetter, Mark S., 1985, "Economic Action and Social Structure: The Problem of Embeddedness," *American Journal of Sociology*, 91(3): 481–510.
Granovetter, Mark S., 1990, "The Old and the New Economic Sociology: A History and an Agenda," Roger Friedland and A. F. Robertson eds., *Beyond the Marketplace: Rethinking Economy and Society*, New York: Aldine de Gruyter Inc., pp.89–112.
Meyer, John W. and Brian Rowan, 1977, "Institutionalized Organizations: Formal Structure as Myth and Ceremony," *American Journal of Sociology*, 83(2): 340–363.
Pettinger, Lynne, Jane Parry, Rebecca Taylor, and Miriam Glucksmann eds., 2005, *A New Sociology of Work?*, Oxford: Blackwell.
Scott, Richard, 2008, *Institutions and Organizationss: Ideas and Interests, 3rd edition*. Thousand Oaks: Sage.
Smelser, Neil J. and Richard Swedberg eds., 1994, *The Handbook of Economic Sociology*, New York: Russel Sage Foundation.
Swedberg, Richard, 1997, "New Economic Sociology: What Has Been Accomplished, What Is Ahead?" *Acta Sociologica*, 40: 161–182.
Treiman, Donald, 1970, "Industrialization and Social Stratification," Edward O. Laumann ed., *Social Stratification: Research and Theory for the 1970s*, Indianapolice, New York: Bobbs-Merrill, pp.207–234.

第13章

「当事者の論理」を記述するとはいかなることか

マイケル・ブラウォイの同意生産論のエスノメソドロジー的再考

松永 伸太朗

1 産業・労働社会学における方法論的議論の欠如

産業・労働社会学は，そのなかにいくつかの立場の違いを抱えながらも，労働者の行為や意識を何らかの経験的な社会調査データを通して捉え，分析するという志向を共通してもってきた。たとえば，日本の産業・労働社会学における重要論文を編集した代表的なリーディングスである稲上・川喜多編（1987）を見ても，そのほとんどが社会調査に基づく発見をもとに書かれた論文で占められている。日本労働社会学会の機関誌『日本労働社会学会年報』においても「フィールド調査“職人芸”の継承」という特集が2001～2002年にかけて組まれており，この分野において社会調査がきわめて重視されていることをうかがうことができる。

産業社会学も労働社会学もともに労働者の意識の内実を考察することには関心を払ってきたが，とくにその考察を重視してきたのが労働社会学である。松島静雄（1951）は，労働社会学が労働者意識に内在する階層性を捉えるべきであるとし，そのためには聞き取り（インタビュー調査）が主要な調査方法論として据えられるべきであることを論じている。河西宏祐は，松島の考え方を受け継ぎつつ，労働社会学が質的調査を通して捉えるべき対象を「当事者の論理」として定式化した。これは「研究者の論理」と区別され，「研究対象となる当事者が何を考え，どのような意図をもって，どのように行動していたかを，できるだけ当事者に即して解釈し，それを資料として析出する作業」（河西 2001: 6–7）である。この考え方は，労働社会学がいかなる社会調査データを重視するべきであるのかの方針として，現在でも重要な視点である。さらに，河西自身が「当事者の論理」についてウェーバーの理解社会学を一つの出自として位置づけており（河西 2001: 7–8），実質的に労働社会学は理解社会学的なアプローチを通して，自らの研究を社会学として位置づけるという態度表明を行っていると理解することができる。

しかし，この「当事者の論理」は実際何をすれば描いたことになるのかという問題は，それ以上踏み込んで議論されてこなかった。「当事者の論理」を捉えようとする多くの研究はインタビュー調査によっている（橋口 2011; 小谷 2013）が，たとえばどのようなインタビューデータが「当事者の論理」をよく捉えたもので，どのようなデータはそうではないのかを判断する指針は検討されていない。このことは，労働調査を行ってもどのようなデータが得られれば「当事者の論理」を適切に把握できたと判断する指針がないという点で研究遂行上の問題を引き起こしうる。この点を問わないままにしておくと，労働社会学におけるフィールドワークは文字通り「職人芸」に終始し，そこから生まれた学知を継承していくことにも悪影響を及ぼしかねないのである。当初は対象となる職業や仕事に対する「素人」である研究者が，どの時点で当事者と共通する何らかの理解を得たといえるのかは，明確に定式化される必要がある。

こうした問題意識に基づいて，本章では「当事者の論理」の理解がとくに必要な労働現象の一つであると考えられる，労働条件の受容という現象に着目して，妥当な「当事者の論理」の記述とはいかなるものであるのかについて考えてみたい。なぜこの現象に着目するかというと，「なぜ○○という職業にある人々は悪い労働条件を受容しているのか」あるいは「労働条件が劣悪なものであるのになぜ自ら声を上げないのか」といった問いが立てられるときには，常に研究者の論理と当事者の論理に一定の乖離があるといえるからである。河西宏祐自身も，日本の労働社会学が取り組むべき基本問題の一つとして，労働条件が低いなかでも苛烈に働く労働者がなぜ労務管理を受容するのかという点があると指摘していた（河西 2001）。

こうした問題についての方法論的な議論を行うための手がかりとして，本章ではアメリカの労働社会学者マイケル・ブラウォイが提唱した資本主義的労働過程への「同意」（Burawoy 1979）に着目する議論を取り上げる。ブラウォイは，社会学がより公共に開かれた議論を行うべきであるとする「公共社会学」の議論で知られる社会学者だが，その出自は労働社会学であり，銅山企業や製造企業におけるエスノグラフィーを発表している。そのなかでブラウォイがアメリカの農業機械メーカーを事例としてなぜ資本主義的労働過程のなかで労働者が懸命に働くのかを明らかにしようとしたのが Burawoy（1979）である。この著作は国内外の労働社会学において現在でも参照される重要な議論となっている（京谷 1993; 松永 2020; Mears 2015;

本書第11章)。そこで本章ではブラウォイがエスノグラフィーのなかでいかにして労働者の「同意」を描いていたのかをその経験的記述の手続きに着目しつつ検討し，その意義と発展可能性について議論することとしたい。

2　ブラウォイの同意生産論

2-1　労働過程論における理論的文脈

労働過程論は，1970年代後半から英米圏の労働社会学において発展した議論である。労働過程はマルクスの『資本論』第1巻第5章で取り上げられる概念であり，まずは労働者が労働対象に対して何らかの手段を用いて働きかけていく過程一般を指す。しかしこれが資本主義における労働過程になると，資本家が利潤を生み出すために，労働者による労働を有効に引き出すための過程となる。このマルクスの考察をもとにして，そうした労働者の労働を引き出すための，資本家による労働者に対する統制がいかにしてなされているのかという問題を中心に，多くの研究者が理論的考察や職場の参与観察に基づく経験的研究を発表してきた。

ブラウォイの位置づけを把握するためには，労働過程論の嚆矢となったハリー・ブレイヴァマン（Braverman 1974=1978）の『労働と独占資本』の議論を押さえておく必要がある。ブレイヴァマンは，事務労働者などを事例としながら，資本主義的な労働過程のなかでの労働者統制が遂行されるにあたって，「労働の低質化」という過程が伴うことを明らかにした。具体的には，この過程は「構想と実行の分離」として特徴づけられる。たとえば商品となる靴を作るにあたって本来は労働者がどのような材料や手段を用いて作るかを考え（構想），その製作作業を行う（実行）ことができるが，資本家が労働者から望ましい労働を引きだすために標準化や規格化などを通して構想部分を削減していく。この結果として，労働者のもつ熟練は解体されていき，資本にますます従属した労働者となる。

このブレイヴァマンの議論は大きな論争を巻き起こし，多様なテーマに派生して研究が展開していった（Thompson 1989=1990; Smith 2016）。そうした論争の主要なものの一つが，労働者の主体性や自律性にかかわる問題についての論争である。ブレイヴァマン的な見方は，労働者が，労働者の意思に反して資本家に統制されていく過程を不可避的なものとして描いたが，実際には労働者が資本家による統制に抵抗したり，自らそれに同意していったりする場合がある。

こういった論争のなかで労働者の「同意」の問題を考察したのがブラウォイであ

る[1]。ブラウォイが研究対象とした農業機械メーカーと同一の職場を1940年代に調査したドナルド・ロイは，製造現場の労働者が巧みに仕事のスピードを落としたり，仕事量を故意に少なくしたり，どれだけ経営者による統制に従わず，働くための労力を費やさずにすむかに注意を払っていた（Roy 1952; 1959）。しかしブラウォイが調査した製造業の労働者は，同じように仕事のスピードの調整などは行っていたものの，どちらかというと企業の定める出来高ボーナスを継続的に得ることを主要な動機としていた。こうした労働者の変化を受けて，ブラウォイは，むしろ「なぜ労働者は懸命に働くのか？」（Burawoy 1979: xi）を明らかにすることが重要であると指摘した。こうした問いを通して，ブラウォイは懸命に働く労働者が資本家の統制にむしろ主体的に従うようにみえるとき，なぜ労働者はそのように働くのかを捉えようとした。この問いは，日本企業の労務管理をなぜ労働者が受容するのかを労働社会学の重要な問いの一つとした河西の議論とも重なる。

2-2 「同意」を記述する手続き

ブラウォイは，農業機械メーカー・アライド社で機械工として参与観察を行い，労働者がなぜ懸命に働くのかについて労働過程論の文脈から明らかにすることを試みた。そのなかで，主要な分析概念として採用されたのが，「同意」である。この分析概念は，資本主義的労働過程において労働者が働き続けているとき，その労働者は資本家の搾取（剰余価値生産）を何らかの形で受容しているという発想を基礎にしている。搾取について議論するとしても，まずは同意の問題から出発しなければならないとしたのである。この同意への着目は，搾取やそれに対する労働者の抵抗に着目しがちであった労働過程論に新たな論点を付け加えた議論として後にも評価されている（Thompson 1989=1990; 鈴木 2001）。こうした視点のもと，ブラウォイは，同意が生まれる場を労働過程について労働者が一定の規則に依拠して「ゲーム」を行う場として捉え，それをアライド社の事例をもとに経験的に描いた。その分析手続きは，労働社会学における経験的研究について考察するうえで重要である。

アライド社では，賃金体系は最低賃金保障付きの出来高給になっており，職場ごとに定められた100%以上の出来高を達成すると，その超過率分のボーナスが支払われるようになっていた。100%に満たない場合は100%ちょうどであった場合と同

1）労働過程論争の代表的な議論のなかで労働者の同意がかかわる論考についての体系的な解説として，鈴木（2001）を参照。

じ額が支払われる。一方，ボーナスが支払われる上限は140%までで，これを超えるとレート設定が見直される。なお，標準的な労働者が産出する量は，125%と期待されている。これがアライド社における労働者の同意をもたらすゲームの規則である。

この規則のもと，アライド社の機械工はボーナスを得られる出来高を達成することを「メイクアウト（make out・うまくやる）」と表現し，様々な実践を行っていた。このためには，労働者は期待される生産高の100～140%の間を維持できるように作業を巧みに組み立てる必要がある。たとえば，容易な仕事が回ってきたときに余分に作り，「積み立て」として難しい仕事が回ってきたときのためにとっておいたり，ボーナスが得られそうにないときには作業速度をわざと落としたりしていた。こうした実践が成功し続けるためには，検査工や補助労働者など，自分の仕事に関わる他の労働者との人間関係をうまく維持し続けることが必要であった。

ブラウォイによれば，こうした実践は資本主義的労働過程の重要な一要素である「剰余価値の隠蔽と保証」という機能を有する。この機能は，労働者が自ら搾取に寄与していることは労働者自身にとって曖昧なものであり，かつ資本家による搾取が安定的に行われるように労働者が労働過程から退出してしまわず継続的に従事できるものでなければならないということを意味する。ブラウォイは，調査の結果，上記のメイクアウトの実践がまさにこの機能を果たしていることを発見したのである。

このようにブラウォイは，メイクアウトは資本主義的労働過程の再生産を支えるものとして把握していた。そのうえでブラウォイは労働者が従事するゲームと規則の関係についても考察を展開している。ボーナスを得るためのゲームを有意味に遂行するためには企業が設定している出来高レートや，職場で協働する他の労働者との関係性に同意していなければならない。たとえばレートの設定に疑義を呈して変更を求めることもできるが，そういった活動と上記のメイクアウトに向けたゲームは両立しない。こういったことから，ブラウォイはゲームに従事することはそれの前提となっている規則に同意を生産することに他ならないと論じた。さらに，上記のゲームの内容をみればわかるように，ブラウォイが分析的に行っていた作業は，ゲームを成り立たせるための労働者の具体的な実践をエスノグラフィックに描くことであった。つまり，ブラウォイは労働現場における規則と実践の関係を経験的に考察していくことを通して，同意の生産を論じたのである。

2-3 ブラウォイの貢献と限界

このようにして労働過程においてなされるゲームが同意を生み出すことを示すことによって達成されていることを明らかにした。ブラウォイは調査法としては参与観察を重視しているが，実際の分析においては規則と実践の関係を捉えるという視点を示したことで，特定の調査法によらない形で「当事者の論理」に接近する視点を示しているといえる。

しかしブラウォイの労働社会学史上の貢献については，こうした方法論的貢献よりは，労働過程論のなかでの理論的貢献が取り上げられることが多い。ブラウォイは，労働現場における「なぜ労働者は熱心に働くのか」という問題を，労働者の同意に着目することによって資本家による管理や統制のみに訴えるのでもなく，労働者による抵抗や自発性のみに訴えるのでもなく，両者を前提としたうえで解明することを可能にしている。こうしたブラウォイの議論は，労働過程論の一つの重要な問題であった労働者の主体性の把握について，「存在論的な労働概念から主体を前提・演繹するのではなく，むしろ生産内関係の項としての主体という関係論的な把握」（吉田 1994: 146）を提示したものとして評価されている。つまり，労働者が職場の他の成員との関係性のなかでメイクアウトを達成するという形で主体性を示していたことからもわかるように，労働者の主体性は前提として存在するのではなく，職場での関係性のなかで立ち上がるものであることをブラウォイは示したことが評価されている。

こうした理論的考察については，労働過程論のなかでも議論が活発になされてきた。労働者の主体性に着目するポストブラウォイの議論は，ブラウォイが関係論的な主体の把握を徹底できていないことを批判し，フーコーの主体化＝従属化論を援用して労働者の流動的なアイデンティティを捉えることが重要だと指摘している（Knights 1990; O'Doherty and Willmott 2009）。これに対して Smith（2016）は，ブラウォイが労働過程だけではなく，その環境にも目を向ける必要があると述べたにもかかわらず，アイデンティティに焦点化するポストブラウォイの議論は組織内の問題に終始してしまっていることを指摘している。

本章では，こうした理論的考察の重要性は否定しないものの，ブラウォイが規則と実践の関係に目を向けることの重要性を示唆したことの方が，労働者の主体性を適切に扱ったことよりもより広い含意をもつことを示唆したい。規則と実践をみていくという視点は，ブラウォイ自身の研究にもあるように賃金制度のような職場の公式的な規則がいかにして労働者に実践され，結果として資本主義的生産が再生産されるのかを解明することにつながる。こうした視点は賃金制度以外にも広く応用が可能である。以下にもみていくように，規則と実践の関係から資本主義的生産の再生産を考えるという視点は，広く経験的研究に開かれている。

しかし，ブラウォイは規則と実践の関係について，明確な理論的基礎づけをもって議論したわけではなかった。たとえば，チェスで遊ぶことと駒の動かし方の規則を疑うことを両立することはできないのと同じことが労働過程でも成り立っていると例示的に論じることはあるものの（Burawoy 1985: 38），それ以上の理論的な説明はなされていない。

さらに本章との関係でいえば，ブラウォイが示している規則と実践についての視点が，河西宏祐のいう「当事者の論理」としての身分をもつかどうかについては，まだ検討の余地があるように思われる。職場には公式的・非公式的なものを含めて様々な規則が存在するが，その規則は，労働者がそれに志向し，実際に用いてはじめて，「当事者の論理」としての意味をもつ。就業規則として存在しているが，労働者がまったく意識していない，あるいは知らないといった規則は，当事者の行為と無関係に存在しているという点で「当事者の論理」としての身分をもたない。ブラウォイのメイクアウトについての分析はまさに賃金制度に対して労働者がいかにして志向しているのかを克明に描いた点で「当事者の論理」を描いたものであるといえる。したがって，この，労働者の志向を捉えて規則を記述できるかどうかが，「当事者の論理」を適切に記述するにあたって重要であると考えられるが，これをいかにして研究者が行うかについては，ブラウォイの議論のみから取り出すことは難しい。

したがって，ブラウォイの議論は「当事者の論理」を記述することはいかにして可能かという問題について重要な示唆を与えているが，より非公式的なものまで含めて規則を捉えることや，規則に行為者が志向しているとはいかなることかという点においてさらに精緻化する必要がある。以下ではこうした点を解決する一つの社会学的視点として，エスノメソドロジーにおいて提示されている規則の考え方を取り上げたい。

3 規則－実践の関係の記述へ

3-1 概念の論理文法

エスノメソドロジーは，社会学者ハロルド・ガーフィンケルによって創始され，社会秩序は研究者が考察する理論的問題というよりも，社会のあらゆる人々が秩序性を達成するために取り組まれている実践的問題であるという視点から，人々が社会秩序を達成する様々な方法について明らかにしてきた。エスノメソドロジーも労働研究が対象とするような職場を扱う場合があるにもかかわらず長らく両者の交流は乏しかったが[2)]，近年は質的な労働調査の一つとして紹介される（秋谷 2020）など，近年労働研究のなかでも一定の注目を集めつつある。エスノメソドロジーにおける規則（もしくは，規範）の考え方は非常に参考になる。

エスノメソドロジーにおいては，人々が用いる概念の論理文法（Coulter 1979=1998; 前田ほか編 2007）を明らかにしていくことで，人々の行為を可能にする規則や規範を解明することができることが指摘されている。概念の論理文法とは，ある概念がＡという概念とは結びつくがＢという概念とは同じようには結びつかないというような，一定の概念同士の結びつきの関係のことを指す。たとえば，ある人が亡くなったとして，「なぜその人は亡くなったのか」と考えるときに，その死がどのような概念で記述されるかによって，その問いへの適切な答え方は変わるだろう。具体的には，ある人の死を「自殺」と記述すれば，その自殺の「動機」が答えになるだろうけれども，「病死」と記述された場合には「動機」は答えにならないだろう。このことはまさに，動機という概念が自殺とは結びつくが，病死とは結びつかないということを意味している。こうした概念同士の関係こそ，概念の論理文法と呼ばれるものである。そして，人々が行為したり，行為について何らかの説明を行うことは，概念の論理文法を適用することによって達成される。西阪仰は，こうした概念の論理文法と行為の関係の特徴を，「行為及び行為の説明の産出は，いわば概念の「結合関係」の規範的構造に埋め込まれている」（西阪 2000: 68）と特徴づけている。概念の論理文法は我々の行為を可能にする前提になっており，その意味で規則や規範と呼ばれるものを，より精緻に表現したものになっているのである。

この考えに基づくと，ブラウォイのメイクアウトの議論が適切な「当事者の論理」の記述であることをより明確に位置づけることができる。アライド社における出来高賃金制度は，職場における「一日の作業量」と「給与水準」の概念的な結びつき

---

2) エスノメソドロジー側からの労働社会学批判として，Randall and Sharrock（2011）を参照。ここでは労働社会学が理論的知見を取り出すことを重視するあまり労働に関する活動の一場面だけを恣意的に切り出す「映画評論家」のようだという批判がなされている。この指摘の妥当性と労働社会学の立場からの再批判については松永（2020）の序章を参照。

を定める役割をもつ。どれくらい働けばどれくらい稼げるかの見通しが賃金制度によって立つわけである。そしてアライド社の労働者はまさにこの結びつきを適用して，100 ～ 140%の作業量に自らの仕事が収まるように業務をこなしていた。これらの概念的な結びつきを前提として労働者の働き方は有意味になっている。さらに，そもそも「メイクアウト」という語は，労働者が上記の作業量に収まるようにうまく仕事をこなすことができたことを指していて，まさに労働者が自分自身の行為を説明するための語であり，これも概念の論理文法によって可能になっている語彙である。

このように，規則を概念の論理文法という形で捉え，その論理文法を労働者がどのように用いているかを記述していくという方針は，ブラウォイがあいまいにした，労働者が志向していない規則で労働者の行為を記述してしまうという可能性を避け，より適切な社会学的分析を提供することに役立つ。さらに，例で挙げた「自殺」と「病死」における概念の論理文法にもあるように，概念の論理文法は日常的な会話の水準から人々の行為を可能にしているものであり，対象となるのは公式的な規則に限られず，様々な水準で参照されている規則を捉えることができる。たとえば，メイクアウトの例ではブラウォイが言及している出来高レートや職場での関係性にかかわる規則だけではなく，たとえば職場で協働を行う際の労働者同士の会話や身体的なやりとりの水準で規則を見出したり，より広く組織文化や業界の文化に由来する規則を見出すような方向性も考えられる。概念の論理文法という視点は，「当事者の論理」を成り立たせている多層的な規則を，その一つひとつの規則の固有性を損なわない形で記述することを可能にする。このように，概念の論理文法という考えを採り入れることは，ブラウォイの「同意」のゲームについての議論と，河西宏祐の「当事者の論理」についての議論という，国内外の労働社会学において発展してきた方法論的視点をさらに拡張することができるのである。

3-2 多様なデータを用いた「当事者の論理」の記述

エスノメソドロジー研究においては，特定の質的データによらず，インタビュー・フィールドノート・ビデオデータ・テキストデータなど多様なデータにおいて社会秩序の達成を検討する研究が蓄積している。概念の論理文法という考え方に依拠することによって,「当事者の論理」についても多様なデータでのアプローチが可能になる。ここでは直接的に依拠しているかどうかにかかわらず，概念の論理文法の考え方を用いているものとして整理できるいくつかの経験的研究を紹介したい。

インタビューデータを用いて労働者が用いる概念の論理文法を描いたものとして，エスノメソドロジーの考え方に直接依拠した宮地（2016）や松永（2017）がある。これらの研究においては，業務内容や職業者としてあるべき姿を語る際に用いられる概念が，いかにして長時間労働や低賃金労働の正当化に用いられたり，逆にそうした労働条件への批判に用いられるのかが分析されている。たとえば松永（2017）は，アニメーターが職業者として「高い技術を有するべき」であるという規範を有しており，そこから技術が低いと見なされる者の低賃金は正当化されうるが，実際にはアニメーターの出来高賃金制度が適切に技術水準を評価できない仕組みになっていることで，労働者の視点でも強く問題化されていることを明らかにしている。

エスノグラフィーに基づく研究としては，Mears（2015）がある。この研究はVIP クラブで無償労働を行う若年女性とそうした女性をクラブでの労働に向かわせる「プロモーター」との関係性を描いたもので，その両者のやりとりを考察するうえでブラウォイのゲームについての議論が応用されている。プロモーターは，親密な交友関係を示唆する「ガールハント」の形式で若年女性を誘い，若年女性の無償労働の見返りとして金銭ではなく高級な食事や小旅行などをプレゼントする。この若年女性とプロモーター間の交友関係が維持される限りにおいて無償労働は問題化されないが，プロモーターによる管理が過剰であると女性が感じると，女性はプロモーターとの関係を交友関係とは理解しなくなり，無償労働への同意も破綻する。ここでは，無償労働の同意と交友関係を結ぶ概念の論理文法が同意を支える規則として機能していることを読みとることができる。

ビデオデータを用いた研究はエスノメソドロジーのなかでは盛んになされているが，労働社会学においてはまだ十分な蓄積がない。しかし，エスノメソドロジー研究として行われたもののなかで労働社会学にとっても示唆をもつ研究は存在する。山崎ほか（2015）は，ある協同組合における会議場面のビデオデータを分析し，組合メンバーの全員の意向を反映して意思決定を行うという理念が，会話の順番取りのされ方に現れていることを明らかにした。具体的には，会議の責任者はトップダウンで決定をすることができそうな場面でも，そこまでなされた提案のどれも並んで価値のあるものとして扱うことで，決定権を放棄して他の参加者の発言を促したりする。この分析では，「平等性」を重視する組織理念を，責任者が「決定権の放棄」という行為と関連づけていることが見て取れる。このように働き方をめぐる制度がどのような相互行為を通して達成されているのかをビデオデータは詳細に明らかにすることができる。

テキストデータを用いた研究は，フィールドワークに基づく研究とは一定の距離感をもちつつ，労働史に関する研究として発展してきた。そこでは国家や経営者などが労働者をどのように捉えていたか，あるいは労働者自身が自らをどのように捉えていたかなどが，当時のテキストデータの分析から析出される。下田平裕身は，研究者の側から一方的に概念を当てはめて当事者の発言を整理するのではなく，「現場の当事者の発言それ自体から〈概念〉を構成すべき」とする分析上の姿勢を独自に「言説分析」として特徴づけている（下田平 2006: 15）。中川はこうした議論に影響を受けつつ[3]，自身でも戦前期日本に鐘淵紡績株式会社の経営者を務めた武藤山治の経営理念を検討している。たとえば中川（2017）では，武藤の組織理念について『経営者の役割』（Barnard 1938=1968）等で知られるバーナードの組織理念と比較し，いずれの経営者も組織における人間像と労使関係観については類似した考えを持ちながら，組織と個人をいかにして統合するかという観点については異なる考えを有していることを分析している。バーナードはあくまで個人は組織の外部に存在し，部分的に企業に参加するものと捉えていたのに対して，武藤は経営組織を家族とみなしており，個人の私心が統合されて共同性が発揮されるような全体的な統合を理念として有していた。こうした分析は，同じ組織という概念に対してどのような統合の概念を結びつけるかにいくつかのバリエーションがあることを描いている。そして，こうした組織理念はいうまでもなく，経営者や組織成員が実際に行為する際の資源の一つになるのである。

これらの研究は，まったく異なるデータタイプに依拠しているが，どれも概念の論理文法を記述したものとして扱うことができ，したがってそれぞれに「当事者の論理」を明らかにしたものとして位置づけられる。そこで扱われている対象も，直接的に労働者が語る規範から，人間関係・会話上の手続き・組織理念など多様であるが，概念の論理文法の観点から分析された知見を捉えることで，「当事者の論理」として適切な記述となっていることを判断することができる。このようにして，概念の論理文法の考え方は労働社会学における質的分析を「職人芸」から脱却させるために重要な役割を果たすのである。

3）中川は下田平の議論を含めて「仕事の世界を構築している知識」に迫る姿勢を，「知識社会学的アプローチ」として整理している（中川 2020: 104）。

4 「当事者の論理」と労働社会学

本章では，日本の労働社会学が河西宏祐が位置づけるところの「当事者の論理」を記述することを一つの方法論的方針としていることから出発して，その適切な記述の方針が定められていないことを指摘して，ブラウォイとエスノメソドロジーの考え方を展開してその精緻化を試みた。こうした検討の結果，概念の論理文法を記述していくという方針が，「当事者の論理」をより適切に記述する方針として役立ち，さらに多様なデータを一貫した方針で扱えることを議論した。

本章の議論はいかなる質的データを労働社会学が扱うデータとして適切なものとみなすべきかという方法論的議論に集中したが，最後に概念の論理文法の記述という方針がもつ理論的な可能性についても言及しておきたい。

第一に，本章のなかでも示唆したことであるが，概念の論理文法という考え方に依拠することによって，特定のデータタイプに縛られず現象に応じて多様なデータを多様な視点のもとに用いることができるという，社会学の強みをより発揮することができる[4)]。これは労働研究のなかでの社会学の貢献を考えるにあたって重要である。労働研究を構成する社会科学のなかで，社会学では質的研究は単に量的研究を補うというよりも，質的研究によってのみ捉えられる独特の知見があるという考え方が一定程度定着している（たとえば，筒井・前田 2017）。それと関連して調査法やその分析法についての考え方も充実している。しかし，本章で扱ったエスノメソドロジーをはじめとして，そうした分析が積極的に労働研究に活かされ尽くしているわけではない。多様な質的データを積極的に用いて，労働社会学はより学際的な労働研究にも貢献していくことができる可能性がある。

第二に，本書全体の論点とも関係することとして，概念の論理文法を捉えようとすると，労働現象を対象としたものであっても，労働に関する概念ではないものとの結びつきが見出されることが多くある。本章での無償労働と交友関係，経営理念と家族などがそうである。こうした知見は，労働社会学の第一の関心が労働現象で

4）河西とブラウォイは，それぞれにインタビュー調査法（河西 2005）とエスノグラフィー（Burawoy 2009）についての方法論に関する書籍を出版しており，それぞれのデータに関心を集中させていた。

5）この問題と関連して公的領域を中心的な対象としてきた労働社会学がいかに私的領域までを射程に入れた枠組みを構築するかという問題がある。その点について河西・ブラウォイを軸にしつつその拡張を試みた議論として松永・永田（2021）を参照。

はあっても，その現象が他の領域社会学が主たる対象としている現象と結びついて成立している可能性を具体的に示している[5)]。本書では序章にて産業・労働社会学と他の領域社会学との関係性を再考していく必要があることを指摘したが，これは単なる学問同士の関係性という問題ではなく，「当事者の論理」の水準に依拠したときに労働に閉じていない労働現象が無数に存在することから生じる問題でもある。概念の論理文法に着目して当事者の論理を記述していくことは，労働社会学がその質的研究をめぐる伝統を生かしつつ，他の領域社会学といかなる協働が必要となるかを模索するにあたっても，重要な分析方針となるのである。

【引用・参考文献】

秋谷直矩，2020，「仕事の実践を記述する――エスノメソドロジー」梅崎修・池田心豪・藤本真編『労働・職場調査ガイドブック――多様な手法で探索する働く人たちの世界』中央経済社，pp.66–75.

稲上毅・川喜多喬編，1987，『リーディングス日本の社会学 9 産業・労働』東京大学出版会.

尾高邦雄，1953，『産業における人間関係の科学』有斐閣.

河西宏祐，2001，『日本の労働社会学』早稲田大学出版部.

河西宏祐，2005，『インタビュー調査への招待』世界思想社.

京谷栄二，1993，『フレキシビリティとはなにか――現代日本の労働過程』窓社.

小谷幸，2013，『個人加盟ユニオンの社会学――「東京管理職ユニオン」と「女性ユニオン東京」(1993 年～ 2002 年)』御茶の水書房.

下田平裕身，2006，「〈書き散らかされたもの〉が描く軌跡――〈個〉と〈社会〉をつなぐ不確かな環を求めて――〈調査〉という営みにこだわって」『信州大学経済学論集』54: 1–85.

鈴木和雄，2001，『労働過程論の展開』学文社.

筒井淳也・前田泰樹，2017，『社会学入門――社会とのかかわり方』有斐閣.

中川宗人，2017，「戦前期日本における経営理念――武藤山治とバーナードにおける組織観の分析を通して」『大原社会問題研究所雑誌』705: 57–73.

中川宗人，2020，「資料の中に人々の思いを探る――テキスト分析」梅崎修・池田心豪・藤本真編『労働・職場調査ガイドブック――多様な手法で探索する働く人たちの世界』中央経済社，pp.66–75.

西阪仰，2000，「一つの社会科学の考え方――経験的データをもちいた概念分析としての相互行為分析」『理論と方法』15(1): 61–74

橋口昌治，2011，『若者の労働運動――「働かせろ」と「働かないぞ」の社会学』生活書院.

前田泰樹・水川喜文・岡田光弘編，2007，『ワードマップ エスノメソドロジー――人々の実践から学ぶ』新曜社.

松島静雄，1951，『労働社会学序説』福村書店.

松永伸太朗，2017，『アニメーターの社会学――職業規範と労働問題』三重大学出版会.

松永伸太朗，2020，『アニメーターはどう働いているのか――集まって働くフリーランサーたちの労働社会学』ナカニシヤ出版.

松永伸太朗・永田大輔，2021，「雇用によらない労働における産業に定位した「最低基準」の記述可能性――労働社会学における質的研究の再定位」『日本労働社会学会年報』32: 75–98.

宮地弘子，2016，『デスマーチはなぜなくならないのか――IT 化時代の社会問題として考える』光文社.

山崎晶子・山崎敬一・田丸恵理子・小松盟，2015，「ワークプレース研究と相互行為分析――2 つの会議場面の分析を通じて」『日本労働研究雑誌』665: 57–69.

吉田誠，1994，「労働過程における主体分析の枠組――統制・抵抗パラダイムを超えて」『一橋研究』19(1): 131–160.

Barnard, Chester, 1938, *The Function of the Executive*, Cambridge, MA: Harvard University Press.（山本安次郎・田杉競・飯野春樹訳，1968，『新訳 経営者の役割』ダイヤモンド社.）

Braverman, Harry, 1974, *Labor and Monopoly Capital: The Degradation of Work in the Twentieth Century*, New York: Monthly Review Press.（1978, 富沢賢治訳，『労働と独占資本』岩波書店.）

Burawoy, Michael, 1979, *Manufacturing Consent: Changes in the Labor Process under Monopoly Capitalism*, London: The University of Chicago Press.

Burawoy, Michael, 1985, *The Politics of Production*, London: Verso.

Burawoy, Michael, 2009, *The Extended Case Method: Four countries, Four decades, Four Great Transformations, and One Theoretical Tradition*, Berkeley: University of California Press.

Coulter, Jeff, 1979, *The Social Construction of Mind: Studies in Ethnomethodology and Linguistic Philosophy*, London: Macmillan Press.（西阪仰訳，1998，『心の社会的構成――ウィトゲンシュタイン派エスノメソドロジーの視点』新曜社.）

Knights, D., 1990, "Subjectivity, Power and the Labor Process", David Knights and Hugh Willmott eds., *Labour Process Theory*, London: Macmillan.

Mears, Ashley, 2015, "Working for Free in the VIP: Relational Work and the Production of Consent," *American Sociological Review*, 80(6): 1099–1122.

O'Doherty, Damian and Hugh Willmott, 2009, "The Decline of Labour Process Analysis and the Future Sociology of Work," *Sociology*, 43(5): 931–951.

Randall, Dave, and Wes Sharrock, 2011, "The Sociologist as Movie Critic," Rouncefield, Mark, and Peter Tolmie eds., *Ethnomethodology at work*, Farnham; Ashgate, pp.1–18.

Roy, Donald, 1952, "Quota Restriction and Goldbricking in a Machine Shop," *American Journal of Sociology*, 57(5): 427–442.

Roy, Donald, 1959, "Banana Time: Job Satisfaction and Informal Interaction." *Human*

Organization, 18(4): 158–168.

Smith, Chris, 2016, “Rediscovery of the Labour Process,” Stephen Edgell, Heidi Gottfried, and Edward Granter eds., *The Sage Handbook of the Sociology of Work and Employment,* Los Angeles: Sage, pp.205–224.

Thompson, P., 1989, *The Nature of work: An Introduction to Debates on the Labour Process 2nd ed., Basingstoke*: Macmillan.（成瀬龍夫・青木圭介訳, 1990,『労働と管理――現代労働過程論争』啓文社.）

第14章

失業が作る近代

戦中・戦後日本の社会政策思想はなぜ西洋由来の失業概念を用いたのか

西田 尚輝

1　失業概念をめぐる歴史と政治

働きたい人にとって，雇用を得られないことは，個人的にも社会的にも困難の原因となる。雇用は人々に様々な権利を保障し，仕事に従事していない時（疾病，労災，退職）にも様々な給付を与える。また，雇用されることで，消費や住居，余暇など，より幅広い社会生活に参加することができる。一方，失業は，これらの脆弱化と喪失を意味する（Castel 1995=2012: 361）。労働市場の状況が深刻な場合，失業は重要な政治的・経済的課題となる。効果的な政策を行うには，問題を正確に把握する必要がある。失業者の定義と集計方式の選択は重要である。なぜなら，それは労働市場や人々の職業生活の変化を強調したり，不明瞭にしたりするからである（Gautié 2002; Alenda-Demoutiez and Mügge 2020）。

失業というカテゴリーは，西洋社会に特有の歴史的・社会的構築物である（Gautié 2002）。18 世紀には，労働者の労働形態はきわめて多様で流動的であり，一時的に仕事がないことは日常茶飯事だった（喜安 1982）。実際，19 世紀後半まで，失業（unemployment/chômage）という言葉はほとんど使われていなかった（Topalov 1994）。19 世紀末，西洋の社会改革者たちは，雇用を制度化し，労働市場を組織化することで，貧困と労働力の問題を解決しようとした。労働契約が安定し，より多くの人が正規の工場労働者になると，仕事に従事していない空白の時間が失業として立ち現れていった（Topalov 1994: 49–58; Castel 1995=2012; 宇城 2001）。新たな規則や技術として登場した職業安定所や失業保険は，失業を可視化し，リスクとして統治することを可能にした（Daniel and Tuchszirer 1999; Walters 2000）。そしてフランスでは，1896 年の国勢調査で初めて「偶発的失業者」が集計された

(Reynaud 1984; Salais et al. 1986)。20 世紀初頭，ウィリアム・ベヴァリッジは，労働市場の不完全性を示しながら，失業の様々な原因（季節的，周期的，構造的問題）を区別した。同時期のフランスでは，エミール・デュルケムの影響を受けた統計学者のマックス・ラザールが，失業は個人には還元できない「社会的事実」であると定義した（Gautié 2002）[1]。

失業カテゴリーは政治的である。その定義は多様な無職の人を含むと同時に，その他の人々をそこから排除するものであり（Baxandall 2004: 4），そもそも誰が何の目的でそれを作るのかという疑問を投げかける。西洋社会以外では，このようなカテゴリーをめぐる歴史と政治についてはあまり知られていない。産業や経済の発達が遅れている国では，労働市場は緊迫しており，福祉が脆弱であれば，失業が人々の生存を脅かすことになる。しかし，西洋の失業概念が資本主義経済の未成熟な段階にある国の労働市場に適しているかどうかは定かではない。労働市場は細分化されており，人口の大部分が統計には現れないインフォーマルな仕事に従事している可能性がある。こうした特徴は労働統計を難しくする（Alenda-Demoutiez and Mügge 2020）。同時に，後発資本主義国の人々が，自分たちの社会経済状況にそぐわない欧米由来の失業概念にこだわる理由も明らかではない。

本章では，そのような国の一つとして戦間期および戦後改革期の日本に焦点を当て，失業カテゴリーをめぐる政治を分析する。特に，1920 年代の永井亨（1878–1973 年）と 1950 年代の大河内一男（1905–1984 年）の社会政策思想に注目し，彼らがなぜ西洋の失業概念を受容したのかを説明することを目的とする。

戦間期の日本の就業構造は，農業従事者が労働力の半分を占め，工業部門では広範な「2 重構造」が存在するなど，工業国としては脆弱なものだった（加藤 2005: 87）。しかし，1920 年の戦後恐慌から昭和恐慌までの 15 年間は，資本主義経済に起因する失業が大きな政治課題として認識されていた（加瀬 2006）。終戦直後には，戦時産業体制の崩壊と共に，労働者が軍需工場から吐き出され，大量の失業者が発生した（荒又 1990: 156）。しかし，当時採用された失業対策は，職業紹介事業や失業者を土木工事に従事させる失業対策事業だけで，失業保険などの給付政策は一貫して採用されなかったのである（加瀬 2006）。欧米諸国ですでに導入されていた失

1）失業の歴史に関する先行研究が用いてきた「誕生」や「発明」という系譜学的なメタファーは，失業がアプリオリに存在するのではなく，制度や言説の創造物であるという事実を表現している（Reynaud 1984; Salais et al. 1986; Topalov 1994; Walters 2000; 宇城 2001; Gautié 2002）。

業保険制度が，日本で創設されたのは1947年のことだった（菅沼1991）[2]。

このような状況下で失業問題を論じていた永井と大河内は，当時の日本の社会経済状況とは相容れず，政治的にも論争の余地があったにもかかわらず，西洋で流通していた，働く能力，働く意志，求職という三つの要件に基づく失業の定義を採用し，社会政策思想に用いた。何が彼らの失業概念をこのような方向に向かわせたのか。また，彼らの選択にはどのような政治的意図があったのか。

社会政策学者の永井亨は，1910年代以降，生や健康の分野で理論を展開した「社会学系社会政策論」の系譜に属する。1933年設置の人口問題研究会の理事を務め，日本の人口政策に影響力を発揮した。一方，経済学者の大河内一男は，労働・労使問題の議論を主導した「経済学系社会政策論」に属する（杉田2009; 玉井・杉田2010; 玉井2015）。大河内理論は道義論的な社会政策論を排し，社会政策を資本主義経済社会における内在的な経済的要請としての総資本による労働力保全政策として捉えた（高藤2000: 37; 玉井2015: 50）。

逆説的ではあるが，永井と大河内は，国内の状況に適合しないにもかかわらず西洋的な失業概念を採用したのではなく，むしろギャップがあったからそれを採用したのである。彼らは，互いの仕事を参照したわけではないが，日本の労働市場の現状を最もよく反映しうる失業指標ではなく，あえて欧米由来の失業指標を選んだ。そして，その失業カテゴリーへと現実を合わせていくことを目指した。彼らは，産業組織における労働者の地位の低さや失業保険制度の未熟さを問題視し，日本の経済社会の近代化，民主化への道を示そうとしたのである。

本章の構成は以下である。次節では，失業者の統計処理の問題を超えて，失業カテゴリーによって社会的現実がいかに構築されるのかを理解することによってのみ，カテゴリー選択の理由に答えることができることを論じる。続いて，3節では戦間期と戦後改革期の日本の失業問題をめぐる主な政治的・経済的争点を説明し，永井と大河内が，日本の社会経済システムに対する批判的視座として，先進資本主義国の失業の定義を先取りしたことを示す。4節は結論である。

2) 後発近代化と民主化が日本を含む東アジアの社会政策にもたらした特徴については，李蓮花（2011）の研究がある。

2 社会的構築物としての失業カテゴリー

失業カテゴリーは制度的構築物であり，国によって異なる方法で構築されている。そして，失業者とみなされるかどうかは，文化的・制度的要因に支配されている（Erlinghagen and Knuth 2010）。また，要件を満たす労働者に一定の保護を与える失業保険や扶助は，イエスタ・エスピン=アンデルセンの「福祉レジーム」や国によって異なる（Esping-Andersen 1990=2001; Gallie and Paugam 2000; Pfeifer 2012）。南アフリカの失業指標の政治性についての Juliette Alenda-Demoutiez and Daniel Mügge（2020）の研究によれば，1991 年のアパルトヘイト撤廃後，南アフリカでは新しい労働統計の確立が急務となっていた。統計局は ILO（国際労働機関）の国際基準の失業の定義を採用し，そこに正統性を求めたのである。つまり，同国の失業区分は，黒人の社会経済状況を反映していただけでなく，国際社会における国の信用と，政治家や労働運動に対する統計局の信用を強化するという政治的意図をもって採用されたのである。

Yair Kaldor（2020）が述べるように，経済的カテゴリーはマクロレベルの条件から機械的に導かれるものではない。むしろ，それは特定の社会的立場を反映している。社会的現実の表現は，現実の中の特定の場所から，特定の意図をもって発せられるのである。Kaldor（2020）は，社会構造の変化が新たな現実問題を引き起こし，主体が新たな経済的カテゴリーを生み出すプロセスを見出した。しかし逆に，カテゴリーが社会的現実そのものに働きかけ，変化させる方向性については十分に検討しなかった。

後者の重要性は，経済学の分野に限らない。社会学の構築主義的研究には，あるカテゴリーの創出によって変化した実態が，当該カテゴリーに関する言説を再生産していく循環的過程に着目した研究がある（佐藤 2013: 399）。一方で，これまで日本の労働社会学では，雇用や従業員のカテゴリーがどのように構築されるかはあまり研究されてこなかった（中川 2017）[3)]。

政治学の研究では，政策提案と制度変化に影響を与えるアイデアの力が探求されてきた（Blyth 2001; Schmidt 2008; Béland 2009）。新しいアイデアは，特定の政治

3）この労働社会学の盲点を埋める研究として，有田伸（2016）は，非正規雇用というカテゴリーが制度的条件だけでなく，人々の社会通念や規範に左右されることを明らかにした。

的・社会的関係に結びついた「言説的武器（discursive weapon）」となり，改革の必要性を構築し，ある主体が既存の制度に挑戦することを可能にする（Béland 2009）。失業カテゴリーはこのアイデアの効力を示す重要な要素である。なぜなら，Jérôme Gautié（2002: 60）が指摘するように，失業というカテゴリーにおいては，「社会的世界の表現とこの世界に対する働きかけとが不可分に結びついている」からである。言い換えれば，失業は労働市場の現状を映し出すカテゴリーであるだけでなく，それ自体が現実の問題とその解決策を定義し，現実の変化の方向に影響を与えるカテゴリーでもある。この両面を理解することが肝要である[4)]。

永井と大河内は，失業カテゴリーという言説的武器を使って，いかなる社会改革を志向したのか。この点に着目することで，彼らがなぜ西洋的な言葉で問題を定義したのか，その答えがみえてくる。

3　戦間期と戦後改革期の日本における失業問題と社会政策思想

19世紀末以降，欧米で定着した失業統計は，次第に基本型にまとまり，1940年代にはILOが「失業者とは，15歳以上で有給・無給の仕事に就いておらず（統計調査の基準週に1時間以上働いていない），積極的に仕事を探していて，すぐに仕事に就ける状態にある人のことである」と定義した（Gautié 2002）。カテゴリーの開発は，失業という新たな社会的現実を理解するうえで重要な役割を果たす。統計的な集計は，客観化を可能にし，失業の原因を個人化するような道徳的アプローチから脱却することを可能にする。同時に，個々のケースをリスクの観点から捉えることができる。その道は，社会保険による補償に開かれている（Gautié 2002）。

しかしこのアプローチは，戦間期から戦後改革期の日本の経済社会には受け入れ

4) 1930年にオーストリアのマリエンタールで行われたマリエ・ヤホダ，ポール・ラザースフェルド，ハンス・ザイゼルらの研究は，失業の社会科学的理解の基礎である（Cole 2007）。世界大恐慌による繊維工場の閉鎖により，マリエンタールは全面的な失業状態に陥った（Jahoda et al. 2002: 14）。住民は，アイデンティティの剥奪と原子化を経て，最終的にはコミュニティの崩壊へと至った。研究者たちは，町の状況を定量化して解釈し，無職の住民を「壊れていない（unbroken）」，「壊れている（broken）」，「諦めている（resigned）」の三つに分類した（Jahoda et al. 2002: 53–54）。マリエンタールの研究者が作った「諦観」というカテゴリーの意図は，それがいかなる意味でオーストリア・マルクス主義の教育の政治学に変更を迫るものであったかを把握することではじめて理解できる（Clavey 2021）。

られない可能性があった。第1の論点は自己責任論の強さである。1922年に永井が認めたように，当時はまだ，失業の原因は「個人の堕落」であるとして，失業者自身に責任を負わせ，自衛を求める風潮が強かった（永井 1922b: 37）[5)]。しかし，産業化とともに，失業の原因は社会的なものへと一変した。大河内によれば，失業は，景気変動という客観的なもの，つまり「資本主義経済の矛盾」そのものが直接の原因となっていた（大河内 1954: 118）。両者は，失業の原因を労働者に帰属させることを批判し，そのうえで永井は，産業界に失業の責任を負わせるべきだと訴えるのである。

1920年以降，日本は不況に陥り，さらに，ワシントン軍縮会議によって造船，機械，鉄鋼などの企業が打撃を受け，失業者の一層の増加が懸念されていた（永井 1922b: 20–21, 31）。しかし，失業保険制度の導入には根強い反対があった。1920年代から1930年代の内務省社会局による失業保険構想は，新規の財政支出に対する政府の消極的態度と，新たな企業負担を拒否する財界の反発によって放棄されていたのである（加瀬 2006）。そのため，政府による失業政策は，1925年以降，失業対策事業（失業者救済のための土木事業）を中心に据えていった（加藤 2005: 88）。一方，後述するように，大河内は，失業保険制度の存在は失業の前提条件であり，労働者が自分の技能に不相応の仕事を断ることで，失業そのものを可能にすると論じるのである。

第2の論点は，資本主義経済と社会経済制度の未発達である。明治維新以降，日本は欧米諸国に追いつこうと先進国の生産技術や制度を導入・移植してきた。しかし，第1次世界大戦後も，近代産業の発達は，一部の重要産業を除いて，いまだ幼稚な段階を脱していなかった（永井 1922b: 20–21）。不況になると，都市部に流出していた出稼ぎ農民が，農村部に戻ってくるのはよくある現象だった（加瀬 2006: 88）。こうした帰農者は，周囲の状況から本人の意志や能力を判断すると，失業者と見る方が適切だったが（永井 1922b: 29），その実態を把握することは困難だった。当時は，職業紹介所や労働統計が整備されていなかったため，失業状況を調査することができなかったのである（永井 1922b: 21）。

戦後になっても，失業を認識することの困難は変わらなかった。大河内によれば，日本では産業の発達が不均衡で，労働市場が分断されていただけでなく（大河内 1954: 132），正規の失業扶助制度や失業統計も存在しなかった。そのため，失業

5) 以下，引用の際には，旧仮名遣いは現代仮名遣いに，旧字体は新字体に変えた。

者は社会的現実として認識されるどころか，潜在化してしまう状況が続き，正確な問題把握と効果的な政策立案が困難だった（大河内 1947; 1954: 146）。大河内は，このような粉飾された失業を顕在化させることが，日本経済社会の近代化，民主化のための重要な条件になると考えるのである。

問いは，あらゆる選択肢のなかで，なぜ単一の労働市場カテゴリーが選ばれるのかということであり，それが理論，政策，公的議論に影響を与えることになる。本来であれば，日本独自の指標を構築することができたはずである。たとえば，限られた雇用機会による求職意欲の喪失や，生活環境から離れられない自給自足の農家の状況などから，失業率を拡大定義することが考えられる。しかし，永井は，1922年の段階で，英米の学説及び立法に従い，失業を「働く能力と働く意思とを有しながら相当な職業を見出し得ないでいる」（永井 1922b: 39）と定義した。大河内も1954年に，「失業とは，労働の意志と労働の能力を持ちながら，しかも自己の労働能力に適当した就業の機会が社会的に与えられない場合を言う」（大河内 1954: 126–127）と確認した。彼らの定義には，欧米由来の働く能力，働く意志，求職の3要件が盛り込まれている。さらに特徴的なのは，求職者が仕事をみつけられないということは，すべての就業機会を奪われているということではなく，自分の技能や経験に適合した仕事の機会をみつけられないということだと強調したことである[6)]。

1920年代には，食糧問題との関連で過剰人口問題が捉えられ，1930年代には，世界恐慌によって人口問題の重点は失業問題へと移った（杉田 2009）。永井は1933年に人口問題研究会の理事に就任し，日本の人口政策の議論を，労働需給や分配・消費の調節にまで広げていった（杉田 2009; 玉井・杉田 2010: 71）。しかし，永井が人口問題の専門家として公知される以前の仕事についてはあまり知られていない。これまで永井は，米田庄太郎や建部遯吾が開拓した「社会学系社会政策論」の系譜に位置づけられてきた。その研究対象は，人口，生命，健康であり，労働問題を中心とした「経済学系社会政策論」とは対照的な性格をもつと考えられてきた（玉井・杉田 2010; 玉井 2015）。しかし実際には，永井は第1次大戦後の世界的な労働運動の高まりと大正デモクラシーのなかで，労働者の雇用保障の問題について考察を深めていたのである。

1930年代から1940年代に展開された大河内の社会政策論は，講座派の存在を背

6）内務省の1927年の失業保険法案は，失業者を「働く能力があるにもかかわらず職が得られない個人」と定義しており（加藤 2005: 91），三つの要件を明記していない。

景に1970年代までの日本社会政策学に大きな影響を与えた（高藤 2000; 金子 2010; 玉井・杉田 2010; 玉井 2015）。大河内によれば，社会政策とは，資本主義経済の存立と発展にとって最も根幹的で重要な問題である労働力の問題にかかわるものであり，労働力を「保全・培養」するために国家が行う施策である（大河内 1963: 26–29）。そのため，社会政策は労働政策を中心に据えることになる。

大河内はまず，社会政策の中で最も根幹的なものと考えていた「工場法＝労働保護法」（大河内 1970: 63）の改正を志向し，その次の段階として労働者保険立法を目指した（玉井 2015: 50）。失業保険は，資本主義経済存立のための労働力保全政策として，労働者保険の主要な要素になりうる。しかし，これまで大河内の失業理論は分析されてこなかった[7)]。彼は失業をどのような問題と捉え，いかなる解決策を提示したのか。

失業の自己責任論の強さや社会経済制度の未成熟など，欧米とは異なる文脈に置かれた永井と大河内は，なぜ西洋で流通していた失業カテゴリーにこだわったのか。そして，なぜ労働者が自分の能力や職歴に合った仕事をみつけられるようにすることを重視したのか。トランスナショナルなレベルで流通する政策アイデアを考えるとき，国の政策アクターは外国の政策アイデアの単なる受動的な受け手ではない（Campbell 2004）。永井と大河内の定義は，日本の労働者階級と労使関係の近代化という政治的アジェンダによって選び取られたものだったのである。

3-1　永井亨と労働者の産業上の新地位

第1次大戦後の反動恐慌とそれに続く銀行恐慌により，失業者の一層の増加が懸念されるなか（永井 1922b: 20–21, 31），永井亨は『労働問題と労働運動』と『戦後

7) 近年の大河内一男に関する研究には，社会政策代替説（野口 2007）と救貧理念（冨江 2010）がある。しかし，他の研究の多くは，大河内理論が戦前の社会政策思想を労働政策思想に還元したと批判するにとどまっている（武川 1999: 11; 玉井・杉田 2010; 玉井 2015）。大河内の社会事業・社会福祉研究への貢献を無視して，大河内理論のみに焦点を当てることへの批判として，金子良事（2010; 2014）の研究がある。一方，戦後日本の経済学については多くの研究がなされてきた。最近では，野原慎司（2020）が，日本の経済学・経済史学者は，日本と欧米の違いを意識しながら，欧米の経済学を使って日本の資本主義の構造を捉える一種の通訳者であったと論じている。しかし，当時の学者たちがそれぞれの分野から自国の資本主義の特徴をどのように認識していたのか，さらに，その認識が国によってどのように異なっていたのかについては，さらなる研究が必要である。

の失業問題』を発表した。永井は，日本の失業状況を把握するために，失業者数の推定を試み，就業者数が最も多かった最好況期と直近の不況期との差から，失業者総数を約20万人と判断した（永井 1922b: 23–30）。彼は，欧米諸国よりも少ないこの数字を，「我国の現状では少なくともこの数字を以て失業数を推定すべき基本数」（永井 1922b: 25）と提示したが，そのすぐ後で，「しかしながら元来失業なるものは，……就職の能力を有し且つ就職の意思を有しながら相当な職業を見出し得ないものでなければならぬ」（永井 1922b: 29）と付け加え，実際の失業者数はもっと多いと予測した。なぜ永井は，「我国の現状」に即した失業者観を疑問視し，英米の理論から学んだ3要件の失業の捉え方にこだわったのか。

永井は失業の原因を論じる際，主に過少消費説をとっている（永井 1922b: 62–63）。失業は「生産の過剰」と「購買力の不足」から生じたものである（永井 1922b: 132–133）。したがって，失業の原因は「労働者の如何ともなし難きもの」（永井 1922b: 135）であり，労働者に責任を負わせるべきではない。それにもかかわらず，当時の労働者は，わずか1，2週間の予告で解雇され，しかも「労働者自らこれに対して全部の責を負うべき」（永井 1922b: 135）と考えられていたのである。

永井はこのような「産業上の封建制」（永井 1922a: 59）を批判し，「労働者の生活又は職業の保障」（永井 1922b: 134）という課題に新たな解決策を与えようとする。彼の答えは，「産業組織の立憲民主的改造，産業上に於ける労使両階級の協力，進んで経済上及社会上に於ける各階級の協調」（永井 1922b: 134）である。具体的には，工場委員制や団体協約制といった社会経済制度が挙げられる（永井 1922a: 62）。つまり，企業や産業レベルで労働者の参加と発言を保護する制度を構築することで，労働者の雇用の継続・安定という意味での「職業保障」の問題を労使で協議することを目指したのである。

永井によれば，このようなシステムでは，労働者が産業に筋肉と熟練を提供する代わりに，各産業が失業の主たる責任を負うことになるのが最も妥当である（永井 1922b: 147）。ここで欧米由来の失業の3要件は，労働者の勤労意欲を証明することで自己責任論を排すとともに，「労力と技能とは労働者が産業に投ずる資本」（永井 1922b: 136）であることを明確にするために持ち出されたのである。

永井は，日本ではいまだ失業保険が導入されてはいないが，事業主，ひいては産業そのものが，「解雇手当を支給する特殊の慣例」を発展させてきたことを評価する（永井 1922a: 37）。その30年後，大河内は永井を超えて，失業保険をもはや産業上の慣例ではなく，社会的権利として確立することを訴えるのだ。

こうして永井は，失業問題の解決の前提として，「人格者たる労働者」（永井 1922b: 65）に「産業の組織員」（永井 1922b: 135）という新たな地位を保障することを提案したのである。その際，彼は，第一次大戦後のイギリスの新しい労働運動が，労使協調や産業平和にシフトしていることに触れ（永井 1922a: 48），この分野が日本では何歩も遅れていると指摘した（永井 1922a: 46）。この差を認識していた永井にとって，イギリスの失業論は，労使協議によって労働者の雇用保障の問題を交渉・決定するという新しいモデルを提示していたのである[8)]。

3-2　大河内一男と経済社会の近代化・民主化

大河内一男は，1954 年の『社会学体系 職業と組合』の「失業問題」の章を書いている[9)]。彼は，永井と同様に，「(1) 労働の意志を持っていること。(2) 労働能力を有すること。(3) 自己の労働能力に適応した職業が得られないこと」（大河内 1954: 129）という失業の定義を採用し，これらの要件に従って議論を展開した。

第一に，失業者が失業者であるためには，働く意志を必要とする。求職意志の判断基準は職業紹介所への登録である。しかし，それが失業保険の給付と連動していなければ，失業者は紹介所へ現れずに「潜在してしまう」（大河内 1954: 129）。したがって，働く意志の判定を可能にし，失業そのものを現実化するためには，失業保険制度が存在しなければならない。

第二に，失業者は労働能力をもっていなければならない。ただし，労働能力の喪失が失業自体によって引き起こされる可能性があることにも注意しなければならない。長期の離職とそれに伴う生活苦や精神的退廃は，技能水準の低下を招くのである。この場合も，失業保険制度は既得技能の荒廃を防ぐ役割を果たし（大河内 1954: 131），失業自体を可能にする。

第三に，失業者とは，「客観的にみて自己の労働能力や従来の職歴や経験」に見合った仕事が得られない人たちである（大河内 1954: 132）。しかし，失業救済制度がない場合，無職者は生活上の必要からいかなる種類の仕事にも従事せざるをえない（大河内 1954: 132–133）。そのためここでも，この要件が満たされて失業が可能になるかど

---

8) 永井は 1933 年に人口問題研究会の理事に就任したが，他の委員とは対照的に優生学的な産児制限には慎重な姿勢をとっていた（杉田 2009）。その理由は，彼が失業者としての過剰人口問題を社会的に解決しようと考えていたことから再考しうる。

9) 経済学者である大河内が『社会学体系』の「失業問題」を書いたことは，社会政策の分野における大河内の「多大な痕跡」（玉井 1989: 84）を示している。

うかは，もっぱら失業対策の整備の程度にかかっているのだ（大河内 1954: 133）。

大河内は，この失業の 3 要件というアイデアのもと，日本の経済社会の問題をいかに捉え，どのような解決策を示したのか。彼によれば，日本の問題は「潜在的失業を徒らに合理化しそれを粉飾すること」にある。したがって，解決策は「潜在的失業を顕在化する努力のうちに在る」（大河内 1954: 146）。失業の 3 要件を実現可能にするのは，失業保険制度の存在だった。そこで大河内は，失業の 3 要件を先取りすることによって，逆に失業保険制度を招来しようと考えたのである。「失業者が労働の意志の所有者であることを必要とするという条件は，失業保険または失業扶助を，救恤としてではなく社会的権利として確立するためには，一見したところより重要な意味を持つ」（大河内 1954: 130）。労働者の社会的権利に力点を置く姿勢は，解雇手当を単なる産業慣行と捉えていた永井とは異なる。これには，GHQ の民主化政策によって労働 3 法が制定されていたことが影響しているだろう。

大河内は，新しい失業カテゴリー導入と失業保険制度確立の先に何をみたのか。彼によれば，「失業の基本観念を形成する 3 つの条件は，何れも賃金労働者が，その前期的性格を脱皮して真の意味での近代性を獲得していることを前提とする」。労働者が「意欲」と「技能」をもっているということは，労働者を「近代的階級」たらしめるための根本要件である（大河内 1954: 133 強調原文）。つまり，大河内は，「近代的労働者」の存在を「前提」とした失業の 3 要件を先取りすることで，逆に日本の労働者階級の近代化を図ったのである。実際，大河内は社会政策による「近代的労働力の創出」に関心をもっていたが（玉井 1989: 86），彼はこの意図から，西洋由来の失業の 3 要件を「近代的賃労働と，初期資本主義期に於ける労働者の一般的性格との顕著な差異」（大河内 1954: 130–131）を明確に示すものとして特に重視していたのである。

また，この議論のなかで，大河内は労働者の技能保全の必要性も強調していた。大河内によれば，労働者にその技能に応じた仕事を与えること，言い換えれば，そのような仕事に就けない労働者には，失業保険制度によってその生活を保障することによって，労働者階級は全体として「技能の体系を最高度に保持する」。したがって，失業問題は，十分な技能をもった労働者の安定確保という課題において，「資本の自己保存行為」といわれるのである（大河内 1954: 133–134）。こうして，失業問題もまた，労働力の保全培養という大河内理論の核心をなす。資本主義経済社会に内在する労働力保全政策は，労働者の保健や物的保障だけでなく，失業者の技能維持にまで及んでいたのである。このことから，彼の思想が実際の失業保険制度設計にどのような影響を与えたかを考えることができるだろう[10)]。

大河内は，社会経済制度が欧米に比べて遅れていた日本に西洋由来の失業カテゴリーを導入し，失業保険制度を通じて近代的労働者階級を創出しようとした。失業カテゴリーは，「経済の近代化と民主化」（大河内 1954: 146）に向けて社会的現実を再構築するための言説的武器だったのである。

4 カテゴリーという現実への批判的視座

失業カテゴリーはそれに先立つ社会的現実の単なる反映ではない。失業は，それが重要な社会的・経済的問題として定義されて初めて，社会的現実として認識される。さらに，こうして認識された失業は，失業に関連する新たな言説や政策を生み出すことになる。

戦間期と戦後改革期の日本は，欧米諸国に追いつくために，すべての労働指標を国際基準に合わせるというインセンティブがあったかもしれない。しかし，永井亨と大河内一男が，自己責任論の強さや資本主義経済の未発達という日本社会の状況にはそぐわない西洋の失業概念にこだわったのには理由があった。

永井は，西洋的な失業カテゴリーに表現されている労働者観，すなわち，労力と技能を産業に投入しているにもかかわらず，自分のせいではない失業の責任を負わされているという労働者観を打ち出した。そして，労働者の「職業保障」の問題を解決するためには，産業組織の民主化と労使協調が必要であると主張した。

大河内もまた，当時の日本の経済社会には存在しなかった「近代的労働者」，すな

---

10) 1947年の失業保険法は，戦後の企業整備や復員に伴う大量失業に対処するために制定された（荒又 1990: 156）。しかし，審議委員の間では「失業保険惰民養成論」が根強かったため，給付額は生活扶助基準上限額を下回っており，労働者の生活保障としては不十分だった（海野 2010: 40）。こうした状況で，大河内の失業論は，失業保険法改正に向けた議論を喚起しうるものだった。大河内は，1946年に厚生省保険局庶務課から失業保険法案の審議を引き継いだ社会保険制度調査会の委員を務めた（海野 2010: 16）。1949年の失業保険法改正の審議では，失業保険課長が「失業保険が受給資格者個人の労働力の維持保全を図ることを専らその目的としている」と述べていた（海野 2010: 42）。ここには，大河内と同様に，失業保険制度によって労働者の技能を維持保全するという考えが確認できる。大河内が実際の政策形成にどのような影響を与えたかは，今後の研究が求められる点であるが（金子 2014），このことは，大河内のアイデアと労働者保険制度の関係を分析するうえで，重要なポイントとなる。

わち積極的な労働意欲と十分な技能をもつ労働者の存在を前提とした西洋由来の失業の定義をあえて採用し，その失業カテゴリーに現実の側を合わせることを目指した。彼は，新しい失業概念という言説的武器の導入と，それが求める失業保険制度の確立によって，日本の労働者階級の近代化を図ったのである。

失業率を測る唯一の正しい指標はなく，いかなる基準も労働市場の現実を完全に捉えることはできない。しかし，本章の分析では，カテゴリーの不適合さがむしろそれを選ぶ動機となっていたことが明らかになった。新しい失業カテゴリーは，既存の社会経済制度に対する批判的立場を提供し，問題とその解決策を定義し，新しい現実の構築を可能にするものだったのである。

19 世紀末以降に欧米で発達した失業カテゴリーは，主にフォード型賃労働関係との関連で意味をもち（Castel 1995=2012: 364），指標としての妥当性は，主に男性工場労働者に限られていた（Baxandall 2004: 212）。今日，このような失業の概念は，労働市場の急速な変化によって損なわれつつある。ここ数十年で様々な就業形態が普及し，女性の労働力参加率も大幅に上昇した。失業カテゴリーは，労働市場の状況を示す温度計として，また公共政策の指標として，ますます疑問視されている（Demazière 1995=2002; Gautié 2002）。

失業の定義の問題は，労働統計に影響を与えるだけではない。現在，課題として浮上しているのは，仕事を失っても，失業の要件を満たしていないため正当な権利を行使できず，しかも貧困に陥り，社会生活から切り離されている人たちが多く存在するということである。

現代の日本では，縁辺労働力として労働市場に出入りする女性の存在によって，1990 年代までは景気変動があっても失業率が低く抑えられていた（野村 2000）。しかし，1990 年代後半の失業率の上昇により，「雇用不安」（野村 1998; 2000）が叫ばれるようになった。2019 年末以来の新型コロナウイルス感染症は，現在も雇用に多大な影響を及ぼしている（労働政策研究・研修機構 2022）。ILO の国際基準に準拠した現在の日本の労働力調査では，もっと長く働きたい就業者や事実上失業状態の

11）日本では，2018 年 1 月に労働力調査の調査事項が変更され，経済情勢により求職を断念した人など，潜在的失業者を捉えるために「未活用労働」という指標が追加された（総務省統計局 2022）。失業者よりも求職者の側面を強調する見方は，近年の福祉が失業者の所得保障よりも，職業教育や就職相談などを通じた労働市場への再統合を重視するようになったことと関係があるだろう（Rosanvallon 1995=2006: 197–204; Boland and Griffin 2015）。

休業者は失業率に反映されない。失職後，感染のリスクを考えて求職活動をしなければ，非労働力人口に含まれ，失業者とはみなされない。完璧な定義は存在しない。しかし，失業を「顕在化する努力」は今も続いている[11]。

【付　記】
本章の執筆にあたり，ご助言をいただいた方々に感謝申し上げる。本研究は JSPS 科研費 JP20J21007 の助成を受けたものである。

【引用・参考文献】

荒又重雄，1990，「戦後日本社会政策の基本構造――研究序説」『経済学研究』40(2): 149–171.
有田伸，2016，『就業機会と報酬格差の社会学――非正規雇用・社会階層の日韓比較』東京大学出版会.
宇城輝人，2001，「失業――社会学的対象の誕生」『人文学報』84: 141–175.
海野恵美子，2010，「失業保険の成立過程における失業保険給付の検討――最低生活保障の観点から」『浦和論叢』43, 1–57.
大河内一男，1947，『労働組合と失業問題』白日書院.
大河内一男，1954，「失業問題」田邊壽利編『社会学体系 第 5 巻 職業と組合』社会学体系刊行会，pp.107–149.
大河内一男，1963，『社会政策 総論 改訂版』，有斐閣.
大河内一男，1970，『社会政策 40 年――追憶と意見』東京大学出版会.
加瀬和俊，2006，「戦前日本の失業保険構想」『社会科学研究』58(1): 125–155.
加藤道也，2005，「戦間期日本における失業問題と政府の対応――失業保険制度をめぐって」『大阪産業大学経済論集』6(2): 87–104.
金子良事，2010，「日本における「社会政策」概念について――社会政策研究と社会福祉研究との対話の試み」『社会政策』2(2): 48–58.
金子良事，2014，「書評と紹介 玉井金五著『共助の稜線――近現代日本社会政策論研究』」『大原社会問題研究所雑誌』663: 56–60.
喜安朗，1982，『パリの聖月曜日』平凡社.
佐藤雅浩，2013，『精神疾患言説の歴史社会学――「心の病」はなぜ流行するのか』新曜社.
菅沼隆，1991，「日本における失業保険の成立過程――戦後日本の社会保険思想の原点 (1) (2) (3)」『社会科学研究』43(2): 81–131; 43(4): 245–298; 44(3): 65–119.
杉田菜穂，2009，「日本における人口政策論の水脈――永井亨の人と思想」『経済学雑誌』111(1): 54–78.
総務省統計局，2022，「労働力調査 未活用労働指標の解説」〈https://www.stat.go.jp/data/roudou/pdf/mikatuyok.pdf（2022 年 2 月 18 日取得)〉

高藤昭，2000,「社会保障の研究史」『大原社会問題研究所雑誌』501: 30–45.
武川正吾，1999,『社会政策のなかの現代——福祉国家と福祉社会』東京大学出版会.
玉井金五，1989,「日本資本主義論争と社会政策本質論争——1930–50 年代の大河内理論をめぐって」『経済学雑誌』90(3・4): 83–97.
玉井金五，2015,「日本社会政策思想史上における経済と社会」『社会政策』6(3): 46–56.
玉井金五・杉田菜穂，2010,「日本における〈経済学〉系社会政策論と〈社会学〉系社会政策論——戦前期の 1 断面」『社会政策』2(1): 69–79.
冨江直子，2010,「「救貧」をめぐる「社会」の生成——戦前日本における議論と実践から」『社会政策』2(1): 80–92.
永井亨，1922a,『労働問題と労働運動』巌松堂書店.
永井亨，1922b,『戦後の失業問題』巌松堂書店.
中川宗人，2017,「労働研究と社会学の架橋——『就業機会と報酬格差の社会学』を読む」『書評ソシオロゴス』13(1): 1–16.
野口友紀子，2007,「社会事業史にみる「社会政策代替説」と大河内理論——新たな社会事業史の可能性」『長野大学紀要』28(3・4): 235–246.
野原慎司，2020,『戦後経済学史の群像』白水社.
野村正實，1998,『雇用不安』岩波書店.
野村正實，2000,「規制緩和と日本型資本主義」『社会政策学会誌』4: 5–26.
李蓮花，2011,『東アジアにおける後発近代化と社会政策——韓国と台湾の医療保険政策』ミネルヴァ書房.
労働政策研究・研修機構，2022,「新型コロナウイルス感染症関連情報 新型コロナが雇用・就業・失業に与える影響」〈https://www.jil.go.jp/kokunai/statistics/covid-19/index.html（2022 年 2 月 18 日取得）〉
Alenda-Demoutiez, Juliette and Daniel Mügge, 2020, “The Lure of Ill-Fitting Unemployment Statistics: How South Africa’s Discouraged Work Seekers Disappeared From the Unemployment Rate,” *New Political Economy*, 25(4): 590–606.
Baxandall, Phineas, 2004, *Constructing Unemployment: The Politics of Joblessness in East and West*, Hoboken, NJ: John Wiley & Sons.
Béland, Daniel, 2009, “Ideas, institutions, and policy change,” *Journal of European Public Policy*, 16(5): 701–718.
Blyth, Mark, 2001, “The Transformation of the Swedish Model: Economic Ideas, Distributional Conflict, and Institutional Change,” *World Politics*, 54(1): 1–26.
Boland, Tom and Ray Griffin, 2015, “The Death of Unemployment and the Birth of Job-Seeking in Welfare Policy: Governing a Liminal Experience,” *Irish Journal of Sociology*, 23(2): 29–48.
Campbell, John L., 2004, *Institutional Change and Globalization,* Princeton: Princeton University Press.
Castel, Robert, 1995, *Les métamorphoses de la question sociale*, Paris: Libraire Arthème Fayard.（前川真行訳，2012,『社会問題の変容』ナカニシヤ出版.）
Clavey, Charles H., 2021, “Resiliency or Resignation: Paul F. Lazarsfeld, Austro-

Marxism, and the Psychology of Unemployment, 1919–1933," *Modern Intellectual History*, 18: 146–170.

Cole, Matthew, 2007, "Re-Thinking Unemployment: A Challenge to the Legacy of Jahoda et al.," *Sociology*, 41(6): 1133–1149.

Daniel, Christine and Carole Tuchszirer, 1999, *L'État face aux chômeurs: l'indemnisation du chômage de 1884 à nos jours*, Paris: Flammarion.

Demazière, Didier, 1995, *La sociologie du chômage*, Paris: Éditions La Découverte & Syros.（都留民子訳，2002，『失業の社会学』法律文化社.）

Erlinghagen, Marcel and Matthias Knuth, 2010, "Unemployment as an Institutional Construct? Structural Differences in Non-Employment between Selected European Countries and the United States," *Journal of Social Policy*, 39(1): 71–94.

Esping-Andersen, Gøsta, 1990, *The Three Worlds of Welfare Capitalism*, Cambridge: Polity Press.（岡沢憲芙・宮本太郎監訳，2001，『福祉資本主義の三つの世界——比較福祉国家の理論と動態』ミネルヴァ書房.）

Gallie, Duncan and Serge Paugam, 2000, *Welfare Regimes and the Experience of Unemployment in Europe*, Oxford: Oxford University Press.

Gautié, Jérôme, 2002, "De l'invention du chômage à sa déconstruction," *Genèses*, 46: 60–76.

Jahoda, Marie, Paul F. Lazarsfeld and Hans Zeisel, 2002, *Marienthal: The Sociography of an Unemployed Community*, London and New York: Routledge.

Kaldor, Yair, 2020, "The Cultural Foundations of Economic Categories: Finance and Class in the Marginalist Revolution," *Socio-Economic Review*, 18(4): 1133–1151.

Pfeifer, Michaela, 2012, "Comparing Unemployment Protection and Social Assistance in 14 European Countries: Four Worlds of Protection for People of Working Age," *International Journal of Social Welfare*, 21(1): 13–25.

Reynaud, Bénédicte, 1984, "L'émergence de la catégorie de chômeur à la fin du XIXe siècle," *Économie et statistique*, 165: 53–63.

Rosanvallon, Pierre, 1995, *La nouvelle question sociale: Repenser l'État-providence*, Paris: Éditions du Seuil.（北垣徹訳，2006，『連帯の新たなる哲学——福祉国家再考』勁草書房.）

Salais, Robert, Nicolas Baverez, and Bénédicte Reynaud, 1986, *L'invention du chômage: histoire et transformations d'une catégorie en France des années 1890 aux années 1980*, Paris: Presses Universitaires de France.

Schmidt, Vivien. A., 2008, "Discursive Institutionalism: The Explanatory Power of Ideas and Discourse," *Annual Review of Political Science*, 11(1): 303–326.

Topalov, Christian, 1994, *Naissance du chômeur* 1880-1910, Paris: Albin Michel.

Walters, William, 2000, *Unemployment and Government: Genealogies of the Social*, Cambridge: Cambridge University Press.

第15章

「新しい社会運動」論と労働運動論

労働運動の質的転換と社会運動論的変数の検討

中根 多恵

1 労働社会学と社会運動論の乖離

今日における労働，雇用，働き方の多様化・個人化・グローバル化など労働社会のめまぐるしい現代的変化にともない，日本の労働運動では質的転換が起こっている。これまでの日本の労働運動の中心的基盤であった企業別労働組合では，その組織率の低下から社会への影響力が弱まる一方，1990 年代以降，所属する企業，職業や職種，雇用形態，働き方などを問わず誰でも個人単位で加入できる「個人加盟ユニオン」や，労働組合の機能をもたずに労働者を受け入れ，組合などに橋渡しをする役割をもつ「労働 NPO[1)]」といったオルタナティブな運動体が台頭し，既成の枠にとらわれない運動の展開がみられるようになった。これまでの運動で組織化の中心であった大企業で働く日本人男性労働者だけでなく，これまで組織化の対象外であった非正規労働者，若年層，女性，外国人といった多様な周辺労働者の組織化をめざす点が，この運動の新しさである。また，新しい運動基盤は，企業別労働組合よりも組織的な基盤は脆弱であるものの，運動体間で複数のネットワークを形成するなどして連帯を模索していたり，労働以外の社会運動志向性もあわせもったりすることで，より複合的なかたちで運動の展開を可能にしている。また，従来の労働運動では運動の制度化が進み，その運動の展開過程では経路依存性が高いが，オルタナティブな労働運動の運動主体はナショナルセンターにあえて属していない場合も多く，これまでとは異なった運動の展開がみられる。

1）国内では NPO 法人「POSSE」などが知られる。労働 NPO に関する議論として，遠藤編（2012）を参照。

このような新たな運動を分析し，その成立条件を導出することは，労働運動の現代的意義を見出すというこれまでの労働社会学の貢献の延長線上に位置づけられるものであり，求められるべき重要な課題である。しかしながら，複合的な新しい運動のダイナミクスを描くには，従来の労働社会学のアプローチでは限界がある。これまで労働組合運動を含む労働運動については，主に労働経済学・経営学的な労使関係論や労働組合論を中心とした研究蓄積がなされてきた系譜がある。これらの理論は，二項対立型の労使関係を前提としたものであり，限定的な「労働者」の運動（すなわち企業別労働組合の労使協議）を対象としてきた。労働運動の定義の拡大だけでなく，現代の運動の新しさへのアプローチを可能にする理論的枠組みの刷新が求められる。2010 年代以降の労働社会学では，労働運動の質的転換を「新しい労働運動」と定義づける事例研究が蓄積されつつあるが，理論の精緻化という点ではまだまだ議論の余地がある。労使間の権力関係への一元的なアプローチにとどまらず，運動のダイナミクスを多角的に描く方法論はまだ明らかになっていない。

一方，かつて労働運動や農民運動を社会運動として研究してきた社会運動研究の領域では，1970 年代以降，集合行動論を経て，資源動員，政治的機会，フレーミングなどに着目した社会運動論（SMT）のめざましい発展によって，運動の発生や発展の説明や運動の解釈のための理論的検討が進められてきた。しかし，皮肉にもその発展のなかで，脱産業社会時代の多様なアクターが担い手となる「新しい社会運動」（New Social Movements: NSMs）が労働運動とは質的に異なるものとしてトゥレーヌによって提唱されて以降，労働運動や農民運動のような古い社会運動へはほとんど関心が寄せられなくなっていった。

新しい労働運動を分析するうえで，こうした労働社会学と社会運動論の潮流の乖離は果たして合理的といえるのだろうか。本章は，長らく労使間対立や権力による搾取といったマルクス主義的理論に固執してきた労働社会学と，「新しい社会運動」の概念によって労働運動を社会運動から切り離してきた社会運動論の両者の乖離が，現代の労働運動の実態を捉えることを難しくしていることを主張するものである。こうした困難を打開すべく本章が提唱するのは，労働運動研究に社会運動論的視角を導入し，社会運動ユニオニズム（SMU）の議論に依拠しながら，現代の労働運動を社会運動研究と労働社会学研究の交差するところに位置づけることで，これまでの労働運動分析の限界を突破することである。

本章の構成は以下のとおりである。まず，これまでの労働社会学と社会運動論の研究系譜と理論的布置を整理し（2 節と 3 節），両者が研究枠組みをうまく共有してこなかった過程を明らかにし，現代の労働運動を分析するうえで労働社会学の枠組みを刷新する必要性について論じる（4節）。

2　労働社会学の視座から：労働運動の質的転換と河西宏祐の運動論

これまで労働運動やその主体である労働組合の研究は学際的に発展してきた。河西・マオア（2006）によると，労働を扱う学問分野として，社会政策論，労働運動論（労使関係論），産業社会学・人類学，労使関係論，日本的経営論，労働経済学，労働社会学，労働科学の八つのアプローチがあり，このうち，労働組合を分析単位とするのは労働運動論（労使関係論）と労働社会学である。

従来の労使関係論や労働社会学では，労務管理や労使関係，労働者意識，組合意識や企業意識などが主な分析上の変数として扱われたうえで，その要因をつねに権力関係に求める傾向があった。特に労使（資）関係論では「日本の労働者と資本家の関係を，本来的に搾取的な関係とみなして，その犠牲者としての労働者に同情を寄せる」（河西・マオア 2006: 43）傾向にあり，従来の労働組合論や労使関係論では，労使という二項対立図式を前提として労働運動を捉えようとする特徴があった。そこでは組織化と労使交渉が主な論点であり，組織基盤が強い企業別組合におけるすでに制度化された運動過程を前提とした理論的枠組みが継承されてきた。

このように労働運動研究において長らく企業別労働組合論が定説であったところに「少数派組合運動論という異説を提起して，日本の労働組合論ないし労使関係論に一石を投じ」てきたのが河西宏祐である（辻 2002: 589）。河西（1977）は，従来の労働経済学派による労働組合研究の定説である「一企業一組合論」にたいして「企業内複数組合論」を提唱し，企業内の「左派的少数派組合」における労働運動上の重要性を説いたうえで，労働運動の「再生」の可能性を示唆している。ここからは河西の主な論点（河西 1977; 1998; 2001）に依拠しながら論じていく。

河西の一つ目の論点は，労働組合論における射程範囲の拡大についてである。企業別労働組合にたいして，特定の企業に限定した非正規採用従業員による組合結成の現象に着目し，これらを「企業別組合の概念に含めて考えるべき」であると強く主張する（河西 1998: 70）。河西は，既存の組合研究は日本の大企業に勤める男性サラリーマンに焦点を当てる傾向にあると批判し，女性やマイノリティや障害者やその他の周辺労働者について言及はしているものの，ほとんどの部分で，これらの人々はこのような企業社会という枠組みからは取り残されている点を指摘した。これが労働組合運動の対象を非正規層をも含めた射程へと拡大し，既存の組合論の方法論を刷新する契機となった。

二つ目の論点は，労働運動と社会運動の接点についてである。河西（2001）は，近年の労働運動について，「組織性を持たない，単なる集団にとどまる例も少なくなく」，「運動を行うのは集団ではなく組織だという古い発想にとらわれていると，最近の市民主義的運動の特徴が把握できなくなる」と指摘し，「今後は労働運動と広義の社会運動との接点はかなり強まってくる」という。

河西の論点は2000年代以降，社会運動ユニオニズム（SMU），新しい労働運動，社会運動的労働運動といった分析フレームの登場によって具体的な事例研究へと継承されていった（木下 2007; 橋口 2011; 遠藤編 2012; 小谷 2013; 中根 2018 など）。SMUとは，1995年以降の米国の労働組合改革，移民などの未組織労働者による労働運動などを説明する概念として用いられるようになったもので，社会運動や住民運動組織と連携するなど社会運動的な特質をもつ労働運動[2)]を指す（鈴木 2013: 3）。日本では，個人加盟ユニオンをSMUの事例として位置づけた研究が蓄積されている。これらの研究は現代の労働運動の様々な事例を取り上げ，その特徴が個別事例として抽出されてはいるものの，現代の労働運動のダイナミクスを描くうえで必要な理論の精緻化に向けた体系的な議論にまでは至っていない。たとえば，労働運動の成否がどのような条件によって決定づけられるのか，といった点においても，理論の体系化は進められていないのが現状である。どのような社会的イシューを抱えた労働者が何を動機に集い，運動（組織）が発生し，その運動（組織）が継続して成果をあげていくのか――こうした運動プロセスの因果関係を模索するためには，従来の組合研究の枠組みでは限界があり，現在の事例研究の範囲では明らかになっていない。

3 社会運動論の視座から：理論的パラダイムシフトによる労働運動の等閑視

一方，社会運動論においても，長らく理論の中心にあった労働運動の位置づけが大きく変化した。1960年代前半までの社会運動論では，産業社会における労働（組合）運動を「社会運動」と呼び，「支配的な理論的パラダイムはマルクス主義」で

2）SMUの理論的検討あるいは体系的な議論については，鈴木（2013）および山田（2014）を参照。

あった（矢澤 2003: 2）。しかし，1960 年代後半以降に到来した「社会運動の時代」は，これまで「社会運動」と呼ばれてきたもの――すなわち，労働運動――によって築き上げられたのではなかった。脱産業社会における激動的な「対抗」の時代は，学生運動，女性解放やフェミニズム，反戦やエコロジーを掲げた「新しい社会運動」の興隆によって彩られ，脱産業社会における新たな価値規範や運動観，対抗文化が形成され，「労働運動の運動観が相対化された」（矢澤 2003: 2）。この時代をターニングポイントとして，1970 年代以降，「労働運動」と「社会運動」の理論上の布置にも次第に変化が生じたのである。この理論上のパラダイムシフトの決定的要因となったのは，トゥレーヌによって提唱された「新しい社会運動」論の潮流であろう。

ここで「新しい社会運動」論における社会運動論上の位置とその貢献を示すべく，これまでの社会運動論の理論的系譜を簡潔にたどっていきたい。社会運動論では 1960 年代後半から複数の新たな理論的視座が登場し，運動の成否を説明したり，運動を解釈したりするための理論的刷新がなされた。マッカーシーとザルド（McCarthy and Zald 1977）などによって提唱された資源動員論はそのひとつであり，運動を人々の不満や怒りなど心理的要因から説明したスメルサー（Smelser 1962）に代表される集合行動論へのアンチテーゼとして登場した理論である。オルソン（Olson 1965）の集合行為論によって提起され，合理的なフリーライダー（タダ乗り）の問題を契機として発展した資源動員論は，運動組織を分析単位として，個人間あるいは組織間ネットワークや資金，運動のフレーム，政治的機会といった資源の調達や分配といった組織戦略の合理性から運動の成否を説明しようとする立場にある。しかし，これらの理論が労働運動へのアプローチとして積極的に継承されることはなかった[3]。

資源動員論の登場後の 1970 年代～ 80 年代以降にあらわれたもう一つの大きな潮

3）しかし，この時点で社会運動論においてマルクス主義的パラダイムの影響力がまったく失われていたわけではない。新都市社会学を立ち上げたカステルらは，マルクス主義を拡張することによって「都市の危機」へアプローチし，都市社会運動論を展開した。一方，矢澤（2003）によると，日本でも「この時期に前者の運動の流れとその運動観が完全に克服されてしまったわけではな」く，「両者は，いわば並存する形で推移していったと考えられ」，他国の「新しい社会運動」と類似した運動がみられたものの，どちらかといえば住民運動や環境運動が運動の中心的な位置を占めたという。日本の運動コンテクストにおいては，マルクス主義の運動論が，似田貝（1984）や庄司（1989）などの住民運動論へと継承されていった。いずれにしても，社会運動論のなかで労働運動以外の運動に関心が寄せられていったことがわかる。

流が，「新しい社会運動」(NSMs) 論である。「新しい社会運動」論は，組織を前提としない社会運動をも理論の射程に含めている点が資源動員論と大きく異なる。メルッチによると，60 年代後半以降の脱物質主義的な価値規範がもたらした「豊かな社会」における「新しい社会運動」は，労働者の運動と違って物質的な利得を求めない点に違いがあるという。豊かな社会では，これまでの産業社会における労働者という個人的／集合的なアイデンティティはほぼ崩壊したに等しく，女性，若者，移民，障害者などの社会的カテゴリカルな運動が階級横断的になされるようになったり，もっといえば何も共有しない者どうしがつながりを求めて非形態的に運動を展開したりするようになった。こうした運動を捉えるために，特定の組織にとらわれないネットワーク型の運動方法，集合的アイデンティティ，新たな運動文化などに研究的関心が向けられた。こうしたなかで「新しい社会運動」論は「社会的コンフリクトの説明としてのマルクス主義モデルと構造機能主義の両方を不十分なものとしてとらえ」，階級対立図式を前提とした古い社会運動研究の理論的限界を指摘し (Della Porta and Mario Diani 2008: 6)，古い社会運動を方法論的にも運動の解釈的にも運動論のコンテクストから切り離す方向に発展していった。

4　労働社会学で「社会運動論的変数」を検討する

以上，2 節では労働運動の質的転換に労働社会学がどのように向き合ってきたのか，3 節では社会運動論におけるパラダイムシフトが古い社会運動にどのような影響を与えたのかについてみてきた。ここで明示されたのは，1960 年代の社会変動が確かにかつて繰り返されてきた階級闘争を基盤とするものであったにもかかわらず，両者が双方の学問的発展の過程で乖離していったことである。この乖離の先には，1 節で示したような現代の労働運動への研究関心やパースペクティブを共有できないまま，今の労働運動の可能性や展望を見出せないことで，現代の労働社会の内実を明らかにするという重要な課題を必然的に看過してしまうという問題がある。

すでに 2 節で論じたように，日本の労働社会学では，河西による少数派組合論の発展により，既存の労使関係論や企業別組合論の限界を超えるアプローチがなされたが，新しい労働運動を描くための理論的枠組みが刷新されてきたとは言い難い。さらにいえば，労働社会学では，3 節でふれてきたような社会運動論を自らの分析に積極的に取り入れようとはしてこなかった。その最大の要因は，労働社会学が新しい労働運動を，組合再活性化論の事例として捉えようとしている点であろう。確かに個人加盟ユニオンの研究では，孤立した多様な未組織層の存在，労働（組合）運動の社会的機能――たとえば，孤立した労働者における居場所としての潜在機能や社会的イシューをも含めた運動の射程範囲の拡大――など，従来の企業別組合にはなかった新たな特徴に光が当てられた。しかし，制度化された既存の運動の分析には用いられなかった，運動の成否に関わる新たな変数群――たとえば，「労働者」以外のアイデンティティをもつ運動の担い手，組織化や持続的な運動展開に必要な社会的ネットワーク（労使関係に限定されない複雑化する組織間ネットワークや個人のもつ社会関係など），運動フレーム，運動空間といった資源や戦略，労働（組合）運動が社会的イシューを掲げることの正当性など――とその変数間連関を検討する研究はなされてこなかった。

本章では，こうした変数間の関連を精査するために，労働社会学による社会運動論的視角の導入を提案したい。これにより，運動の因果関係プロセスのなかでどの部分が明らかになるのかを説明していこう。図15-1は，社会運動論者であるルヒト（Rucht 1996）によって提示された社会運動の因果プロセスをもとに，現代の労働運動におけるそれを図式化したものである。社会運動論では，運動の解釈と運動の説明に多くの研究蓄積がある。まず，労働運動の説明を目的とするうえでの論点につ

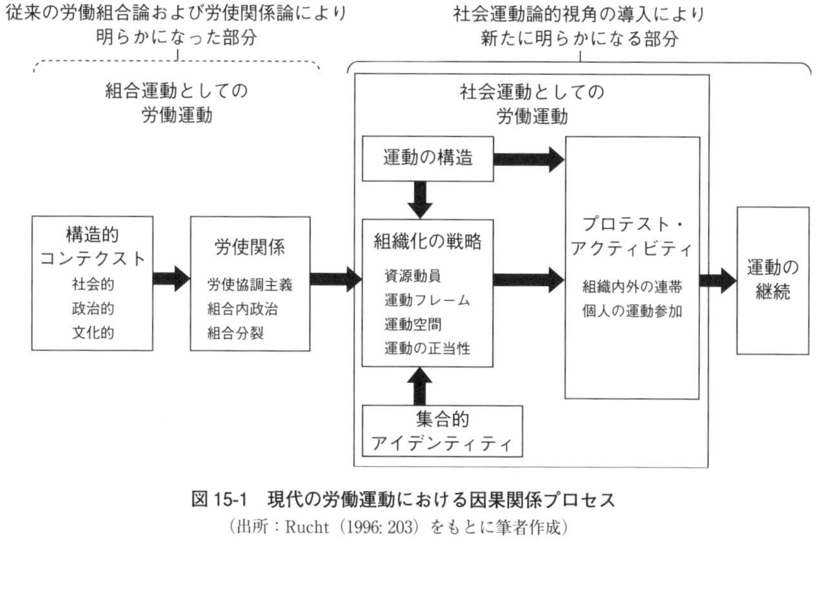

図15-1　現代の労働運動における因果関係プロセス
（出所：Rucht（1996: 203）をもとに筆者作成）

いてみていこう。従来の労働組合論および労使関係論では，労働者（アクター）の埋め込まれる社会構造上の（社会的，政治的，文化的）コンテクストから労使関係が説明されてきた。具体的には，日本の組合研究では，日本的労使関係としての労使協調主義や組合分裂などの組合内政治が着目されてきた。これらはすべて組合組織との労使関係の制度化が前提とされている。しかし，社会運動論の観点からみると，こうした伝統的な組織は，①制度は運動ではないという批判，②「「古い」運動の組織形態，すなわち制度は，彼らの述べられた目標に関して適切ではない」という批判をうけている（Olofsson 1988）。現代の労働運動の分析には，制度化された運動を基盤としながらも，その先にある未組織労働者層の組織化戦略と運動の継続性に着目する視点が必要になるだろう。社会運動論で広義の社会運動を対象に論じられてきた資源動員やフレーミングといった「戦略」の成否の説明，さらには実際のプロテスト・アクティビティがどのように運動の成果に結びつくのかというプロセスまで説明することができれば，二項対立型の運動を超えた広義の運動を捉えることができる。

本章では，上記のような変数を「社会運動論的変数」と呼び，現代の労働運動研究におけるこうした変数群の検討の必要性について，具体的な事例をみながら論じていきたい。取り上げるのは，国内の外国人語学講師を組織する個人加盟ユニオン「ゼネラルユニオン（GU）」の労働運動の事例である。中根（2018）では，これをSMUの事例として位置づけ，従来の運動の分析には用いられなかった新たな変数が抽出される。

4-1　アクターの属性と集合的アイデンティティ

GUは，語学教室や教育機関で働く，主に欧米系の外国人語学講師を組織している。運動の担い手である彼らは，ホスト社会からは「外国人」と定義づけられ，従来の組合論からは「労働者」と定義づけられるだろう。しかし，彼らが運動をする過程でもつ自己／集合的アイデンティティは一様ではなく，両者の間には多少の齟齬が確認できる。「外国人」「語学講師」など社会的属性によるカテゴリカルな結合は，いわば社会運動ユニオニズムの特色ともいえるが，個人加盟ユニオンの事例では，そのカテゴリーに当てはまらない個人の加入も少なくない。もちろん，組合機能をもつかぎり組合員の多くは「労働者」ではあるが，職場，職種，働き方は一様ではなく，彼らの運動はひとくくりの「労働者」カテゴリーによって結合しているとはいえない。よって，従来の組合研究のように「組合運動の担い手は「労働者」

である」ことを前提と捉えた場合，彼らの運動範囲の射程の広さやその可能性について十分に説明することはできない。社会運動論的視点から，GU の担い手を「労働者」ではなく，多様な「アクター」として捉えることで，より現場に即した分析が可能になる。

また，GU の事例では，担い手のアイデンティティに着目することは，運動の成否の決定条件を導出するうえでも不可欠である。GU の運動が「誰による，誰のための運動なのか」（アイデンティティが定義づける運動）を問うことは，運動の「解釈」をメンバー間で共有し連帯するためだけでなく，運動組織外の領域（潜在的な組合員やホスト社会全体）からみた運動のイメージ形成にも大きな影響を与えるという点で重要である。このイメージ形成はのちの 4-3 で説明するような運動のフレーム投企との関連がある。

4-2 運動資源を用いた動員戦略：社会的ネットワーク

「GU の運動はいかに展開されてきたのか」という問いに，従来の組合論のように労使関係や組織化の側面から説明することはできない。GU の運動は，メンバーシップの高い流動性や財源の乏しさなど，脆弱な組織基盤の問題があり，企業別組合のような運動の制度化はみられない。そのため，GU の運動展開には，彼らの日常に在る要素（主にネットワーク）を運動資源として変換・調達し，それを動員する戦略力が求められる。GU の動員構造を構成する要素（変数）の検討は，資源動員論，とりわけ動員構造論を用いることによってはじめて可能になる。資源動員論は，運動組織を分析単位とするため，組合分析と相性がよく，さらに動員構造論では「本来運動の動員を目的としているわけではないが，そこに動員が生み出されているような，日常生活にあるミクロ動員構造の社会的位置の範囲」（McCarthy 1996: 141）からの資源動員をも含めた分析が可能になる。中根（2018）の分析では，GU の事例でアクター個人がもつ職場内のインフォーマルなネットワークをとおした動員が戦略的に行われていることが明らかにされた。たとえば，GU では（私的交流も含めた）職場仲間や知り合いとのインフォーマルなネットワークをとおして勧誘したり，酒場やカフェなど日常的な社交の場に GU の紹介パンフレットを設置したりするなど，彼らの生活世界に潜在し，日常性を帯びた運動資源を動員戦略に用いている。また，仲間とのコミュニケーションやコミュニティとしての機能をもつ「居場所」などの集合財をアクターに提供することで，加入後の持続的な参加を促し，フリーライダー問題に対処していた。このように，GU の「組織化」の過程は，動員構造に依拠してなされるものであり，いうまでもなく従来の組合のそれとは大きく異なった特色をもっている。

4-3　運動資源を用いた動員戦略：運動のフレーム

4-1 でふれたように，GU の運動は「誰による，誰のための運動なのか」をめぐって，GU 内外で運動の解釈にズレがある。ただ，この「ズレ」は，運動論的変数の観点からみると運動のフレームを提示するうえで重要であるといえる。4-2 では，アクターのもつ運動資源に言及したが，GU の運動はホスト社会から運動資源を動員し，ホスト社会と共有できる社会運動的イシューを掲げることで運動の正当性を獲得している。あるときは，ホスト社会内にある運動ネットワークを活用するために，反戦や平和といった，他の運動組織と共有可能な社会運動的理念を掲げ，支持を得る。またあるときは，彼らの「外国人」や「ガイジン」といった，ホスト社会にわかりやすい属性のステレオタイプをあえて前面に出して抗議活動をし，運動にインパクトを与える。その一方，4-2 でふれたように，GU 内のメンバーには彼らのコミュニティや日常に寄り添って集合財を提供し，連帯する「われわれ」というフレームを提示する。このように，GU の運動は，組織内外のネットワーク――アクターの個人的つながり，ホスト社会とのつながり，他団体との運動ネットワーク――のなかに複雑に埋め込まれた運動と捉えることができる。

以上に説明した「社会運動論的変数」の検討は，GU の運動のメカニズムを明らかにするために不可欠である。中根（2018）の事例のみならず，現代社会ではそもそも組織の影響力は低下しており，孤立しがちで多様な労働者たちがゆるやかでインフォーマルなネットワークによってかろうじて社会とつながったり，つながろうとしていたりする。彼らは「労働者」として連帯するだけでなく，おのおのが抱える社会的イシューや集合的アイデンティティを共有するコミュニティやつながりを労働運動に求める傾向がある。本章で中根（2018）を例にみてきた「社会運動論的変数」の検討は，こうした運動の側面を明示することができるといえるのではないか。

【引用・参考文献】

稲上毅・川喜多喬編，1987，『リーディングス 日本の社会学 9――産業・労働』東京大学出版会.

稲葉奈々子，2016，「分野別研究動向（社会運動）――失われた敵対性とさまよう〈主体〉のゆくえ」『社会学評論』67(2): 238–252.

鵜飼孝造，1988，「運動形成の構造的要因と心理的要因――その歴史的説明と一般モデル」『日本社会学評論』39(1): 2–16.

遠藤公嗣編著，2012，『個人加盟ユニオンと労働NPO――排除された労働者の権利擁護』ミネルヴァ書房.

河西宏祐，1970，「企業別組合の「経営内的機能」と職場集団」『社会学評論』21(3): 54–74.

河西宏祐，1977，『少数派労働組合運動論』海燕書房.

河西宏祐，1989，『企業別組合の理論――もうひとつの日本的労使関係』日本評論社.

河西宏祐，1998，「補論 新型労働組合の動向――未組織労働者の組織化をめぐって」『日本労働社会学年報』9: 73–90.

河西宏祐，2001，『日本の労働社会学』早稲田大学出版部.

河西宏祐・ロス・マオア，2006，『労働社会学入門』早稲田大学出版部.

木下武男，2007，『格差社会にいどむユニオン――21 世紀労働運動原論』花伝社.

小谷幸，2013，『個人加盟ユニオンの社会学――「東京管理職ユニオン」と「女性ユニオン東京」(1993 年～ 2002 年)』御茶の水書房.

小林良暢・帯刀治，2003，「労働運動の射程と社会運動の分化」矢澤修次郎編『講座社会学 15――社会運動』東京大学出版会.

庄司興吉，1989，『人間再生の社会運動』東京大学出版会.

鈴木玲，2013，「日本の社会運動ユニオニズムの現状と課題――コミュニティ・ユニオン運動を中心として」『日本労働社会学年報』24: 3–18.

辻勝次，2002，「書評 河西宏祐著『日本の労働社会学』」『日本社会学評論』52(4): 589–590.

中根多恵，2018，『多国籍ユニオニズムの動員構造と戦略分析』東信堂.

似田貝香門，1984，『社会と疎外』世界書院.

橋口昌治，2011，『若者の労働運動――「働かせろ」と「働かないぞ」の社会学』生活書院.

長谷川公一編，2020，『社会運動の現在――市民社会の声』有斐閣.

濱西栄司，2016，『トゥレーヌ社会学と新しい社会運動理論』新泉社.

矢澤修次郎，2003，「総論 社会運動研究の現状と課題」矢澤修次郎編『講座社会学 15――社会運動』東京大学出版会，1–26.

山田信行，2014，『社会運動ユニオニズム――グローバル化と労働運動の再生』ミネルヴァ書房.

Beck, Ulrich, 1986, *Risikogesellschaft: auf dem Weg in eine andere Moderne*, Frankfurt am Main: Suhrkamp.（東廉・伊藤美登里訳，1998，『危険社会――新しい近代への道』法政大学出版局.）

Buechler, Steven M., 1995, "New Social Movement Theories," *The Sociological Quarterly*, 36(3): 441–464.

Della Porta, D. and Mario Diani, 2008, *Social Movements: An Introduction,* Oxford: Wiley Blackwell.

McCarthy, John D., 1996, "Constrains and Opportunities in Adopting, Adapting, and Inventing" Doug McAdam, John D. McCarthy, and Mayer N. Zald eds., *Comparative Perspectives on Social Movements: Political Opportunities, Mobilizing Structures, and Cultural Framings*, Cambridge: Cambridge University Press, pp.141–151.

McCarthy, John D. and Mayer N. Zald, 1977, "Resource Mobilization and Social Movements: A Partial Theory," *American Journal of Sociology*, 82(6): 1212–1241. (片桐新自訳，1989，「社会運動の合理的理論」塩原勉編『資源動員と組織戦略——運動論の新パラダイム』新曜社，pp.21–58.)

Olofsson, G., 1988, "After the Working-Class Movement? An Essay on What's 'New' and What's 'Social' in the New Social Movements," *Acta Sociologica*, 31(1): 15–34.

Olson, M, 1965, *The Logic of Collective Action*, Cambridge: Harvard university press. (依田博・森脇俊雅訳，1983，『集合行為論——公共財と集合理論』ミネルヴァ書房.)

Rucht, D., 1996, "The Inpact of National contexts and movement structures: A Cross-movement and Cross-national Comparison," Doug McAdam, John D. McCarthy, and Mayer N. Zald eds., *Comparative Perspectives on Social Movements: Political Opportunities, Mobilizing Structures, and Cultural Framings*, Cambridge: Cambridge University Press, pp.185–204.

Scipes, Kim, 2014, "Social Movement Unionism or Social Justice Unionism? Disentangling Theoretical Confusion within the Global Labor Movement," *Class, Race and Corporate Power*, 2(3): Article 9.

Smelser, Neil J., 1962, *Theory of Collective Behavior*, London: Routledge & Kegan Paul. (会田彰・木原孝訳，1973，『集合行動の理論』誠信書房.)

Touraine, Alain, 1978, *La voix et le regard,* Paris: Seuil. (梶田孝道訳，2011，『新装 声とまなざし』新泉社.)

終　章

21 世紀の産業・労働社会学の構想に向けて

領域社会学における境界認識の転換とプラットフォーム化

園田 薫・中川 宗人・松永 伸太朗

1 「働くこと」をめぐる視点の複数性と社会学の立場について

序章で述べたように，本書は働くこと・労働の多様化という現代（21 世紀）社会の現状を，産業・労働社会学が十分に把握できていないのではないか，そのなかで自らのアイデンティティや境界のあり方を見失いつつあるのではないかという問題関心から出立した。そしてこうした状況を克服するために，新しい「21 世紀の産業・労働社会学」のあり方を模索し，具体的に実践してみせることを目指してきた。終章では，本書で提示された諸研究をふまえて，序章で示した課題に対してどのように答えることができるかを論じたい。

まず本書を構成している諸研究は，それぞれが明らかにしてきた個別の知見はもちろん，対象としている労働現象の捉え方においても多様性を示していた。

たとえば現在の学界での慣例的な区分に従えば，それぞれ 1 章・6 章は社会階層論，6 章・7 章は教育社会学，8 章・9 章は家族社会学，2 章・5 章は組織社会学，2 章・10 章は国際社会学，4 章は地域社会学，14 章は福祉社会学，15 章は社会運動論としても同定可能な議論を展開している。また実際に各章の筆者たちが帰属意識を有する領域社会学は異なっている。重要なのは，にもかかわらず，それぞれの立場から働くことや労働という現象を捉えようとする試みがなされていたことである。もちろんここで挙げられたもののみで，現在の社会学を構成する下位分野を網羅できているわけではない。以下でも述べるように，それ以外の分野においても，それぞれの文脈から労働現象に関する社会学的記述がなされている。そのような広がりのなかの一部ではあっても，本書だけでもこれだけ多岐にわたる分野が，労働現象を論じる際には関わってくるのである。

さらにこうした分野の多様性以外に，方法やアプローチの多様性も指摘しなければならないだろう。たとえば各章を方法的な観点から分類すれば，1章・6章・8章・9章は計量的アプローチ，2章・7章・10章・11章は事例的アプローチ，3章・4章・12章・14章は歴史的アプローチ，そして5章・13章・15章は理論的アプローチに区分することができるだろう。このような方法の多様性や複数性は，単なる方法に対するフェティシズムではない。むしろ現代の労働現象そのものの複雑性が，それに向かう社会学にこうした多様性を要請していることの現れだといえる。用いられている分析・調査手法をより具体的にいえば，インタビューや二次分析，WEBアンケート，エスノメソドロジー，テキストマイニング，歴史分析，参与観察などだが，もちろんこれで現代社会学のアプローチすべてを網羅しているわけではない。しかし現代の労働現象に向き合う社会学の広がりの一端を示すことはできていると思われる。このように本書では，個別の知見に加えて，労働現象と切り結ぶための分野や方法の多様性も示してきた。

2 労働現象の社会学をめぐる拡散状況について

こうした多様性が社会科学のなかでの社会学の特徴であることは，どちらかといえばクリシェに属するものであろう。注意するべきなのは，多様性の重視や強調は同時に，分野の細分化やタコツボ化，あるいは分野間の分断の要因ともいわれてきたという点である。いうまでもなく本書はこうしたあり方を助長したいのではない。重要なのは，複数性や多様性がすでに存在していることを認識し，その意義を尊重し，相互に参照しあうための足場を形成することである。

これは労働現象に関わる社会学の多様性を，改めて産業・労働社会学という分野に統一するべきだという，領域社会学版の総合社会学や社会学的帝国主義の主張ではない。また本書で示されたトピックを，今後の産業・労働社会学が取り組むべき課題の一覧表として示したのでもない。そうではなく本書は，現代社会における労働現象に向き合う社会学を，人間遡及的視点の共有によって結びつけ，それによって産業・労働社会学という分野の境界線を示そうとした。

3 人間遡及的視点について

ここでいう人間遡及的視点とは，尾高の言葉でいえば「人間共同生活の理法を，それの究極の生きた実態に即してとらえようとする」(尾高 1981: 12) 視点である。そして人間の共同生活の生きた実態とは,

> 共同生活の当事者である個々人の社会的行動, すなわち言語による行動をふくむこれら個々人間の相互的また集合的な行動の様式と, それの根底にあってそれを動機づけているかれらの意識, したがってかれらの欲求, 信念, 見解, 価値志向などのあり方のことである。(尾高 1981: 12)

このような人間溯及的視点の規定をふまえれば, 複数の社会圏にまたがって生活する「働く人間」の社会的行動を紐解くことこそが, 人間の「究極の生きた実態」を捉え, 多面的な労働現象を理解する鍵となる。個人と社会の関係性を検討することに社会学の特徴があるとするならば, 人間溯及的視点からのアプローチは働く人間と社会の多様性を探索するという労働現象への関心に限定されるものでなく, 社会学としてのアイデンティティやその研究蓄積との接合が可能である。これは, 産業・労働社会学, 場合によっては社会学という領域を超えた, より大きな枠組みにおいて協働を考えていくための手がかりとなる。

このような産業・労働社会学の捉え方は, 分野の境界についても変更を促すことになる。実際の調査研究の実践のなかでは, 産業・労働社会学とは異なる固有の立場から労働現象を把握しようとする社会学は複数存在している。しかし, ある局面では異なる関心・方法・イデオロギーをもつ領域社会学が, ある労働現象の分析においては連携し, 一つの研究共同体を形成することもありうる。実際にそれは産業社会学と労働社会学の研究史において生じていたことでもあり (第 12 章参照), 研究者の協働を促す要因でもあった。つまりある対象・現象を捉える位相によって, 複数の境界線の存在が認められるのである (第 5 章参照)。

ここからは, それぞれ独立した領分をもっている固定化された領域社会学が相互につながるというネットワーク型のイメージではなく, ある社会事象＝本書においては労働現象の多面性を把握しようとするたびに, 複数の領域社会学によって構成される境界がその都度立ち上がるというイメージが得られる。対象の多面性は, 複数の視座が関わることで初めて浮かび上がってくる。そして多面性を認識し記述する実践において, その領域社会学の固有性＝境界線もまた明確になってくる。つまり現在の産業・労働社会学は, 労働現象についてこうした捉え方を可能にする「プラットフォーム」としてのあり方を志向することが重要になるのである。

以上をふまえて，「21 世紀の産業・労働社会学」のあり方として以下のようにいえる。働くという現象は労働だけに還元されるものではなく，実に人間と社会の多面的な要素が影響することで成り立っている。だからこそ，労働現象の総体的な把握を，これからは領域社会学の内部に閉じない形で試みていかなくてはならない。そのためにも，これまでの領域設定に拘泥せず，今までの研究の営みを相対化し，理論的にも学説史的にも「社会学」として反省を行っていく必要がある。これは，個別の研究（者）が他領域との連携を意識することによって促されるものであり，本書はこのような課題の実践の媒体として機能することを目指してきた[1)]。

4 論じられていないもの

これまで「21 世紀の産業・労働社会学」のあり方について述べてきたが，本書で示された具体的な知見や対象だけで扱うべきすべてのトピックが網羅されたわけではない。本書では論じられなかったもののなかにも，現在社会の労働現象に関する社会学の重要な成果がすでに数多く存在している。それらに触れられなかったのは単に紙幅的・技術的な制約であって，現代社会の労働現象の探求にとって重要でないとみなしているわけではない。それらの研究とも連携し，労働現象の多面性を明らかにしていくこと，そのためのプラットフォームとして機能することが望ましい。以下では，未来での可能な連携のためにも，本書では検討できなかった研究にどのようなものがあるか，限られた形ではあるがいくつか触れておきたい。

①労働におけるジェンダーや家族の問題は，現在の社会（科）学における重要性に比して本書では十分に展開することができなかった領域である[2)]。もちろんいわゆる女性雇用に関する研究については，本書の 1 章や 8 章でも触れられているように，日本の企業社会の構造的な課題として，産業・労働社会学や労働研究のなかでも厚い蓄積がある。近年ではより直接にジェンダーと労働現象とが密接に関わっていることを明らかにする研究がなされている。たとえば石井（2018）は電話交換手

1）以上の指摘は，産業・労働社会学に限定された話ではなく，それぞれの領域社会学で同様の議論を起こしうるような「社会学」論でもある。
2）たとえばセクシュアリティについても，これだけ性的アイデンティティが多様化し，ダイバーシティ・マネジメントなど労働者の多様性を尊重しようとする動きが活発化するなかで，ますます重要な研究領域になると予想される。

が「女の仕事」としてジェンダー化されていった過程を日独比較の歴史分析から明らかにしており，シャール（2020）は女性の悲惨な労働状況を象徴する「女工哀史言説」をマスター・ナラティブとする研究史が見落としてきた働く女工自身の主観的世界を，戦前期の工場で歌われた「歌」と存命の当事者たちへのライフヒストリーから分析している。また家族に焦点を当てると，日本家族社会学会が発行する『家族社会学研究』で 2021 年に「産業・地域から家族と労働をとらえなおす――新たな実証研究の可能性」という特集が組まれており，地域の産業構造を基盤として家族をめぐる「愛すること」の多様性が浮かび上がるという視点が提示されている（嶋崎 2021)。労働をジェンダーという視点から考え直す上記の研究，そして日本家族社会学会における領域横断的な反省は，本書の志向性とも重なるものである。

②医療・福祉問題は現在の日本社会にとって喫緊の課題である。その制度の複雑性や管轄行政の特殊性から，社会学においても固有の領域を形成してきた分野である。本書の 14 章では失業が福祉の問題として立ち上がる社会政策的な文脈が扱われたが，そうした政策的・制度的な観点のみならず，実際にその現場で働く人々の労働も問題化されている。特に介護や看護については，広義のケア労働に関わる論点として，労働条件の困難さや，労働過程における感情労働の問題性が議論されてきた。これらは重要な労働現象／問題であるが，たとえば米澤（2021）が指摘するように，医療・福祉社会学におけるこれらの研究は，産業・労働社会学との結びつきは希薄であった。こうした状況を克服する試みとしては，中田（2021）などを挙げることができるだろう。中田は訪問看護師の利用者に対する介入に，いかなる熟練がみられるかを記述している。また海老田（2020）は障害者福祉を推進する企業を事例として，雇用された障害者が従事する作業組織や労働時間のデザインなどの重要性を描いている。これは産業・労働社会学で蓄積されてきた労働へのアプローチを，看護師や障害者の働き方に適応し，両方の領域を架橋することで，働くことの多様性を描き出そうとする試みだといえるだろう。

③都市／地域もまた，現在改めて産業・労働社会学との結びつきが必要とされている領域である。本書の 4 章で論じたように，戦後において形成されてきた産業集積地や企業城下町に関する地域社会学の蓄積や，都市労働の場としての大企業をコミュニティとして描く研究など，空間的な都市／地域を背景とした労働現象の記述はこれまでなされてきた。近年その結びつきは希薄化しているが，職業選択におけ

る場所性や居住空間の魅力など，労働と生活をつなぐ対象として都市／地域の問題を考えることの重要性はまったく失われていない。こうした問題を改めて提起しているのが，たとえば東京都新宿区歌舞伎町という都市空間が流動的な労働者や経営者によって再生産されていることを指摘した武岡（2017）の研究や，労働と生活の場として地方で暮らすことを選択する若者のキャリアを描いた轡田（2017）の研究などであろう。武岡はいわば職業都市として歌舞伎町を描き，轡田は労働負荷の高い都市生活のオルタナティブとして地方空間を捉えている。労働現象の集積あるいはそれと重ね合わされた都市空間の記述のために，産業・労働社会学からもまた都市／地域における労働を捉えていく必要があるだろう。

④文化に関わる社会学も，従来産業・労働社会学との接続が十分になされてこなかった。しかしいうまでもなく現在の文化社会学で対象とされてる事象は，産業としての性質を帯びていることから，労働現象としての側面ももったものとして展開されている。永田・松永（2022）はコンテンツとしてのアニメ作品がその数としても，内容・ジャンルの多様性としても拡大していった1980年代以降において，そうした市場変動に見合った労働規範がどのようにアニメーターのなかに浸透していったのかを議論している。他にも，企業社会で生き抜くための有用な身体という視座が企業スポーツと結びつき，いわゆる「体育会系」の学生が就職において有利になるという神話を生み出したという東原（2021）の指摘は，「働くこと」が企業を媒介してスポーツ文化と繋がっていることを示唆している。このように，組織のなかだけで望ましい労働のあり方が決定するわけではなく，そこには社会が作り出す様々な文化が関わっていることを見落としてはいけない。

以上，本書では検討できなかったが，現在社会における働くことの重要な側面を検討している諸研究について触れてきた。人間生活のどの場面を切り取るのかによって，このリストはさらに続けることが可能であろう。たとえば，すでに触れたものに加えて従来の産業・労働社会学が十分にリーチできてこなかった問題として，職場のいじめやハラスメント，重大な労働災害などを含む安全衛生管理領域という領域がある。これらは現在，法学・心理学・労働工学的な研究に傾斜しているが，働く人間にふりかかる事象として，社会学的研究な対象でもあるだろう。また近年新たに生じている問題として，プラットフォームビジネスやいわゆるギグワークの問題についても，実態が先行している英語圏の研究に比して（Vallas and Schor

2020)，日本では法学・経済学的な議論が中心になっており，社会学からのアプローチが必要だろう。

この他に定式化が可能な焦点として，それぞれの社会の機能・制度領域（社会システム）における（専門）職業集団の検討という課題を挙げておく。現代社会の諸制度は，様々な専門職・準専門職の集団によって担われている。彼／彼女らがどのように養成され，キャリアを確立し，働いているのかは，労働であると同時にそれぞれの領域固有のロジックが現れてくる社会事象である。たとえば松村（2021）はブルデューの社会理論に基づいて，建築家という職業のエートスがいかに日本における建築「界」を構成しているのかを検討している。こうした固有の界や領域ごとの専門職に着目した検討について，かつてルーマンは社会システムそのものの分析からの「逃げ道」と表現したことがある（Luhmann 1972=1977: 3)。しかし様々な領域ごとに専門職のあり方を検討していくこと，そこに産業・労働社会学が連携していくことは，今後ますます重要な課題となるだろう。

5　労働研究にたいして

最後に，本書での産業・労働社会学像をふまえるならば，産業・労働社会学が属しているもう一つの領域である労働研究に対して，どのような含意を示せるのかについてふれておこう。

序章で示したように，産業・労働社会学は社会学の下位分野としてのアイデンティティと同時に，労働研究の下位分野としてのアイデンティティも有してきた。従来，労働研究内での社会学は，質的調査の担い手や労働者の「意識」に関する研究を引き受けるといった特徴づけがなされてきた（河西 2001)。たとえば経済関係のなかでも，経済学が対象としない，あるいは扱う道具立てをもたない「文化」や「価値観」や「人間関係」への考察を率先して行ってきた（栗田 1994)。

しかし本書が示してきた産業・労働社会学のあり方は，労働研究においても新しい役割を担いうるものである。その際の軸となるのは，ここまで述べてきた（産業・労働）社会学の多様性そのものである。それは労働研究のなかでの分業として，単に労働者の意識や企業組織内の価値観や人間関係に関する知見を提供するといった従来のあり方のみではない。労働現象の多面性に対して，労働研究を構成する他の社会科学の多くには対応する領域社会学が存在する。たとえば経済学には経済社会学，経営学には経営社会学などがある。こういった領域社会学は，市場や企業経営などの問題について経済学・経営学を相対化しつつも貢献しうる議論を提供してきた。本書は，そこに産業・労働社会学の側の多様性を示したことで，広く労働に関わる社会科学と社会学の接続性をより高める可能性を示した。こうした状況において産業・労働社会学は，労働現象の多面性自体を知見として提供するプラットフォームとしての役割を担うことができると思われる。これは単なる「労働者の意識」といった従来の役割に還元されない，より積極的な意義であろう。こうしたあり方は，社会科学全体のなかでの社会学の役割について，「緩さ」や「対象から受け取る」という観点から意義を主張している筒井（2021）の議論とも重なる。

本章では主に社会学としての，社会学のなかでの産業・労働社会学の意義や新しいあり方について論じてきたが，それは同時に労働研究のなかでの意義とも不可分なものである。本書が目指す社会学としてのあり方を展開することで，労働研究に対しても更に貢献が可能であると思われる。

【引用・参考文献】

石井香江，2018，『電話交換手はなぜ「女の仕事」になったのか――技術とジェンダーの日独比較社会史』ミネルヴァ書房.

海老田大五朗，2020，『デザインから考える障害者福祉――ミシンと砂時計』ラグーナ出版.

尾高邦雄，1981，『産業社会学講義』岩波書店.

河西宏祐，2001，『日本の労働社会学』早稲田大学出版部.

轡田竜蔵，2017，『地方暮らしの幸福と若者』勁草書房.

栗田健，1994，『日本の労働社会』東京大学出版会.

嶋崎尚子，2021，「特集のねらい――産業・地域から家族の何がみえるのか」『家族社会学研究』33(2): 177–182.

シャール，サンドラ，2020，『『女工哀史』を再考する――失われた女性の声を求めて』京都大学学術出版会.

武岡暢，2017，『生き延びる都市――新宿歌舞伎町の社会学』新曜社.

束原文郎，2021，『就職と体育会系神話――大学・スポーツ・企業の社会学』青弓社.

筒井淳也，2021，『社会学――「非サイエンス」的な知の居場所』岩波書店.

中田明子，2021，「生活の場における医療職の介入のあり方」『ソシオロジ』66(1): 3–21.

永田大輔・松永伸太朗，2022，『産業変動の労働社会学――アニメーターの経験史』晃洋書房.

松村淳，2021，『建築家として生きる――職業としての建築家の社会学』晃洋書房.

米澤旦，2021，「労働と福祉を結びなおす」上村泰裕・金成垣・米澤旦編著『福祉社会学のフロンティア――福祉国家・社会政策・ケアをめぐる想像力』ミネルヴァ書房，pp.3–16.

Luhmann, Niklas, 1972, *Rechtssoziologie*, Reinbek bei Hamburg: Rowohlt.（村上淳一・六本佳平訳，1977，『法社会学』岩波書店.）
Vallas, Steven and Juliet B. Schor, 2020, “What Do Platforms Do,” Annual *Review of Sociology*, 46: 273–294.

事項索引

人名索引

執筆者紹介（執筆順，*は編著者）

松永 伸太朗*（まつなが しんたろう）
長野大学 企業情報学部 准教授。一橋大学大学院社会学研究科博士後期課程修了 博士（社会学）。
主要業績：(1)『アニメーターの社会学——職業規範と労働問題』(三重大学出版会, 2017 年)，(2)『アニメーターはどう働いているのか——集まって働くフリーランサーたちの労働社会学』(ナカニシヤ出版, 2020 年)，(3)『産業変動の労働社会学 —アニメーターの経験史』(晃洋書房, 2022年, 永田大輔との共著)
担当：序章・第 2 部イントロダクション・第 11 章・第 13 章・終章

中川 宗人*（なかがわ むねと）
青森公立大学 経営経済学部 講師。東京大学大学院教育学研究科博士課程修了 博士（教育学）。
主要業績：(1)「祝辞における労働とジェンダー——鐘紡・武藤山治の女性労働者に対する認識の分析を通して」(『年報社会学論集』30, 2017 年)，(2)「労働における〈日本型システム〉論の反省と展望」(『学術の動向』23(9), 2018 年)，(3)「戦後日本の産業・労働社会学における問題構成の一側面——教科書の分析を通して」(『年報社会学論集』33, 2020 年)
担当：序章・第 1 部イントロダクション・第 3 章・終章

園田 薫*（そのだ かおる）
日本学術振興会 特別研究員 PD (法政大学)。東京大学大学院人文社会系研究科博士後期課程修了 博士（社会学）。
主要業績：(1)「専門的外国人の〈企業選択〉と〈国家選択〉——日本企業への新卒就職を中心に」(『社会学評論』70, 2019 年)，(2)「外国人の就労継続・離職を動機づける日本企業への認識——職場での国籍カテゴリーをめぐる排除と包摂」(『ソシオロジ』66(2), 2021 年)，(3)「日本の産業社会学における隘路と今日的課題」(『年報社会学論集』34, 2021 年)
担当：序章・第 2 章・第 3 部イントロダクション・第 12 章・終章

吉田 航（よしだ わたる）
国立社会保障・人口問題研究所 研究員。東京大学大学院総合文化研究科博士課程単位取得満期退学 修士（学術）。
主要業績：(1)「新卒採用のジェンダー不平等をもたらす企業の組織的要因——企業の経営状況との関連に着目して」(『社会学評論』71(2), 2020 年)，(2)「国内大企業の新卒採用における学校歴の位置づけ——大学別採用実績データの計量分析から」(『教育社会学研究』107, 2020 年)
担当：第 1 章

長谷部 弘道（はせべ ひろみち）
杏林大学 総合政策学部 准教授。一橋大学社会学研究科博士後期課程修了 博士（社会学）。
主要業績：(1)「職能資格制度の形成史を辿る」(『商学論纂』62(5・6), 2021 年)，(2)「戦後電機企業における「企業コミュニティ」と福利厚生——工場新聞『日立笠戸』を手掛かりに」(『社会志林』66(4), 2020 年)，(3)「ディジタル録音技術の技術開発——ソニーにおける技術者の主体的行為を中心に」(『経営史学』51(4), 2017 年)
担当：第 4 章

樋口 あゆみ（ひぐち あゆみ）
福岡大学 商学部 講師。東京大学大学院総合文化研究科博士課程満期取得退学 修士（学術）。
主要業績：(1)「組織における時間感覚——出来事としての時間の過去と未来」(『組織学会大会論文集』6(2), 2017 年)，(2)「組織社会学から見た『ほぼ日』」(『DIAMOND ハーバード・ビジネス・レビュー』WEB版, 2017 年)，(3) ‘Double Symmetry in Niklas Luhmann’s Moral Communication’ (*Kybernetes*, ahead-of-print (online publication 2021 年))
担当：第 5 章

小川 和孝（おがわ かつのり）
東北大学大学院 文学研究科 准教授。東京大学大学院教育学研究科博士課程修了 博士（教育学）。
主要業績：(1)『教育劣位社会——教育費をめぐる世論の社会学』(共著, 岩波書店, 2016 年)，(2)「社会的属性と収入の不安定性——グループ内の不平等に注目した分析」(『理論と方法』31(1), 2016 年)、(3)「高卒者の初職地位達成における雇用主の選抜メカニズムに関する研究——学校経由の就職の効果についての再検討」(『教育社会学研究』98, 2014 年)
担当：第 6 章

妹尾 麻美（せのお あさみ）
追手門学院大学 社会学部 准教授。大阪大学大学院人間科学研究科博士後期課程単位修得退学 博士（人間科学)。
主要業績：(1)「就職活動過程における女子大学生のライフコース展望」(『年報教育の境界』16, 2019 年)，(2)「求人メディア利用の変化から「人＝メディア」を考える——新規大卒就職を例に」(岡本健・松井広志編『ポスト情報メディア論』ナカニシヤ出版, 2018 年)
担当：第 7 章

寺澤 さやか（てらざわ さやか）
東京大学 社会科学研究所 特任研究員。東京大学大学院教育学研究科 博士後期課程 満期退学 修士（教育学）。
主要業績：(1)「不妊治療を受ける女性の職場経験——「職場に対する治療の開示」の限界に着目して」（『ソシオロゴス』44, 2020 年），(2)「不妊治療および生殖補助医療とリプロダクティブ・ヘルス／ライツ——アメリカの研究動向からの示唆」（『東京大学大学院教育学研究科紀要』58, 2019 年）
担当：第 8 章

井草 剛（いぐさ ごう）
松山大学 経済学部 准教授。早稲田大学大学院人間科学研究科博士後期課程修了 博士（人間科学）。
主要業績：(1)「若手医師の年次有給休暇取得を困難にしている要因について」（『労働社会学研究』14, 2013 年），(2)「年休取得の 6 類型——職場レベルでの年休運用に関する一考察」（『日本労働社会学会年報』22, 2011 年），(3)「Goal Oriented Rational Behavior on Paid Holidays for Female Workers: Empirical Analysis of Influence to Income by Using Paid Holidays」（『年報社会学論集』24, 2011 年）
担当：第 9 章

朴 知遠（ぱく じおん）
KAIST（韓国科学技術院）経営大学院 研究員。一橋大学大学院社会学研究科修士課程修了 修士（社会学）。
主要業績：(1)「アジア長期経済統計シリーズ (4) 韓国・北朝鮮版」（校訂・監修）(2019 年)，(2) “Unemployment policies of East Asian countries”（Welfare to work project-sponsored by National Employment Services Association, Australian Government, Comparison study, 2019 年），(3)「外国人留学生労働者のエスノグラフィー——Z 居酒屋の参与観察を通じて」（『日本労働社会学会年報』32, 2021 年）
担当：第 10 章

西田 尚輝（にしだ なおき）
東京大学大学院 総合文化研究科 博士後期課程／日本学術振興会 特別研究員 DC1 ／パリ第 1 パンテオン・ソルボンヌ大学 現代世界社会史センター（CHS）客員研究員。東京大学大学院総合文化研究科博士前期課程修了 修士（学術）。
主要業績：(1)「福祉国家拡大の費用を誰が拠出するのか——戦間期ヨーロッパの失業保険の比較歴史分析」（『社会学評論』71, 2020 年），(2)「失業カテゴリー形成の社会的・歴史的分析——19 世紀前半の社会経済学を中心に」（『日仏社会学会年報』30, 2019 年），(3)「18 世紀フランスの「社会性」概念にかんする思想史的研究——利己心・商業・社交」（『相関社会科学』28, 2019 年）
担当：第 14 章

中根 多惠（なかね たえ）
愛知県立芸術大学 音楽学部 准教授。名古屋大学大学院環境学研究科博士後期課程単位取得満了 博士（社会学）。
主要業績：(1)『多国籍ユニオニズムの動員構造と戦略分析』（東信堂, 2018 年），(2)『問いからはじめる社会運動論』（共著, 有斐閣, 2020 年），(3)「多国籍ユニオニズムにおけるホスト社会からの支持動員——動員のためのフレーム調整に着目して」（『日本労働社会学会年報』25, 2014 年）
担当：第 15 章

21 世紀の産業・労働社会学
「働く人間」へのアプローチ

2022 年 4 月 30 日　初版第 1 刷発行

編著者　松永伸太朗
　　　　園田　薫
　　　　中川宗人
発行者　中西　良
発行所　株式会社ナカニシヤ出版
〒606-8161　京都市左京区一乗寺木ノ本町 15 番地
Telephone　075-723-0111
Facsimile　075-723-0095
Website　http://www.nakanishiya.co.jp/
Email　iihon-ippai@nakanishiya.co.jp
郵便振替　01030-0-13128

印刷・製本＝ファインワークス／装幀＝白沢　正

Printed in Japan.
ISBN978-4-7795-1607-8